Wächter der Lüfte

MIX
Papier aus verantwortungsvollen Quellen
FSC® C083411
FSC www.fsc.org

1. Auflage 2022

ISBN 978-3-7641-5224-6
Die Originalausgabe erschien unter dem Titel
Fighting Fantasy – Crystal of Storms bei Scholastic Children's Books,
London © 2020
Aus dem Englischen von Nadine Mannchen

Lektorat: Judith Schumacher

Druck und Bindung: CPI GmbH
Gedruckt auf Papier aus geprüfter nachhaltiger Forstwirtschaft.
www.ueberreuter.de

Rhianna Pratchett

WÄCHTER DER LÜFTE

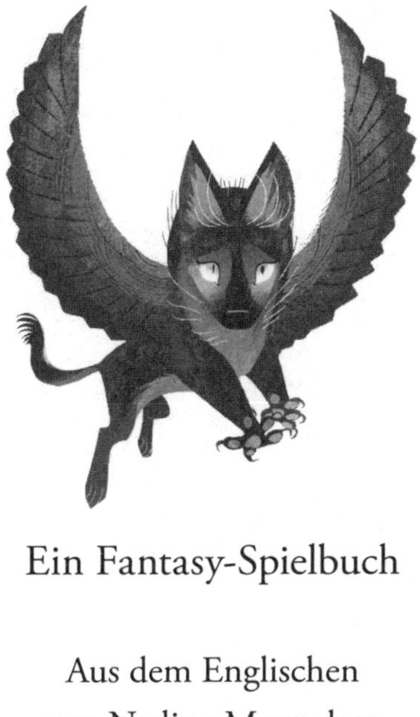

Ein Fantasy-Spielbuch

Aus dem Englischen
von Nadine Mannchen

ueberreuter

Für Mum und Dad.
Die mir jeden Tag Magie gezeigt haben.

INHALT

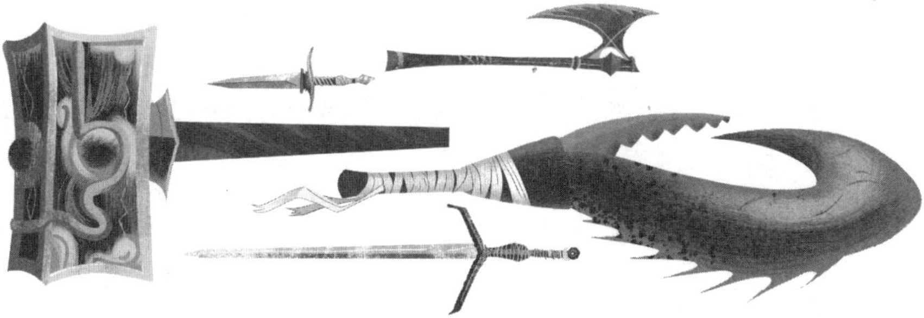

WIE WILLST DU DEIN ABENTEUER BEGINNEN?

Das Buch, das du in deinen Händen hältst, ist ein Tor in eine andere Welt – eine Welt voll dunkler Magie, schrecklicher Ungeheuer, düsterer Schlösser, heimtückischer Kellergewölbe und ungeahnter Gefahren. Eine Welt, in der sich einige wenige den zahllosen Plänen böser Mächte entgegenstellen. Willkommen in der Welt von **Fighting Fantasy**!

Du bist einen Schritt davon entfernt, in ein aufregendes Fantasy-Abenteuer aufzubrechen, in dem **DU** der Held oder die Heldin bist! **DU** entscheidest, welchen Weg du einschlägst, welche Gefahren du riskieren willst und gegen welche Kreaturen du kämpfst. Doch sei gewarnt, denn **DU** wirst auch mit den Folgen deiner Entscheidungen leben oder sterben müssen.

Gib acht, denn der Erfolg ist dir keinesfalls gewiss! Es kann durchaus sein, dass du beim ersten Versuch, deine Mission zu erfüllen, scheiterst. Doch verliere nicht den Mut! Erfahrung, Geschick und Glück bringen dich deinem Ziel mit jedem Mal ein Stück näher.

Mach dich bereit. Sobald du eine Seite weiterblätterst, tauchst du ein in ein atemberaubendes, gefährliches Abenteuer, in dem **DU** sämtliche Entscheidungen triffst – ein Abenteuer, in dem **DU DIE HAUPTROLLE SPIELST**!

Wie möchtest du dein Abenteuer beginnen?

Wenn du zum ersten Mal spielst …

… solltest du vor dem Start die Regeln durchlesen, die du auf den Seiten 274–281 findest.

Wenn du bereits erfahren in Abenteuern bist …

… weißt du, dass du deine Heldin oder deinen Helden zuerst einmal mit grundlegenden Fähigkeiten ausstatten musst. Nur so hast du überhaupt eine Chance auf Erfolg. Folge den Anweisungen auf den Seiten 274–275, um deine ganz individuelle Figur zu erschaffen. Vergiss nicht, die Charaktereigenschaften deiner Figur auf dem Abenteuer-Blatt auf den Seiten 282/284 einzutragen.

Und noch ein Hinweis: Anders als in anderen Abenteuerspielbüchern beginnst du ohne jeglichen Proviant. Zudem gibt es neue Regeln, nach denen dein Geschick und deine Ausdauer *auf die Probe gestellt werden* – diese Regeln findest du auf Seite 280.

Ersatzwürfel

Solltest du keine Würfel zur Hand haben, findest du am unteren Seitenrand im Buch aufgedruckte Würfel. Wenn du schnell durch das Buch blätterst und auf einer beliebigen Seite stoppst, erhältst du ein Zufallsergebnis. Brauchst du 1 Würfel, lies das erste aufgedruckte Würfelsymbol ab; benötigst du 2 Würfel, addierst du die Augen beider aufgedruckten Würfel.

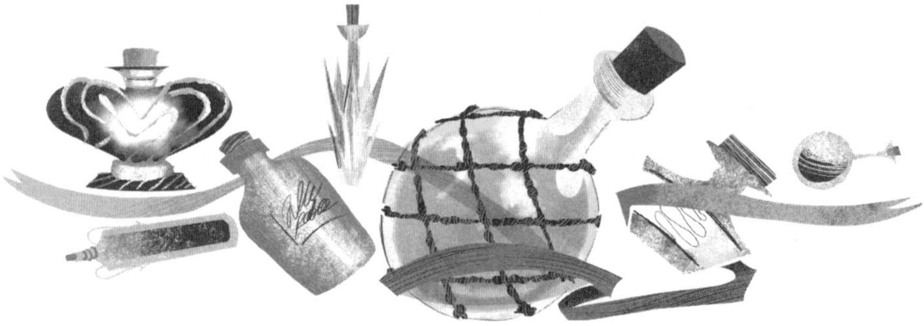

DIE WELT, IN DER DU LEBST

Lange schon regieren die Sturmkinder vom Gott des Windes Pangara über die Meere zwischen Allansia und Khul. Viele, die den gefahrenreichen Ozean der Sturmwinde überqueren wollten, bezahlten die Begegnung mit den tosenden Orkanen oder mit den grauenhaften Meereswesen im Ozean mit ihrem Leben. Doch tief im Innern von Zephyrus, dem größten aller Stürme, ist die Luft süß und friedlich. Dort befindet sich die schwebende Inselgruppe Pangaria, wo die fünf Inseln Cirrus, Altos, Cumulus, Incus und Asperitas eine sechste, kleinere umgeben, die als Nimbus bekannt ist.

Du bist in Pangaria geboren und aufgewachsen. Die meisten deiner Freunde haben sich dazu entschieden, einen der Berufe ihrer Heimatinseln zu ergreifen (wie etwa Wolkenling-Haltung auf der Wasserinsel Altos oder das Hegen und Pflegen der magischen – und wohlschmeckenden – Pflanzenwelt von Cirrus). Doch du hast dir Größeres erträumt. Du wolltest dich nicht auf eine einzige Insel festlegen. Du wolltest sie *alle* sehen. Daher hast du den Entschluss gefasst, dich der Himmelsgarde anzuschließen, deren Aufgabe es ist, in ganz Pangaria für Frieden zu sorgen. Allerdings ist in deiner geliebten Heimat Frieden der Dauerzustand, sodass deine ersten Wochen bei der Himmelsgarde schrecklich langweilig verliefen. Es ist so gut wie nichts passiert, außer einer Reihe von Suchaktionen nach vermissten Haustieren und dem Schlichten von Nachbarschaftsstreitereien wegen zu hoher Hecken. Du sehnst dich nach einem echten Abenteuer.

Und dann, eines schönen Morgens, erreicht deine Wache eine dringende Botschaft: Die gesamte Himmelsgarde wird zu einer Krisensitzung in die Zitadelle von Nimbus gerufen. Offenbar hat dein heiß ersehntes Abenteuer dich endlich erhört.

Nervös und aufgeregt besteigt die komplette Besatzung deiner Inselwache den Flieger – eines der kleinen Luftschiffe, die Pangarianer von einer Insel zur anderen transportieren. Niemand scheint den genauen Grund für das Treffen zu kennen, doch wenn die gesamte Himmelsgarde daran teilnehmen soll, muss es sich um etwas wirklich Außergewöhnliches handeln. Bisher warst du erst ein einziges Mal in der Zitadelle, nämlich als du in die Himmelsgarde aufgenommen und vereidigt wurdest. Für dich ist sie noch immer etwas Neues und Spannendes. Du streckst dich und beugst dich weit aus dem Fenster des Fliegers, um einen ersten Blick auf die hoch aufragenden Türme und die kunstvoll gefertigten Festungswälle der Zitadelle zu erhaschen, in der die Gesetzgeber, Diplomaten und Amtsleute der Inseln untergebracht sind. Der Koboldpilot, der euren Flieger steuert, erinnert dich genervt daran, sämtliche Gliedmaßen im Innern des Schiffs zu behalten, damit du keine wichtigen Teile von dir verlierst.

Obwohl du davon gehört hast, dass es in der Außenwelt Koboldvölker geben soll, die sich Menschen und anderen Spezies gegenüber aggressiv verhalten, sind die Kobolde Pangarias fast ausschließlich freundlich. Vor allem haben sie die Technomantie entwickelt (eine Verknüpfung von Elementarmagie und Technik), die Pangaria schweben lässt.

Gerade als du aussteigen und Nimbus betreten willst, reißt dein Kommandant, Kapitän Halleck, entsetzt die Augen auf. »Bei Zephyrus' Hauch!«, ruft er und sieht dich an. »Ich habe meine Gleiter vergessen! Ohne die kann ich mich in der Zitadelle unmöglich blicken lassen. Bitte hol sie augenblicklich aus der Wache.« Suchend klopft er seine Taschen ab. »Und bring auch meinen Münzbeutel mit.«

Du nickst. Als neuestes Mitglied deiner Wache bleibt dir gar nichts anderes übrig. Während der Rest der Garde aussteigt, bleibst du also an Bord des Fliegers und hoffst, wieder zurück zu sein, bevor du irgendetwas Interessantes verpasst. Als der Pilot deine Enttäuschung bemerkt, nimmt er sich ein Herz und schaltet auf Höchstgeschwindigkeit, bis er dich direkt vor der Tür zur Wache absetzt. Du eilst hinein und kehrst bald darauf mit Hallecks kleinem prall gefülltem Münzbeutel und den Gleitern zurück.

So aus der Nähe betrachtet, kannst du nur staunen über die komplizierte, federleichte Metallarbeit dieser tragbaren Flügel. Angetrieben werden sie von einem der Sturmkristalle, die in den Sturmwinden der Gegend von den urgewaltigen Sturmgeborenen geerntet und gesammelt werden. Du freust dich schon auf den Tag, an dem du so weit aufgestiegen bist, dass du dein eigenes Paar zugeteilt bekommst. Du wirfst noch rasch einen Blick auf die Anzeige der Gleiter, um den Energiestand des kleinen blaugrünen Kristalls zu überprüfen, in dem ein winziger Sturm gefangen ist. Er ist nur zu einem Drittel geladen, aber fürs Laden ist nun keine Zeit. Eilig stürzt du dich wieder in den Flieger.

Kaum setzt das kleine Luftschiff in Nimbus auf, springst du schon über die Reling und sprintest auf die Zitadelle zu. Plötzlich wird ganz

Nimbus von einer gewaltigen Explosion erfasst. Eine Welle aus Energie schießt aus der Festung und schleudert dich in hohem Bogen über den Rand der Insel.

Du stürzt in die Tiefe.

DEIN ABENTEUER BEGINNT!

Möge dir die AUSDAUER nie ausgehen!

Jetzt blättere um …

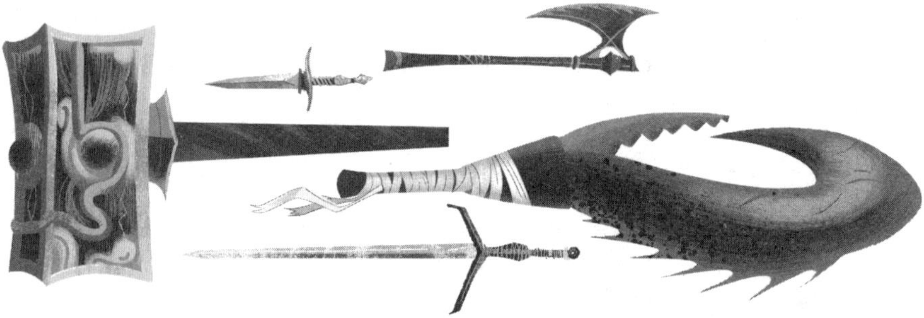

WÄCHTER DER LÜFTE

1

Die Explosion raubt dir den Atem. Wind heult in deinen Ohren, als du im freien Fall in die Tiefe stürzt. Um dich zu retten, bleibt dir nur eine Möglichkeit. Und tatsächlich gelingt es dir, Hallecks Gleiter überzustreifen, woraufhin sich die Flügel mit einem leisen *Klack, Klack, Klack* öffnen. Augenblicklich bremsen die kleinen Tragflächen deinen Fall. Doch als du nach oben blickst, verwandelt sich deine Erleichterung in Entsetzen: Du schwebst, dafür ist es nun die Insel Nimbus, die abstürzt – und zwar direkt auf dich zu!

Die Gleiter reagieren auf die Bewegung deiner Schultermuskeln und du schaffst es, dich gerade noch rechtzeitig aus unmittelbarer Reichweite der abstürzenden Insel zu bringen. Dennoch wirst du wie eine Feder im Wind hin und her geschüttelt, als Nimbus an dir vorübersaust. Zwar erlangst du die Kontrolle über deine Gleiter schnell wieder, dafür musst du nun hilflos mitansehen, wie Nimbus tief unter dir ins Meer fällt. Entsetzt beobachtest du, wie die Insel immer tiefer in den Fluten versinkt.

Ausgerechnet jetzt nimmst du ein beunruhigendes Brummen wahr und deine Flügel beginnen zu ruckeln. Dem Kristall, der sie antreibt, scheint die Kraft auszugehen! Es ist gerade genug übrig, um sicher zu deiner Heimatinsel zu fliegen.

Ist deine Heimatinsel Cirrus, die Landwirtschaftsinsel, blättere zu **84**. Ist deine Heimatinsel Altos, die Wasserinsel, gehe zu **196**. Ist deine Heimat Cumulus, die Insel des Handels, lies weiter bei **298**.

2

Um zu finden, was Matix fehlt, musst du woanders weitersuchen.

Um deine Gleiter aufzuladen und nach Asperitas zu fliegen, die Insel der Technomantie, lies weiter bei **384**.

Falls du keine Goldstücke hast, kommst du nicht weiter und dein Abenteuer endet hier.

3

Du gleitest mit der *Nauplius* bis zu den Außenbezirken von Nimbus hinab. Die Blumen und Gärten wirken wie exotische Korallenriffe. Während du versuchst, dich daran zu erinnern, wie man zum Haupteingang der Zitadelle gelangt, entdeckst du eine weitere Messingsphäre. Es ist ein zweites Tauchboot, nur steckt es in den Bäumen fest und in seiner Seite klafft ein großer Riss. Bestimmt ist es die *Barrakuda*, die Schwimmsphäre, die seit dem Absturz von Nimbus spurlos verschwunden ist.

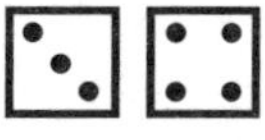

Wenn du die zweite Schwimmsphäre untersuchen möchtest, blättere zu **393**. Wenn du den Weg zur Zitadelle einschlagen willst, lies weiter bei **290**.

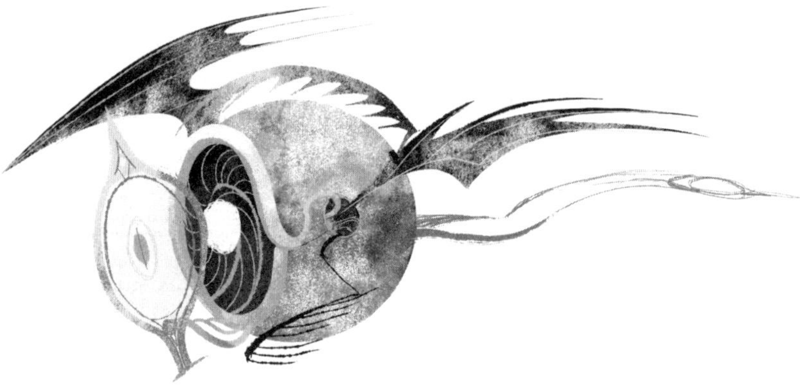

4

»Na, vom Absturz von Nimbus natürlich! Die Leute reden ja von nichts anderem.«

Willst du ihn fragen, warum er dachte, du könntest ihn deswegen verdächtigen, dann lies weiter bei **116**. Willst du lügen und ihn beschuldigen, hinter allem zu stecken, gehe zu **372**.

5

Du zeigst Methedus den Sturmkristallsplitter und erklärst, wie du dazu gekommen bist. Über sein Gesicht huscht ein merkwürdiger Ausdruck, den du nicht deuten kannst. Er mustert den Gegenstand und fährt mit seinen durchsichtigen Händen über die Oberfläche mit den vielen Schichten.

»So einen Kristall habe ich noch nie gesehen. Er ist groß – nicht so gewaltig wie diejenigen, mit denen die Inseln angetrieben werden. Dennoch zu groß, um in Gleitern oder Fliegern eingesetzt zu werden.«

Er berührt die auffälligen Stellen auf der Innenseite des Kristalls.

»Hier scheint die Energie aus dem Kristall ausgebrochen zu sein. Instabile Stellen … Was auch geschehen ist, dieser Kristall ist von innen heraus geborsten. Die schwarzen Rückstände auf der Außenseite sind irgendein Öl. Mehr kann ich dir dazu im Augenblick nicht sagen. Ich muss wieder an die Arbeit. Es gibt noch eine Menge Brot zu backen. Einen schönen Tag!«

Er gibt dir den Splitter zurück.

Wenn du meinst, alles Nötige erfahren zu haben, blättere zu **205**. Wenn du glaubst, dass er dir etwas verschweigt, und du ihm heimlich folgen willst, lies weiter bei **121**.

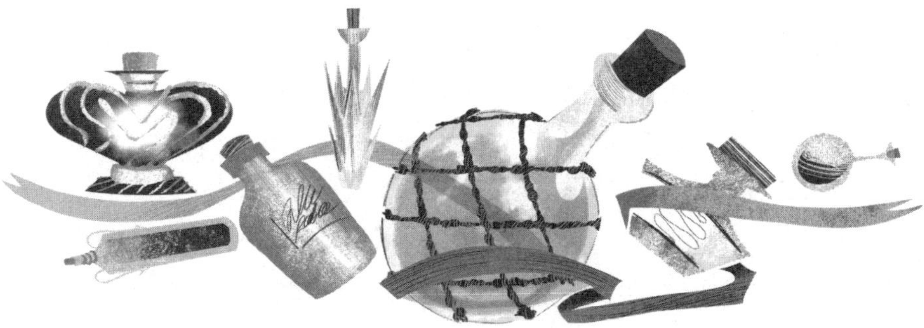

6

Du reichst Vizigg die schwarze Kerze. »Hmm, die Farbe ist eher dunkelgrau, aber es wird gehen«, sagt er und nimmt sie.

Wenn du einen Kupferring hast, lies weiter bei **228**. Hast du einen silbernen Kelch, gehe zu **115**. Möchtest du die Darunter-Bibliothek verlassen, um dich auf die Suche nach diesen Gegenständen zu machen, blättere zu **26**. Solltest du Vizigg all die verlangten Gegenstände bereits gegeben haben, gehe zu **206**.

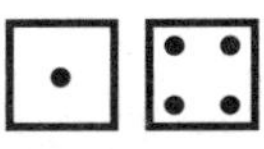

7

Du weichst dem fliegenden Schleimklumpen gekonnt aus. Dafür musst du dich jetzt um das kümmern, was ihn abgeschossen hat. Eine Riesenkröte watschelt aus dem Sumpf und verstellt dir den Weg. Sie macht sich bereit, das nächste klebrige Geschoss auf dich abzufeuern.

Um das Wesen zu bekämpfen, gehe zu **44**. Wenn du einen Beruhigungstrank bei dir hast und ihn jetzt einsetzen willst, lies weiter bei **204**.

8

Der Koboldflieger bringt dich sicher nach Incus, der Fischereiinsel. Du überlegst, was du alles über diese Insel weißt. Anders als den übrigen Pangarianer ist es den Fischern von Incus offiziell erlaubt, den Ozean der Sturmwinde zu befahren. Abgesehen davon haben sie es auch leichter, das Wasser zu erreichen, da Incus wesentlich tiefer schwebt als die anderen Inseln. Die Bewohner von Incus bauen und nutzen verschiedene Gefährte, um im Ozean mit Netzen zu fischen und frischen Fisch, Algen, Korallen, Muscheln und andere Schätze des Meeres nach oben ans Land zu bringen. Diese Transportmittel sind mit Sturmkristallen ausgestattet, sodass sie ganz nach Bedarf zwischen Incus und dem Wasser hin und her fliegen können.

Dank der schützenden Umarmung des gigantischen Sturms Zephyrus ist der Ozean direkt unter der Inselgruppe für gewöhnlich ein ruhiger und reichhaltiger Fischgrund. Die Gefahren, die hier drohen, gehen hauptsächlich von den größeren und wilderen Wasserkreaturen aus, die sich in diesem Meer tummeln. Im Ozean der Sturmwinde überleben nur die Hartgesottenen, und von denen hält man sich besser fern.

Jedoch braucht eine Zivilisation, selbst eine so kleine wie die Pangarias, die unterschiedlichsten Dinge. Deswegen wagen sich die Fischer von Incus häufig auch in die Meeresgebiete jenseits des Zephyrus-Sturms vor. Für die rauere See dort benötigt man Tauchboote, sogenannte Schwimmsphären. Mit ihnen kann man unter den Wellen jagen und ernten. Allerdings verursachen sie relativ viel Lärm und sind schwerfälliger, wodurch sie dazu neigen, die Meeresbewohner aufzuschrecken.

Einige wenige Waren erhält Incus zusätzlich aus vertrauenswürdigen Quellen vom Festland – wobei die Inselbewohner streng darauf achten, dass niemand von außerhalb Fuß nach Pangaria selbst setzt. Sehr selten kommt es vor, dass pangarianische Fischer Schiffbrüchige aus den Fluten retten. Und nur wenn die Fischer diese Überlebenden nicht gleich an Ort und Stelle selbst versorgen können, bringt man sie nach Pangaria. Dort pflegt man sie gesund und gewährt ihnen Zuflucht. Zuflucht auf Lebenszeit. Pangarias Geheimnisse zu bewahren, gehört zu den obersten Geboten, die alle Inselbewohner von klein auf lernen.

Du steigst aus. Sofern auf deinem Abenteuer-Blatt das Schlüsselwort **Galen** steht, gehe zu **337**. Ansonsten lies weiter bei **90**.

9

Du gehst Richtung Küche. Als du an der großen eisenbeschlagenen Tür lauschst, hörst du innen gedämpftes Stöhnen. Vielleicht noch eine Kreatur? Ein weiteres schreckliches Monster? Die wandelnden Toten? Auf alle denkbaren Grauen gefasst, stößt du die Tür kraftvoll auf. Lies weiter bei **188**.

10

Nachdem du dich sorgfältig umgesehen hast und sicher bist, dass niemand dich beobachtet, kletterst du in die Hängematte.

Das sanfte Schaukeln lullt dich schnell ein und du sinkst in tiefen Schlaf. Du träumst von schwebenden Metallaugen, die jeder deiner Bewegungen folgen, und einer riesigen Metallhand, die aus den Gewitterwolken nach dir greift, um dich zu zerquetschen. Trotzdem fühlst du dich erholt, als du aufwachst (fülle bis zu 3 Punkte *AUSDAUER* auf) – bis du plötzlich grob aus der Hängematte geschmissen wirst. Als du dich vom Fußboden aufrappelst, erblickst du vor dir ein Paar schwarzer Stiefel.

Du stellst dich darauf ein, einem wütenden Fischer erklären zu müssen, was du in seiner Hängematte zu suchen hattest. Doch als du aufschaust, siehst du entsetzt einem großen pulsierenden Oktopus in die Augen. Sobald du dich aufgerichtet hast, erkennst du, dass du mit deiner ersten Vermutung zumindest zur Hälfte richtiggelegen hast: Der Oktopus sitzt auf dem Kopf eines Fischers, sodass er dessen Schädel vollständig verdeckt. Sein Körper knistert vor Elementarenergie und seine Tentakel schlingen sich um den Oberkörper und die Arme des Mannes. Mensch und Oktopus sind eins geworden – ein riesiges wütendes Wesen, das es auf dich abgesehen hat.

Oktomensch Geschick 10 | Ausdauer 10

Sobald du die *AUSDAUER* des Oktomenschen auf 5 Punkte oder weniger reduziert hast, gehe sofort zu **106**.

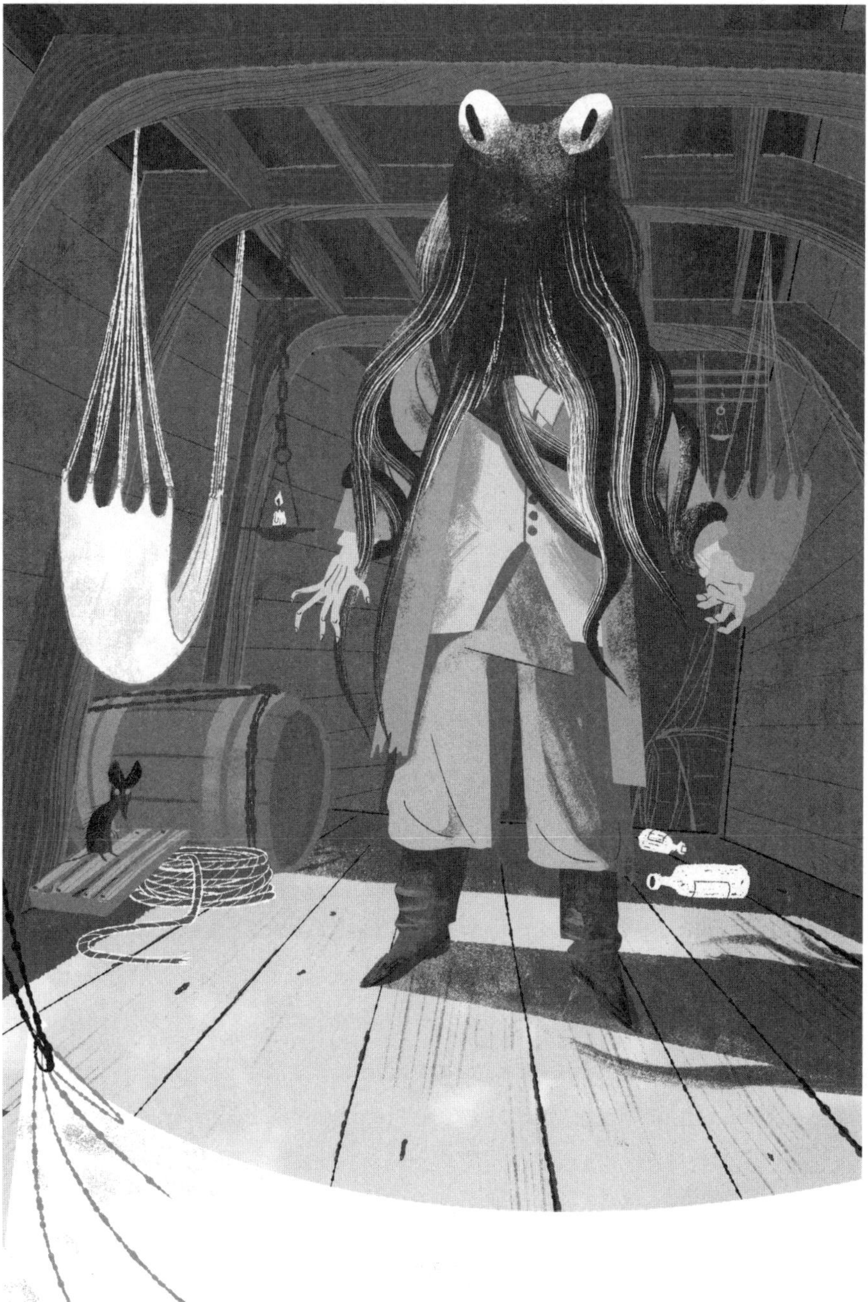

Mensch und Oktopus sind zu einem Wesen geworden.

11

Du fragst Vizigg, was ihm zugestoßen ist. Er betrachtet seine blut- und schmutzbesudelte Robe. »Beim Absturz wurde ich unter einer Mauer eingeklemmt. Schließlich konnte ich aus den Trümmern kriechen, aber ich bezweifle, dass ich noch lange in dieser Welt verweile.«

Willst du in Erfahrung bringen, warum Nimbus abgestürzt ist, kannst du das bei **82**. Möchtest du Vizigg fragen, was er mit den beschädigten Sturmkristallen vorhat, gehe zu **59**. Hast du ihn noch nicht auf den Bannkreis um den Großen Saal herum angesprochen, kannst du das bei **338** nachholen. Wenn du keine weiteren Fragen hast, lies weiter bei **170**.

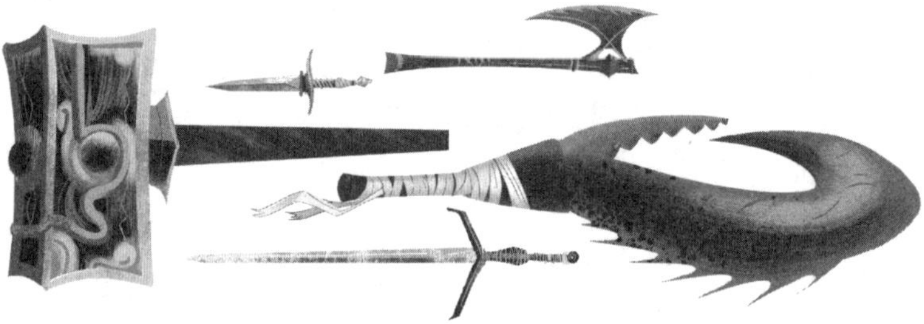

12

Du steuerst einen Heuhaufen an, der verlockend weich erscheint. In dem Moment, als die Flügel deiner Gleiter sich bereits einklappen, landest du sicher im warmen Heu. Ein grasender Esel stupst dich freundlich an, wie um dir auf die Beine zu helfen.

Falls Cumulus deine Heimatinsel ist, gehe zu **57**. Andernfalls lies weiter bei **88**.

13

Problemlos hältst du mit dem fliegenden Auge mit. Gehe zu **38**.

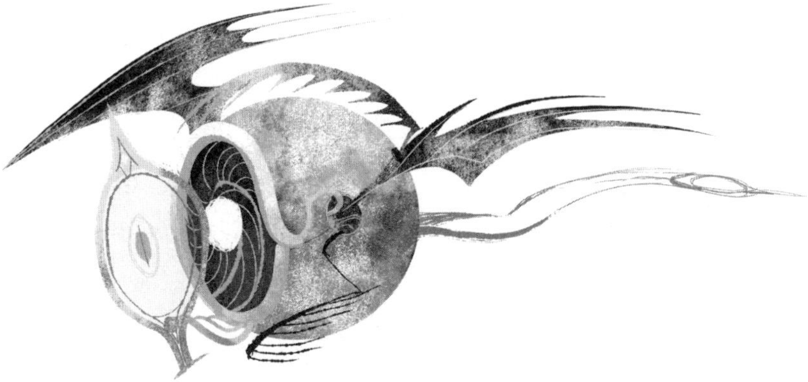

14

Das Licht wird schwächer und das Meereswesen sinkt auf den Grund der Höhle. Als du dich auf dem Felsvorsprung umsiehst, wird dir bewusst, dass der Gespensterfisch einen ziemlich großen »Schatz« angehäuft hat. In der gesamten Höhle sind jede Menge Teile und Gegenstände aus Metall verstreut.

Du wühlst dich durch den Schrott auf der Suche nach etwas, das möglicherweise nützlich sein könnte. Tatsächlich findest du eine merkwürdige Messingstange, die aussieht, als könnte sie von einem Boot stammen, und einen silbernen Kelch. (Ergänze beides auf deiner Ausrüstungsliste.)

Du schaffst es, die *Nauplius* wieder ins Wasser zu manövrieren. Das Tauchboot sieht noch fahrtüchtig aus, obwohl es so viel hat einstecken müssen. Als du eingestiegen bist, überlegst du, wie es weitergeht.

Steht auf deinem Abenteuer-Blatt das Schlüsselwort **Rettung**, kannst du bei **132** weiterlesen. Andernfalls kannst du den Gang verlassen und den linken Höhlenabschnitt erforschen, solltest du dort noch nicht gewesen sein (weiter bei **231**). Um die Höhlen zu verlassen und zu dem großen undeutlichen Umriss aufzubrechen, blättere zu **191**.

15

Den Schlüssel zu deiner eigenen Truhe hast du bei dir. Silas nimmt sich in der Zwischenzeit eine andere vor. Als du dir die übrigen näher ansiehst, stößt du auf eine, die tatsächlich unverschlossen ist.

Willst du deine eigene Truhe durchsuchen, lies weiter bei **217**. Willst du die unverschlossene Truhe öffnen, gehe zu **65**. Willst du nachsehen, was Silas gefunden hat, blättere zu **134**.

16

Du wirfst Tideus den Dreizack zu. (Falls du den Dreizack gerade selbst benutzt hast, musst du dir eine andere Waffe aussuchen.)

»Also das Tideus nennt feine Waffe!«, donnert er begeistert.

Als er den Dreizack auf den Kobold-Kriegergolem schleudert, trifft er die Metallkreatur an der Stelle, die wohl die Brust darstellen soll. (Ziehe dem Kriegergolem 5 *AUSDAUER*-Punkte ab.)

»Pah!«, schreit Krazic. »Es braucht schon mehr als eine kleine Meeresgabel, um uns aufzuhalten!« Lies weiter bei **326**.

17

Du berichtest Caleb von deinen Ermittlungen und bittest ihn, dir mehr über die *Unheilbringer* zu erzählen.

»Ein paar Wochen ist das jetzt her«, beginnt Caleb. »War ein Riesenschiff, das Ding – ist zwischen zwei Sturmwinde geraten. Schlimme Sache. Einen Überlebenden konnten wir rausfischen, aber das Schiff selbst ist untergegangen wie ein Stein.«

Wieder hustet er.

Willst du ihn weiter über den Überlebenden ausfragen, gehe zu **281**. Um in Erfahrung zu bringen, was Caleb sonst noch über die *Unheilbringer* weiß, lies weiter bei **33**. Willst du dich verabschieden und zum Ostanleger aufbrechen, gehe zu **295**.

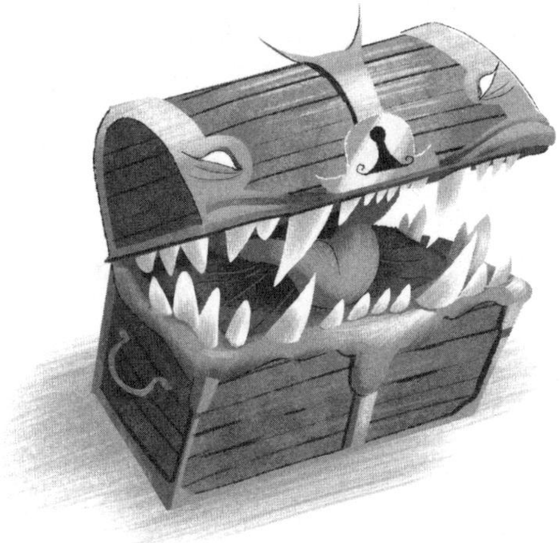

18

Die untere Ebene der Bibliothek steht hüfttief unter Wasser. Ganze Schwärme von Büchern dümpeln vorüber. Die oberen Ebenen sind allerdings trocken, was sie zu deinem neuen Ziel machen.

Du watest zwischen Regalwänden hindurch. Plötzlich hörst du seltsame Geräusche von … Nun, woher weißt du selbst nicht genau. Es erinnert dich an eine Art *Singsang*, der hin und wieder von einem *Schlurfen* und einem *Klopfen* begleitet wird. Als du den Lauten folgst, gelangst du an ein Bücherregal, hinter dem du ihren Ursprung vermutest.

Erst suchst du das Regal nach Griffen ab, dann betrachtest du aufmerksam die Bücher. Dabei fällt dir auf, dass es auf verschiedenen Regalbrettern insgesamt vier mit sehr ähnlichen Buchrücken gibt. Du

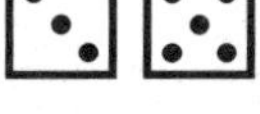

beschließt, eins davon herauszuziehen, um zu sehen, ob es dir bei diesem Rätsel weiterhilft.

Greifst du nach:

Zähne und Krallen: Berühmte Kämpfe bis zum Tode? → Gehe zu **45**.
Geflügelte Ungeheuer: Der Tod aus der Luft? → Gehe zu **89**.
Ein Stachel in der Geschichte: Eine Sammlung unerwarteter Ausgänge? → Gehe zu **239**.
Bewohner der Tiefe: Wasserbestien und wie man sie tötet? → Gehe zu **341**.

Willst du keins der Bücher nehmen, gibt es für dich in der Bibliothek nichts mehr zu entdecken und du kehrst in die Nimbische Kammer zurück. Lies weiter bei **92**.

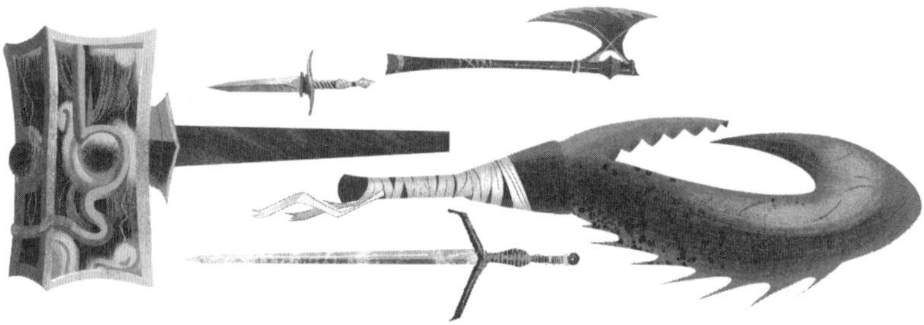

19

Du versuchst, Nix davon zu überzeugen, dass dies keine gute Idee ist.

»Das Ding hat meine halbe Werkstatt vernichtet«, grummelt er. »Ich will, dass es verschwindet! Oder zumindest den Platz räumt. Sobald es nicht mehr auf meinem Grundstück ist, gehört es ganz dir.«

Widerwillig stimmst du zu und lässt Nix den Klotz aufladen.

Verliere 1 Punkt *GLÜCK* und gehe zu **250**.

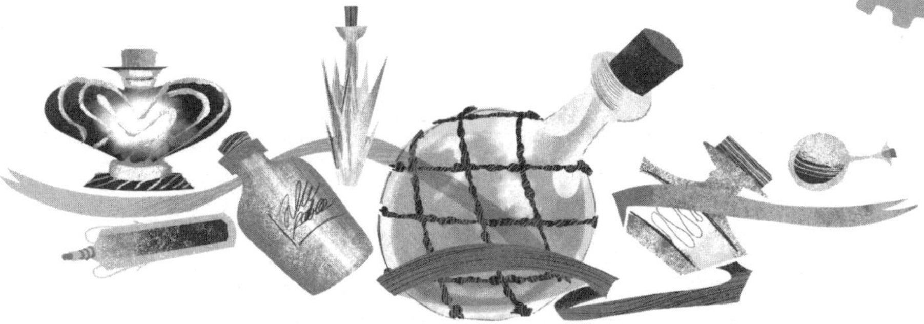

20

Du reichst ihm das angebliche Heilmittel und erklärst, dass es ihm helfen wird. Er schnüffelt daran.

»Ich glaub, du hast recht«, meint Kritch gut gelaunt. »Lass das Zeug ein paar Minuten wirken, dann geht's mir bestimmt wieder gut genug, um fliegen zu können. Allerdings hab ich nur eine Lizenz für Incus. Dort kannst du dann vom Nord-Fliegerhafen nach Asperitas weiterreisen. Wenn du Cirrus oder Cumulus besuchen willst, musst du deine Gleiter verwenden.«

Möchtest du deine Gleiter für 1 Goldstück laden, um nach Cirrus oder Cumulus zu fliegen, lies weiter bei **96**. Möchtest du mit dem Flieger zur Fischerei-Insel Incus aufbrechen, gehe zu **8**.

21

Du willst die Tür einrennen, verletzt dir aber beim Versuch lediglich die Schulter (du büßt 2 *AUSDAUER*-Punkte und 1 Punkt *GESCHICK* ein). Das Schlosssystem hinter der Tür muss unglaublich stabil sein.

Wenn du zu den Wohnsiedlungen im Westen Asperitas ziehen möchtest, gehe zu **293**. Alternativ kannst du Richtung Norden gehen, tiefer hinein in das Labyrinth aus Werkstätten und Laboren – lies weiter bei **111**.

22

Du versicherst dem Fischer, dass du tun wirst, was in deiner Macht steht, um ihm zu helfen. Dann tauchst du mit der *Nauplius* ab. Gehe zu **203**.

23

Du hältst das in Zitronensaft getränkte Papier gegen das Licht. Sobald es warm wird, kommen riesige braune Flecken zum Vorschein. Sollte sich je etwas Interessantes auf diesem Blatt befunden haben, ist es nun nicht mehr zu entziffern. Allerdings ist klar, dass Vizigg geheime Botschaften ausgetauscht haben muss. Leider endet diese Erkenntnis in einer Sackgasse.

Du verlässt den Turm und läufst Richtung Nordosten zu den Werkstätten und Laboren. Gehe zu **111**.

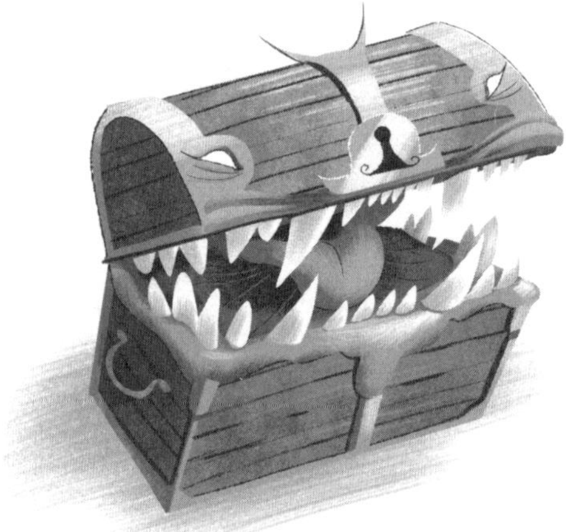

24

Du antwortest ehrlich, dass du es nicht weißt. Aber du sagst auch, dass du alles tun willst, um herauszufinden, wie es zu der Explosion kam, und um Nimbus zu retten. Maude mustert dich durchdringend und wägt deine Antwort ab. Lies weiter bei **364**.

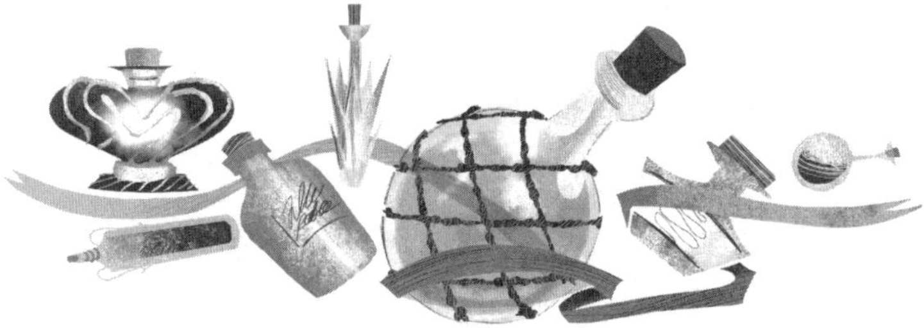

25

Du schleuderst den Beruhigungstrank zu Flapps, der ihn mit den Zähnen auffängt. Die Flasche zerbricht und der Inhalt rinnt in sein Maul. Schnell beginnt er zu wirken. Flapps schrumpft, das Glühen in seinen Augen verlischt und sein Fell sprüht keine Funken mehr.

Der Canidor schüttelt den Kopf und wirkt verwirrt. Dann macht er einen gewaltigen Satz nach vorn und schlabbert dich und Nemi ungestüm ab.

»Okay, mein Guter, ist ja gut. Es reicht! Genug!«, stößt Nemi lachend hervor, während sie Flapps streichelt. »Geh zurück zum Hof und warte da auf mich.«

Flapps bellt, wetzt aus der Höhle und schwingt sich in die Luft, um zum Wolkenling-Hof zu fliegen.

»Danke«, wendet sich Nemi an dich. »Nicht mehr lange und es hätte für Flapps keine Rettung mehr gegeben.« (Du gewinnst 1 Punkt *GLÜCK*.)

Sie durchforstet den hinteren Teil der Höhle. »Oh, was haben wir denn da?«

Sie hebt ein Langschwert auf und klopft die Erde ab

»Nimm du es«, sagt sie. »Ein Dankeschön von Flapps und mir.«

(Trage das Langschwert auf deinem Abenteuer-Blatt ein. Wenn du es im Kampf einsetzt, erhöht sich deine Angriffsstärke um 1 Punkt.)

»Oh und da!« Nemis Adleraugen haben in der Höhle noch etwas erspäht. Sie reicht dir 2 Goldstücke. (Trage auch sie auf deinem Abenteuer-Blatt ein.)

Möchtest du nun bei dem Koboldflieger vorbeischauen, lies weiter bei **361**. Warst du noch nicht bei der Inselwache und willst das nun nachholen, lies weiter bei **40**.

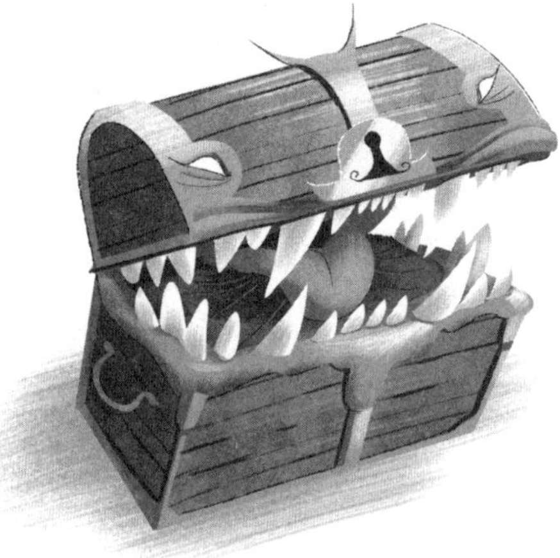

26

Du beschließt, dass du diesen Ort gründlicher erkunden musst.

Möchtest du zur Schwimmsphäre zurückkehren, lies weiter bei **136**. Willst du in die Nimbische Kammer, gehe zu **194**.

27

Du folgst der Beschilderung bis an die Stelle, an der das Kobold-Luftschiff von Cumulus zu finden sein sollte. Doch als du dich dem Anleger näherst, fehlt davon jede Spur. Erst denkst du, dass es wohl gerade unterwegs sein muss. Doch dann hörst du ein klägliches »Hilfe! Hilfe! Ist da wer? *Irgendwer?*«.

Als du über den Rand des Anlegestegs spähst, findest du zumindest die Koboldpilotin – sie baumelt weiter unten von einer Felsenkante. Sobald sie dich entdeckt, scheint ihr ein Stein vom Herzen zu fallen. »Könntest du mir vielleicht aus dieser unschönen Lage helfen?«

Du ziehst die Koboldfrau auf den sicheren Steg, wo sie sich als Daxa vorstellt.

»Die Nimbus-Explosion hat meinen Flieger total lahmgelegt«, erklärt sie. »Hat ihn direkt in den Ozean geschleudert. Zum Glück konnte ich noch rechtzeitig rausspringen, sonst hätte mich wahrscheinlich längst so ein Großer Weißer Kalmarhai gefressen!«

Du erklärst ihr, dass du die anderen Inseln besuchen wolltest.

»Tja, also solange ich keinen neuen Flieger habe, führt von hier kein Weg nach Incus oder Asperitas«, sagt Daxa traurig. »Aber ich lade deine Gleiter gratis auf, dann kommst du zumindest nach Cirrus oder Altos. Von dort aus kannst du ein anderes Luftschiff nehmen.«

Sie zeigt auf eine lange Brücke in der Nähe, die halb im Nebel verschwunden ist.

»Normalerweise könntest du auch über die Himmelsbrücke nach Cirrus laufen. Aber weil es an unserem Ende irgendwelche unnatürlichen Störungen gibt, ist sie gerade gesperrt«, berichtet Daxa. »Falls du die Sache klären kannst, mach ich sie natürlich gern wieder auf – vor allem weil bei meinem Absturz mein bester Aeronautenhelm da drauf gefallen ist. Wenn du's schaffst, die Brücke wieder sicher zu machen, gehört der Helm dir.«

Wenn Daxa deine Gleiter gratis aufladen soll, damit du nach Altos fliegen kannst, lies weiter bei **342**. Möchtest du mit gratis geladenen Gleitern nach Cirrus aufbrechen, dann blättere zu **320**. Willst du auf der Himmelsbrücke nach Cirrus nach dem Rechten sehen und nach dem Aeronautenhelm suchen, gehe zu **233**.

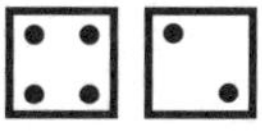

28

Du stürmst los und schnappst dir den alten Kobold, ohne auch nur abzubremsen. Es gelingt dir, euch beide vor den herabfallenden Trümmern in Sicherheit zu bringen. Lies weiter bei **216**.

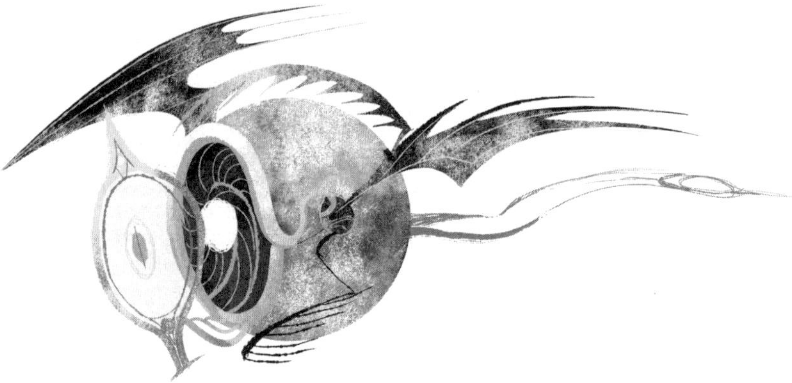

29

Du hebst die Skizzen auf und stellst schaudernd fest, dass sie dich darstellen. Auf einem der Blätter schläfst du in der Wache von Cirrus, auf einem anderen sieht man dich über Asperitas wandern.

Außerdem entdeckst du Aufzeichnungen, die festhalten, was du bisher auf der Insel getan hast. Wer in diesem Haus auch wohnt, scheint sich sehr für dich und deine Ermittlungen zu interessieren.

In dir brodelt es vor Wut. Dein Blick fällt auf das Gerät, mit dem die Spionaugen geladen werden. Offenbar regelt man damit auch die Intensität der Ladung, die in die Sturmkristalle fließt.

Willst du die Ladung überhöhen und versuchen, die Spionaugen so zu zerstören (gehe zu **389**), oder möchtest du dich zuerst im Erdgeschoss umsehen, solltest du das nicht schon getan haben (dann gehe zu **182**)? Alternativ kannst du das Haus einfach verlassen und bei **149** weitermachen.

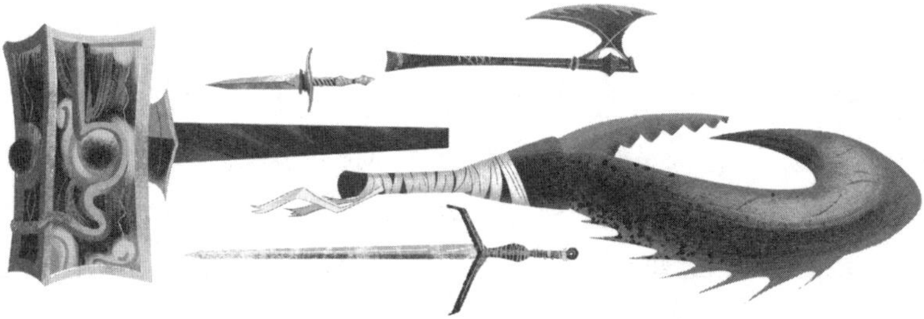

30

Du läufst auf den Hof zu. Hier werden die Wolkenlinge geboren und aufgezogen, bis sie groß genug sind, um sie am Himmel über Altos freizulassen. Der Sturmwind Zephyrus sorgt dafür, dass sie nie zu weit weg schweben. Während sie wachsen, bilden sie in sich Regen. Auf Bodenhöhe von Altos werden sie von den vielen Bauern und in der Luft von Canidoren umsorgt – geflügelte Wesen, die Hunden ähneln.

Braucht eine der Inseln Regen oder Schatten, kann sie eine Herde Wolkenlinge anfordern, die dann herbeischweben und über der Insel ihren Regen ablassen, bevor sie nach Altos zurückkehren, um dort wieder ordentlich Regen anzusetzen. Für gewöhnlich sind Wolkenlinge sanft und duldsam – abgesehen von Müttern, die meinen, ihre Jungen verteidigen zu müssen, wie du gerade festgestellt hast.

Doch als du dich dem Hof näherst, ist es dort ungewöhnlich ruhig. Im Freien sind keine Arbeiter zu sehen, in der Luft keine Canidore. Außerdem entdeckst du überall liegen gelassene Werkzeuge. Es läuft dir kalt über den Rücken. Hier ist irgendetwas Schlimmes passiert.

Plötzlich ertönt *Donnergrollen.* Ein riesiger schwarzer Wolkenling schwebt hinter einem der Hofgebäude hervor. Aus seinen dunklen Tiefen zucken Blitze. Noch nie hast du so einen Wolkenling gesehen. Die Energie von Nimbus muss ihn von einer friedlichen Regenwolke in eine wütende Masse aus Gewitterenergie verwandelt haben.

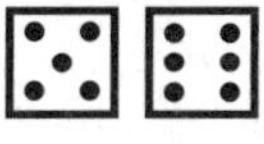

»Hier! Fang!« Als du dich umdrehst, siehst du eine junge Frau in wasserdichter Schäferkleidung. Sie wirft dir einen Wolkenlingstab zu – einen speziellen Stab, den man dazu benutzt, die empfindsamen Wolken zu hüten. (Ergänze den Wolkenlingstab auf deinem Abenteuer-Blatt.)

»Bändigen wir diesen Sturm!«, brüllt sie über den Donner und das Grollen des Sturmlings.

Solange diese Frau an deiner Seite kämpft, kannst du deine Angriffsstärke um 2 Punkte erhöhen; jeder Schaden, den du verursachst, fällt 1 Punkt stärker aus, und jeder Schaden, den du nimmst, reduziert sich um 1 Punkt.

Gemeinsam nehmt ihr es mit dem Sturmling auf.

Sturmling Geschick 10 | Ausdauer 10

Falls du gewinnst und Altos deine Heimatinsel ist, lies weiter bei **353**. Gewinnst du und Altos ist nicht deine Heimatinsel, gehe zu **277**.

31

Als du ins Wasser springen willst, hält Nemi dich zurück.

»Was treibst du denn da, du Idiot?!«, brüllt sie dich an. »Siehst du nicht, was das Wasser für eine Farbe hat?«

Noch einmal schaust du nach unten. Das Wasser wirkt tatsächlich dunkler, als du es in Erinnerung hast, alles andere als so wundervoll azurblau wie sonst. Vielleicht ist Tauchen doch keine so gute Idee.

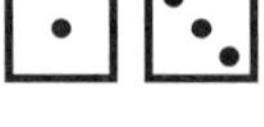

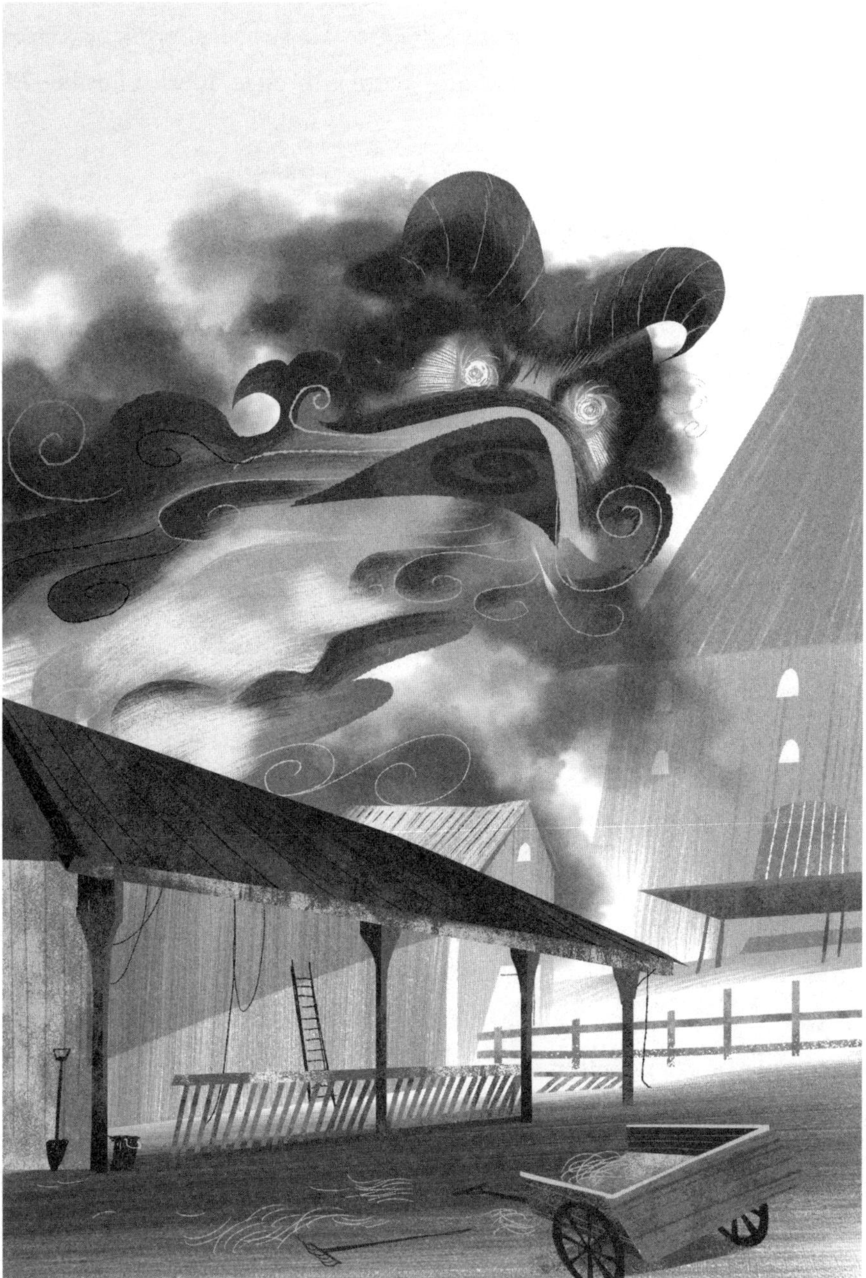

Ein gewaltiger schwarzer Wolkenling schwebt hinter einem der Hofgebäude hervor.

Kurz durchbricht ein schuppiges Rückgrat die Wasseroberfläche, bevor es wieder verschwindet. Ja, definitiv keine gute Idee. Lies weiter bei **75**.

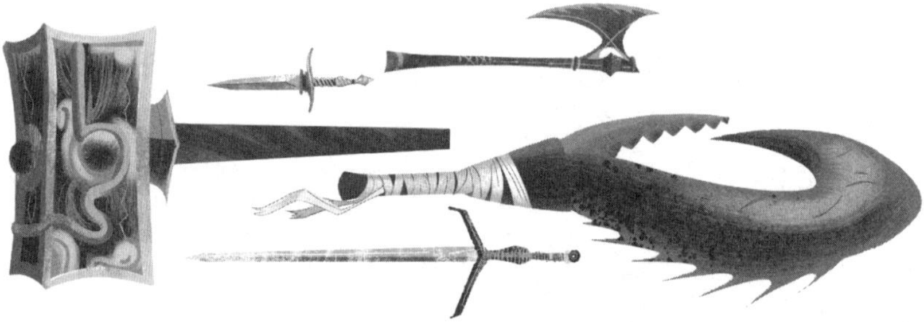

32

Du kämpfst dich durch die wütenden Ranken, bis sie sich von der Tür zurückziehen und ausreichend Zeit zur Flucht gewähren. Dir fällt eine Handvoll Trauben auf dem Boden auf, die nicht explodiert sind. Behutsam stupst du sie mit dem Schwert an, doch solange sie nicht mit den Ranken verbunden sind, scheinen sie weniger leicht zu explodieren. Um ihre ätzenden Eigenschaften freizusetzen, wird es mehr Kraft brauchen. Weil du findest, dass sie noch nützlich sein könnten, steckst du die Weintrauben vorsichtig in einen kleinen Lederbeutel und nimmst sie mit. (Ergänze die ätzenden Trauben auf deinem Abenteuer-Blatt.)

Du verlässt die Inselwache und überlegst, ob du in den Norden von Cirrus aufbrechen solltest, um dort einen Koboldflieger zu suchen, der dich zu den anderen Inseln bringen kann. Doch plötzlich hörst du in der Ferne undeutliche Schreie.

Willst du dem Laut folgen, dann lies weiter bei **168**. Willst du der blaugrünen Rauchwolke nachgehen, blättere zu **137**. Willst du nach Norden, gehe zu **255**.

33

Du bittest Caleb, dir mehr über die *Unheilsbringer* zu erzählen.

»Ein Kriegsschiff war das. Waffen. Kanonen. Durch das ganze Metall ist sie untergegangen wie ein Stein. Keine Ahnung, was sie für 'nen Kurs hatte – schätze, nun werden wir's nie mehr erfahren. Irgendwo gibt es ja immer Krieg. Die Leute scheinen einen guten Kampf zu lieben. Mir dagegen ist der Friede in Pangaria tausendmal lieber!«

Willst du Caleb nun verlassen und deine Reise fortsetzen, dann blättere zu **295**. Wenn du dich noch nicht näher nach dem Überlebenden erkundigt hast und das nachholen willst, lies weiter bei **281**.

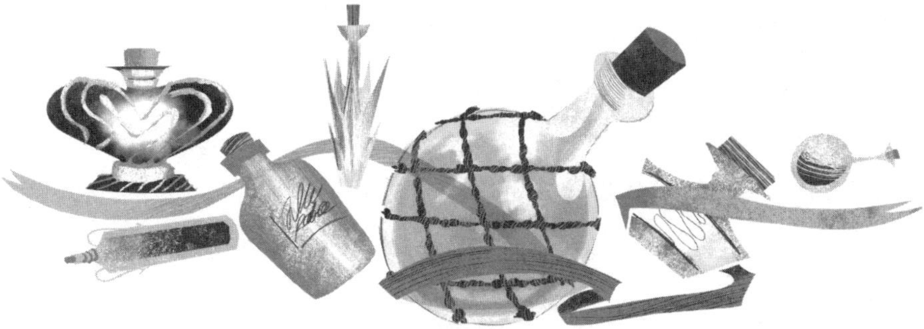

34

Du duckst dich und rollst dich ab, als über deinem Kopf eine Klinge durch die Luft saust. Möglicherweise hast du eine neue Frisur, aber ansonsten bist du unverletzt. Du wunderst dich, wozu innerhalb der Zitadelle eine solche Falle zur Verteidigung nötig ist.

Während du darüber nachgrübelst, läufst du weiter – und wirst um ein Haar von einem Feuerball versengt, den eine Statue in der Wand auf dich spuckt. (Verliere 1 *AUSDAUER*-Punkt.)

Keine Falle. Falle*n*.

Extrem vorsichtig setzt du deinen Weg fort. Lies weiter bei **210**.

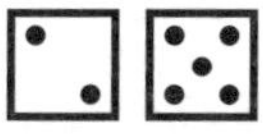

35

Nachdem die Königin tot ist, verschwinden die übrigen Kakerlaken schnell von der Bildfläche. Du schiebst dich an dem stinkenden Kadaver vorbei und durchsuchst den Raum. Deinen Münzbeutel findest du nicht, dafür einen anderen, in dem sich 3 Goldmünzen mehr als in dem befinden, der dir gestohlen wurde. (Notiere das im Gold-Kästchen auf deinem Abenteuer-Blatt.) Außerdem findest du ein kleines Glas Heilenden Honig und etwas Trockenfisch. (Ergänze beides auf deinem Abenteuer-Blatt. Der Heilende Honig füllt bis zu 3 *AUSDAUER*-Punkte wieder auf, der Trockenfisch bis zu 2 *AUSDAUER*-Punkte.)

Als du auf die tote Kakerlakenkönigin steigst, kannst du das Loch im Dach erreichen. Du ziehst dich nach oben und fährst in deinem Abenteuer fort, mit etwas mehr Gepäck und einem intensiven neuen Duft. Lies weiter bei **336**.

36

Begleitet vom durchdringenden Warnsignal der Gleiter, schaffst du es, behutsam auf Cirrus aufzusetzen. Während sich die Flügel einklappen, blickst du an die Stelle hinüber, an der Nimbus schweben sollte. Nun gibt es dort nichts außer Luft und Staub, die vor merkwürdiger Energie knistern. Was die Insel auch abstürzen ließ, muss unglaublich mächtig gewesen sein. Lies weiter bei **321**.

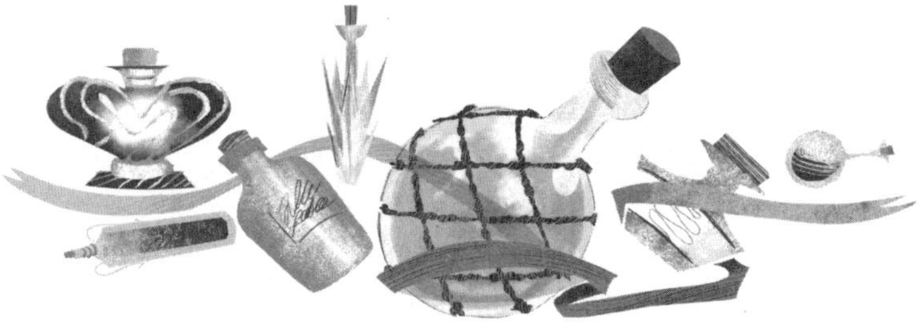

37

Du bringst deine Schwimmsphäre näher an die Blase heran. Die Gestalt im Innern ist ätherisch und durchscheinend – ein Sturmgeborener.

»Ah, du lebst noch!« Er grinst. »Das hatte ich gehofft. Mein Name ist Methedus.« Matix' Verstärkersystem funktioniert tatsächlich einwandfrei: Du verstehst ihn perfekt, selbst im Innern der *Nauplius*.

»Was dir bevorsteht, wird nicht einfach«, fährt der Sturmgeborene fort. »Ich dachte, dies könnte dir gute Dienste erweisen.«

Methedus bewegt seine Hände und erschafft eine kleine Blase, in der ein Macht-Trank schwebt. Er schiebt die kleine Blase durch die Hülle seiner eigenen und schickt sie zur *Nauplius*, sodass du sie einfangen kannst. (Ergänze den Macht-Trank auf deinem Abenteuer-Blatt. Für die Dauer eines Kampfes erhöht er deine Angriffsstärke um 2 Punkte und stellt bis zu 3 *AUSDAUER*-Punkte wieder her.)

Du fragst, warum die Sturmgeborenen Nimbus nicht geholfen haben.

»Leider wurde Nimbus mit einem Bannkreis umgeben, der alle Sturmgeborenen davon abhält, die Insel zu betreten. Doch ich muss dich warnen. Ich glaube, *ein* Sturmgeborener hält sich auf Nimbus auf, und ich weiß nicht genau, welche Rolle er in diesem Chaos spielt. Also sei vorsichtig. All unsere Hoffnungen ruhen nun auf dir.«

Damit schwebt Methedus in seiner Blase zurück an die Oberfläche. Gehe zu **3**.

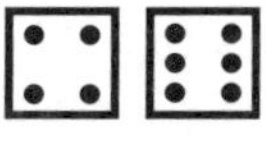

38

Du beobachtest, wie das fliegende Auge durch eine kleine Klappe in der Seitenwand eines windschiefen Holzhauses zischt. Du hast keine Ahnung, wem es gehört. Willst du:

An die Haustür klopfen? Gehe zu **102**.

Dich leise um das Haus herumschleichen und sehen, ob du einen Weg hinein findest? Gehe zu **287**.

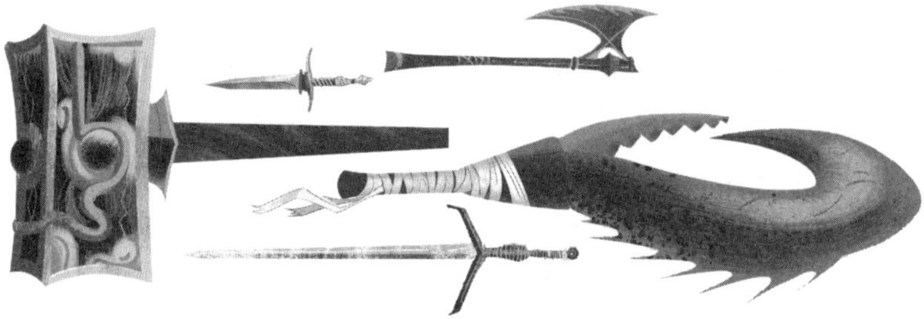

39

Du schleuderst die Schere der Riesenkrabbe auf den Kobold-Kriegergolem. »Oh!«, sagt Tideus. »Ein Leckerschmecker! Tideus liebt Leckerschmeckerhäppchen!«

Als er nach der Schere greifen will, nutzt Krazic den Moment der Ablenkung und zieht dem Meeresriesen seinen Steinknüppel über den Schädel.

(Ziehe dem Meeresriesen 3 AUSDAUER-Punkte und 1 Punkt GESCHICK ab.) Weiter bei **326**.

40

Du machst dich auf zur Inselwache und wählst den direkten Weg durch eine ziemlich morastige Gegend. Unterwegs überlegst du, wer dort sein könnte und warum er oder sie das Treffen auf Nimbus versäumt hat. Während du darüber nachgrübelst, hörst du ein leises Grollen. Aus der Sorge heraus, es könnte noch ein Sturmling sein, ziehst du deine Waffe. Plötzlich fliegt ein Ball aus klebrigem Schleim auf dich zu.

Stelle dein Glück auf die Probe. Hast du Glück, gehe zu **7**. Hast du Pech, lies weiter bei **397**.

41

Du preschst mit der *Nauplius* voran und machst dich für den Kampf bereit.

Riesen-Zitteraal Geschick 8 | Ausdauer 8

In jeder dritten Angriffsrunde stößt der Aal einen Stromschlag aus, der die Schwimmsphäre 3 AUSDAUER-Punkte kostet, egal, ob du das Wesen verletzt oder nicht.

Falls du den Kampf gewinnst, gehe zu **172**. Doch solltest du verlieren, sinkt die beschädigte *Nauplius* auf den Grund des Ozeans und verdammt dich zu einem langsamen Tod.

42

Zum Glück ist die Treppe ins Obergeschoss noch intakt, obwohl ein Teil des Bodens eingebrochen ist. Genau wie im Erdgeschoss ist niemand zu sehen und ein Sturm scheint hindurchgefegt zu sein.

Willst du dich weiter umsehen, gehe zu **274**. Möchtest du das Haus verlassen und zu Matix aufbrechen, lies weiter bei **161**. Willst du das Haus verlassen und zum Schwimmsphären-Schuppen am Ostanleger laufen, gehe zu **74**.

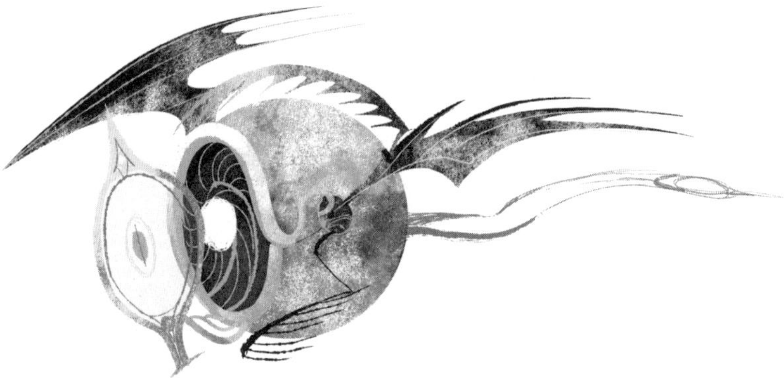

43

Du kehrst zu Halleck zurück. Weil du ihn nicht aufregen willst, stellst du nur sicher, dass er es bequem hat, und teilst ihm mit, dass du die Zitadelle weiter durchsuchen wirst.

»Gute Arbeit!«, sagt Halleck und salutiert vor dir.

Steht auf deinem Abenteuer-Blatt das Schlüsselwort **Nimbi**, lies weiter bei **92**. Andernfalls gehe zu **347**.

44

Du stellst dich der Riesenkröte entgegen, bereit, bis zum Tod zu kämpfen. Zumindest von einem von euch.

Riesenkröte Geschick 5 | Ausdauer 7

Falls du gewinnst, gehe zu **181**.

45

Mit spitzen Fingern ziehst du *Zähne und Krallen: Berühmte Kämpfe bis zum Tode* aus dem Regal. Das Buch hüpft aus deiner Hand, während die Seiten wild zu blättern beginnen.

Plötzlich schießen Krallen aus dem Papier, gefolgt von kräftigen haarigen Armen. Aus dem verzauberten Wälzer steigt eine wütende Krallenbestie, die nach einem Kampf lechzt.

Krallenbestie Geschick 9 | Ausdauer 14

Falls du gewinnst, lies weiter bei **263**.

46

Als du die Mühle betrittst, erkennst du, dass Methedus über einem Kreis schwebt, der mit merkwürdigen Symbolen bedeckt ist. Du fragst, was genau er da getan hat, weil dich die Angst beschleicht, er könnte in irgendeiner Weise mit dem Absturz von Nimbus zu tun haben.

»Als es zur Explosion kam, war ein Sturmgeborener auf Nimbus«, erklärt er. »Ich habe seine Anwesenheit dort gespürt, genauso wie ich fühlte, dass seine Energie verschwand, als Nimbus abstürzte. Vielleicht war er zufällig dort und ist vor dem Unglück geflohen. Vielleicht ist er auch dort unten gefangen, ich weiß es nicht. Ich wollte Kontakt aufnehmen, habe versucht, seine Energie zu erspüren – doch was ich auch tue, es gelingt mir einfach nicht. Abgesehen von dem Moment, als ich den Splitter berührte, den du mir gezeigt hast. In ihm ruht dieselbe Energie.«

Du fragst ihn, was er damit sagen will.

»Du kannst das nicht wissen, doch jeder Sturmkristall trägt in sich das Zeichen seines Schöpfers. Jedoch können nur Sturmgeborene diese Zeichen sehen. Der Splitter, den du hast, wurde von einem Sturmgeborenen namens Boreas hergestellt. Er gehört zu unseren Stammesältesten, allerdings hat man schon lange nichts mehr von ihm gehört. Es schmerzt mich, das zugeben zu müssen, doch Boreas ist in diese Sache auf irgendeine Art verwickelt.«

Er sagt die Wahrheit, das spürst du instinktiv.

Methedus reicht dir einen kleinen Kristall. Er sieht aus wie derjenige, der deine Gleiter antreibt, nur leer.

»Das hier könnte dir einen guten Dienst erweisen. Du scheinst mir die Sorte Mensch zu sein, die sich gerne in Schwierigkeiten bringt. Da draußen wehen gerade eine Menge bösartiger Energien durch die Gegend und das hier holt sie aus einem infizierten Tier wieder heraus – solange es noch nicht zu spät ist. Sobald das Tier sich erst vollständig verwandelt hat, kann der Kristall nichts mehr ausrichten. Und leider kann man ihn nur ein einziges Mal verwenden.« (Ergänze Methedus' Kristall auf deinem Abenteuer-Blatt und 1 Punkt *GLÜCK*.)

Falls noch nicht geschehen, notiere das Schlüsselwort **Boreas** auf deinem Abenteuer-Blatt.

Mehr gibt es hier nicht zu tun.

Hast du auf dem Markt noch nicht nach Hazi gesucht, kannst du das nun nachholen – gehe zu **351**. Möchtest du nach dem nächsten Koboldflieger Ausschau halten, um zu den anderen Inseln aufzubrechen, lies weiter bei **27**.

47

Du erledigst die Oktobestie, bevor sie noch andere Leute infizieren kann. Doch dann musst du dich dringend wieder deinen Ermittlungen widmen.

Falls du auf deinem Abenteuer-Blatt das Schlüsselwort **Renard** notiert hast, gehe zu **56**.

Wenn nicht – wohin willst du als Nächstes? Um zum Haus von Matix Richtung Norden aufzubrechen, lies weiter bei **161**. Um dich zum Schwimmsphären-Schuppen am Ostanleger aufzumachen, blättere zu **74**.

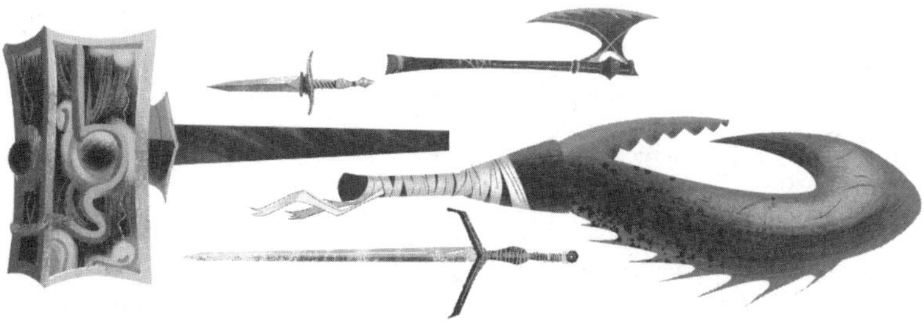

48

Hastig kehrst du in die Nimbische Kammer zurück.

Möchtest du nun lieber die Küche erkunden, lies weiter bei **9**. Wenn du noch nicht versucht hast, die Tür zum Großen Saal zu öffnen, gehe zu **369**.

49

Du machst dich auf zur Wache. Irgendetwas Nützliches muss sich dort ja finden lassen.

Als du an einem Feld voll sanft schaukelndem Getreide vorbeikommst, hörst du ein *Fiepsen*. Das Geräusch wird immer lauter, da es von immer mehr Tieren zu kommen scheint. In die Halme gerät Bewegung, als etwas auf dich zuprescht und schließlich aus dem Getreide stürmt.

Es ist eine Horde Getreideratten. Diese sonst absolut friedlichen Plagegeister wurden von der Energiewelle der Nimbus-Explosion erfasst. Schlagartig haben die Vegetarier Lust auf einen Happen Fleisch bekommen – dich!

Tollwütige Rattenhorde *Geschick 6* | *Ausdauer 10*

Falls du gewinnst, lies weiter bei **109**.

50

Der Schatten breitet ein Paar Flügel aus. Als er näher kommt, erkennst du, dass es ein Canidor ist – zumindest war er es einmal. Jetzt kämpft er gegen die Auswirkungen der Elementarenergie, die von der Explosion ausging. In seinen Augen zucken Blitze und sein Fell sprüht Funken.

An seinem Hals entdeckst du ein Halsband. Auf dem Namensschild daran steht: *Flapps.*

Flapps knurrt und bleckt bestialisch scharfe Zähne. Dann *winselt* er leise. Noch hat die Elementarenergie ihn nicht vollkommen verwandelt, doch lange kann es nicht mehr dauern.

Wenn du Flapps einen Beruhigungstrank geben willst, gehe zu **285**. Hast du die Scherbe von Methedus bei dir und willst sie bei Flapps einsetzen, lies weiter bei **265**. Möchtest du gegen Flapps kämpfen, blättere zu **147**. Willst du die Flucht ergreifen und zum Koboldflieger rennen, in der Hoffnung, dass der Canidor dich nicht verfolgt, dann gehe zu **361**.

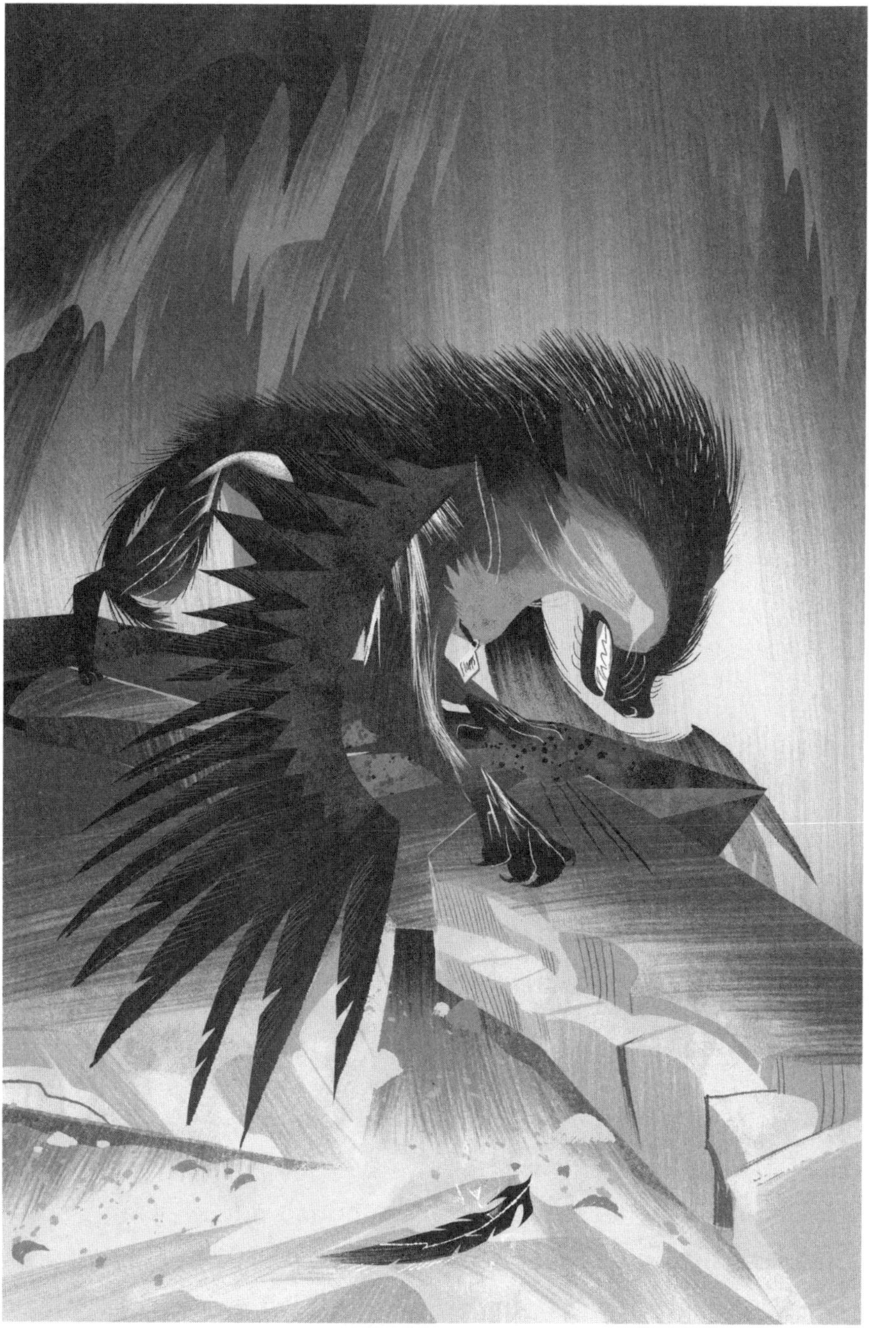

Noch hat die Elementarenergie ihn nicht vollkommen verwandelt.

51

Du hältst deinen Sturmkristall an die riesige Scherbe. Ein Energiestoß schleudert dich zurück. Zu deinem Glück fängt Silas dich auf. (Du verlierst 2 *AUSDAUER*-Punkte.)

»Sieht ganz so aus, als wäre der Kristall hier nicht stabil genug, um etwas damit laden zu können«, meint Silas, als er dich auf die Füße stellt.

An einem der Risse brichst du ein Stück des Splitters ab, um es dir genauer anzusehen. Seltsamerweise scheint der Kristall innen beschädigt. Auf der Innenseite entdeckst du tiefe Rillen und auf der Außenseite seltsame schwarze Rückstände. (Trage den Splitter des Sturmkristalls auf deinem Abenteuer-Blatt ein.)

Vielleicht kannst du jemanden finden, der dir erklären kann, woher die Scherbe kommt und was sie zerstört hat. Dann kannst du womöglich auch herausfinden, was sich auf Nimbus abgespielt hat.

Falls du noch nicht in der Inselwache warst und das nun nachholen möchtest, lies weiter bei **49**. Möchtest du den Schuppen überprüfen, gehe zu **376**.

52

Du kehrst zu Vizigg zurück.

»Ah, du bist es«, keucht er. »Was hast du mir mitgebracht?«

Hast du den Kupferring, lies weiter bei **228**. Wenn du ihm den silbernen Kelch geben willst, gehe zu **115**. Möchtest du ihm die schwarze

Kerze aushändigen, blättere zu **6**. Willst du die Darunter-Bibliothek verlassen, um nach weiteren fehlenden Gegenständen zu suchen, lies weiter bei **26**.

53

Du sagst Yurik, Pox habe dir verraten, dass Yurik am Absturz von Nimbus beteiligt war.

»Das ist gelogen!«, quietscht er. »Dem Kerl hab ich noch nie über den Weg getraut, genauso wenig wie Paxlo! Keine Ahnung, was sie und die anderen in Krazics Werkstatt auf Nimbus ausgeheckt haben. Jedenfalls hat man ihnen dort das Doppelte vom üblichen Gehalt gezahlt, damit sie mitmachen. Schweigegeld, wenn du mich fragst.«

Du beschließt, mehr über die Werkstatt herauszufinden. Gehe zu **133**.

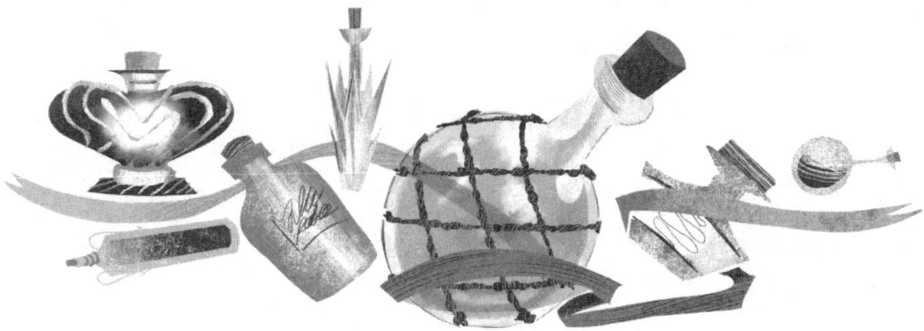

54

Du bist froh, endlich auf dem Weg nach Nimbus zu sein, gleichzeitig hast du jedoch schreckliche Angst vor dem, was dich dort unten erwarten könnte. Schwimmt Nimbus jenseits der Stürme noch auf dem Wasser oder ist es bereits in den Tiefen des Ozeans versunken? Haben deine Freunde von der Himmelsgarde überlebt, zumindest einige von ihnen?

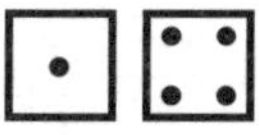

Die Schwimmspähre ruckelt leicht, als sie durch die turbulenten Gewitterwolken gleitet, doch lange dauert es nicht, da fühlst du sie mit einem lauten Platschen im Wasser landen. Auf die Oberseite des Tauchboots prasselt Regen und von den Wellen wirst du so heftig hin und her geworfen, dass dir übel wird. Der Ozean der Sturmwinde macht seinem Namen alle Ehre.

Von nun an bist du auf das GESCHICK und die AUSDAUER der Schwimmsphäre angewiesen, es sei denn, du verlässt sie oder wirst ausdrücklich angewiesen, deine eigenen GESCHICK- und AUSDAUER-Werte einzusetzen.

Schwimmsphäre Geschick (siehe unten) | Ausdauer 20

Das *GESCHICK* der Schwimmsphäre entspricht deinem *ursprünglichen* GESCHICK-Wert minus 1.

Sämtliche Bonuswerte oder Strafpunkte, die du aufgrund von speziellen Waffen erhalten hast, zählen nicht, solange du GESCHICK und AUSDAUER der Schwimmsphäre nutzt. (Denk daran, deine persönlichen Werte sorgfältig auf dem aktuellen Stand zu halten.) Nun gehe zu **186**.

55

Der Schatten breitet ein Paar Flügel aus. Als er sich weiter nähert, begreifst du, dass es ein Canidor ist – zumindest war er es einmal. Jetzt kämpft er gegen die Auswirkungen der Elementarenergie, die von der Explosion ausging. In seinen Augen zucken Blitze und sein Fell sprüht Funken.

»Es ist Flapps!«, ruft Nemi.

Flapps knurrt und bleckt gefährlich scharfe Zähne.

»Braver Junge, ist ja gut«, redet Nemi ihm leise gut zu. »Ich bin's.«

Flapps winselt leise. Noch hat die Elementarenergie ihn nicht völlig verwandelt, doch lange kann es nicht mehr dauern.

»Du musst ihm irgendwie helfen«, fleht Nemi dich an.

Falls du einen Beruhigungstrunk hast und ihn Flapps geben willst, gehe zu **25**. Möchtest du stattdessen umkehren und zu dem Koboldflieger aufbrechen, lies weiter bei **361**.

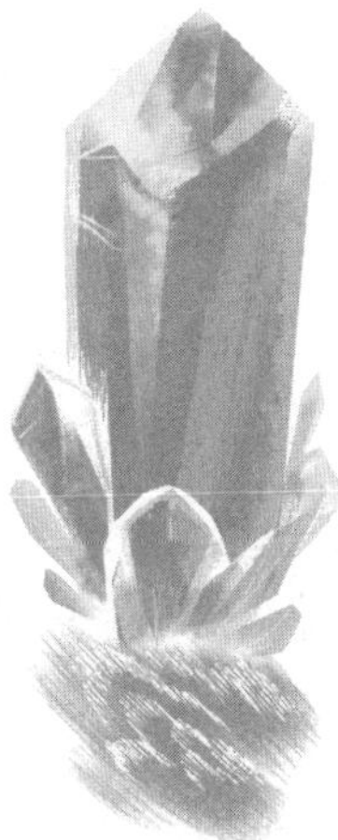

56

Wohin willst du nun aufbrechen?

Zum Haus der Familie Renard? → Weiter bei **118**.

Nach Norden zu Matix? → Weiter bei **161**.

Zum Schwimmsphären-Schuppen am Ostanleger? → Weiter bei **74**.

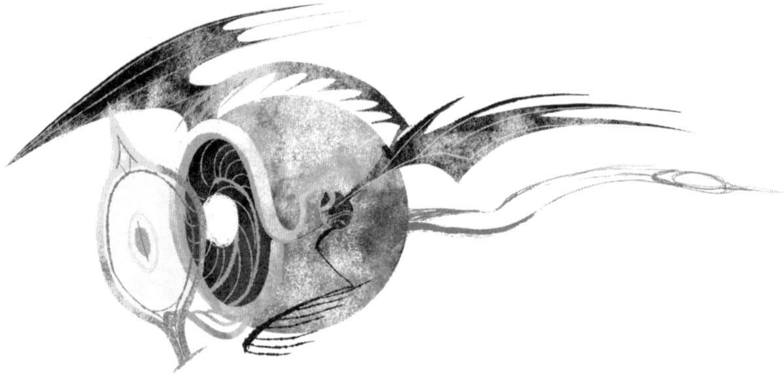

57

Heute ist der übliche Trubel auf dem Markt gedämpft. Ungewöhnlich viele Stände haben geschlossen und es sind entschieden weniger Leute auf den Straßen unterwegs. Aufgrund der Explosion auf Nimbus haben wohl viele entschieden, sich in ihren Häusern zu verschanzen. Die meisten Händler jedoch sind hart im Nehmen und lassen sich nicht so leicht vertreiben, solange sie noch jemandem Geld abknöpfen können.

Könntest du Hallecks Gleiter aufladen, würden sie einen wirklich nützlichen Teil deiner Ausrüstung darstellen. Außerdem hast du noch immer seinen Münzbeutel. Und du bist ziemlich sicher, dass er nichts dagegen hätte, ihn dir zu leihen, wenn es dir dabei hilft, deine Pflicht zu tun. (Trage auf deinem Abenteuer-Blatt 10 Goldstücke ein.)

Du wirfst einen prüfenden Blick auf deine Taille: Dein treues Kurzschwert ist noch da. Und dich beschleicht das Gefühl, dass du es noch brauchen wirst. (Ergänze das Kurzschwert auf der Waffenliste deines Abenteuer-Blatts.)

»Wahnsinn! Seit wann geben sie Rekruten schon Gleiter?«

Es ist Dav, ein Kobold, mit dem du schon lange befreundet bist. Er arbeitet in der Bäckerei im Ort. Vergeblich versuchst du, ihm zu erklären, was auf Nimbus vorgefallen ist und wie du zu Hallecks Gleitern kommst. Alles ist noch immer so verwirrend, dass du keine Antworten auf seine Fragen hast.

»Da scheinst du heute Morgen ja schon einiges mitgemacht zu haben!«, sagt Dav mitfühlend und reicht dir ein Ingwer-Sahne-Hörnchen, nach dem du dich gleich ein wenig besser fühlst. (Fülle 1 *AUSDAUER*-Punkt wieder auf.)

»Die Explosion haben wir alle gehört«, fährt Dav fort. »So ruhig wie danach war's auf dem Markt noch nie. Einige Leute haben sich versteckt. Kann's ihnen nicht verdenken bei all der zusätzlichen Elementarenergie, die gerade durch die Gegend weht. Aber die meisten Händler haben geöffnet. Du kennst sie ja – solange sich nicht die Erde auftut und sie verschluckt, lassen die sich nicht vertreiben! Äh. Hoffen wir, das passiert nicht wirklich.«

Entschlossen berichtest du Dav, dass du herausfinden willst, was sich abgespielt hat. »Solange du auf Cumulus bist, begleite ich dich wohl besser«, sagt der kleine Kobold. »Mit meinen Aufgaben bin ich für heute eh fertig. Und du siehst aus, als könntest du ein bisschen Gesellschaft gebrauchen. Außerdem hab ich ein paar echt gute Moves auf Lager, falls es haarig wird. Oh, und noch was: Das hier könnte dir helfen.« Er wirft dir einen Heilungstrank zu. (Sobald man ihn trinkt, stellt er bis zu 4 *AUSDAUER*-Punkte wieder her.)

Solange Dav dich begleitet, erhöht sich deine Angriffsstärke um 2 Punkte und jeder Schaden, den du zufügst, erhöht sich um 1 Punkt. Außerdem reduziert sich jeder Schaden, den du im Kampf erfährst, um 1 Punkt. (Mach dir eine entsprechende Notiz zu Davs Begleitung und zum Heilungstrank auf deinem Abenteuer-Blatt.)

⚀ ⚅

»Na schön«, sagt Dav und macht sich bereit fürs Abenteuer. »Ich kenne da einen Kobold namens Hazi, der auf der anderen Seite des Markts wohnt. Früher hat er auf Nimbus in der Zitadelle gearbeitet. Vielleicht weiß er ja was. Und dann könnten wir uns natürlich noch mit Methedus unterhalten, dem Sturmgeborenen, der drüben in der Mühle arbeitet. Er könnte uns das eine oder andere über die Energie erzählen, die freigesetzt wurde.«

Dav tätschelt einen kleinen Dolch an seinem Gürtel.

»Es geht das Gerücht um, dass die Explosion ein paar fiese Viecher aufgeschreckt hat. Gut, dass du den guten alten Dav bei dir hast. Aber vielleicht magst du dich trotzdem noch selbst ausrüsten oder dir ein paar Münzen verdienen?«

Wenn du zu Hazis Zuhause auf der anderen Seite des Markts aufbrechen willst, gehe zu **351**. Willst du die Mühle aufsuchen, lies weiter bei **261**. Möchtest du erst einmal das Angebot der Stände begutachten, blättere zu **258**. Möchtest du dich im Glücksspiel versuchen, in der Hoffnung, dein Gold zu vermehren, dann lies weiter bei **304**.

58

Du versuchst, den Feuerball mit der Klinge deines Kurzschwerts abzulenken. Leider trifft er beim Abprallen deinen Stiefel und setzt deinen Fuß in Brand. (Du verlierst 2 *AUSDAUER*-Punkte.) Bis du es geschafft hast, die Flammen zu löschen, ist der komische Augapfel längst durch den Kaminschlot davongeflogen.

Du wirst das Gefühl nicht los, beobachtet zu werden. Allerdings hast du nun keine Zeit, dir darüber den Kopf zu zerbrechen – du musst weiter. Hier kannst du im Augenblick nichts mehr ausrichten, also verlässt du die Inselwache. Gehe zu **335**.

59

Du fragst den Technomantiker-Ältesten, was er mit den beschädigten Sturmkristallen vorhat.

»Ein Reparatur-Ritual durchführen, was denn sonst?! Leider ist es schwierig, an diesem Ort die richtigen Elemente zu finden. Kaum die idealen Bedingungen.«

Wenn du ihn noch nicht gefragt hast, warum Nimbus abgestürzt ist, kannst du das bei **82** nachholen. Möchtest du mehr über den Bannkreis um den Großen Saal in Erfahrung bringen und hast es noch nicht getan, lies bei **338** weiter. Möchtest du den Ältesten fragen, was ihm zugestoßen ist, gehe zu **11**. Hast du keine weiteren Fragen mehr, lies weiter bei **170**.

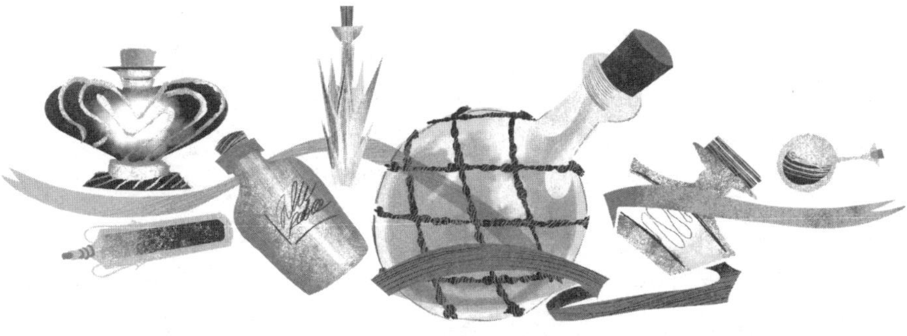

60

»Wir wissen genau so viel wie du«, sagt der Fischer, der dir die Schere gegeben hat. »Als Nimbus ins Meer krachte, haben wir mehrere gute Boote verloren. Sogar eine der Schwimmsphären. Wir haben noch versucht, sie einzuholen, doch die See wurde zu rau und ein gewaltiger Sturm zog auf, der uns von der Insel abgetrieben hat. Wir mussten sämtliche der noch heilen Boote so schnell wie möglich nach oben bringen.«

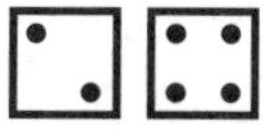

Du möchtest wissen, was mit Nimbus geschah, nachdem die Insel ins Wasser abgestürzt ist.

»Als ich mit meinem Boot nach oben geflogen bin, trieb sie noch obenauf«, meldet sich ein anderer Fischer zu Wort. »Aber da unten wurde es wirklich ungemütlich. Dieser ganze Nebel zog auf und dann auch noch die Sturmböen. So schlimm hab ich das noch nie erlebt.«

Du beschließt, die Fischer zu fragen, wie du zu Nimbus hinunterkommst. Gehe zu **331**.

61

Schnell setzt du mit der *Nauplius* zurück und schwimmst durch den Tunnel, durch den du gekommen bist. Plötzlich ertönt von der Rückseite des Tauchboots ein *schabendes Geräusch*. (Ziehe vom *AUSDAUER*-Wert der *Nauplius* 2 Punkte ab.)

Als du die *Nauplius* wendest, siehst du dich einem gigantischen Gespensterfisch gegenüber. Ein Horror des Abgrunds mit einem Maul voll nadelspitzer Zähne. Aus seinem Kopf ragt ein Körperteil, das aussieht wie eine Angel, deren Ende ein blendendes Licht verströmt. Und er wirkt wenig erfreut darüber, rückwärts von einem Metallball gerammt worden zu sein – er stürzt sich auf dich.

Gespensterfisch Geschick 9 | Ausdauer 12

Falls du gewinnst, lies weiter bei **179**.

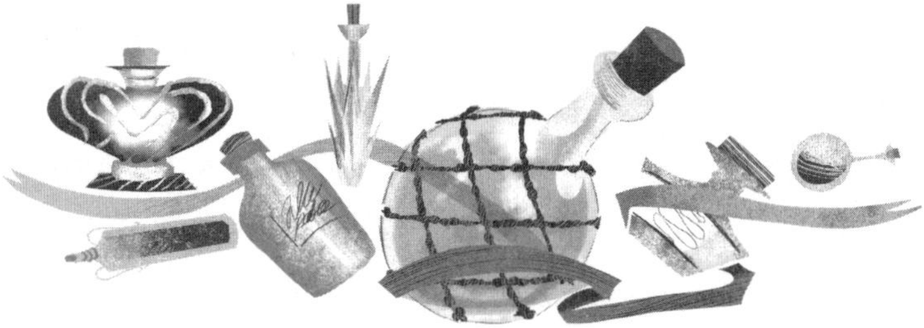

62

Du reichst Matix das seltsame Metallobjekt, das aus dem fliegenden Gerät gefallen ist, das dich in der Wache von Cirrus beschattet hat.

»Ah, ein Dingsda!«, sagt sie erfreut. »Das sollte anstelle eines Dingsbums eigentlich auch funktionieren. Ein Dingeling brauche ich aber immer noch. Und falls du unterwegs zufällig über ein Dingsbums stolperst, bekommst du von mir im Tausch etwas sehr Nützliches.«

Um deine Gleiter aufzuladen und nach Asperitas, der Technomantie-Insel, zu fliegen, gehe zu **384**. Falls du keine Goldstücke hast, kannst du nicht weitermachen und dein Abenteuer ist hier zu Ende.

63

Sie haben dir gute Dienste geleistet, doch jetzt ist es an der Zeit, die Gleiter für einen höheren Zweck zu opfern. Du reichst sie Vizigg und fragst, ob der Sturmkristall darin genug Kraft hat.

Der Technomantiker nimmt den Kristall aus den Gleitern. »Ja! Ja! Ich glaube, das funktioniert!«

Du siehst zu, wie er alles aufbaut und die Position und Ausrichtung der Gegenstände noch einmal sorgfältig überprüft.

»Also gut!«, sagt er. »Dann setzen wir diese Insel in Bewegung! Du solltest dich irgendwo festhalten. Ich bin nicht vollkommen sicher, was passieren wird!«

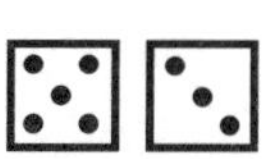

Er tritt ins Zentrum des Kreises, hebt die ledrigen Koboldhände in die Höhe und stimmt eine Beschwörung an. Die Gegenstände schweben in die Luft und beginnen, sich um Vizigg herum im Kreis zu drehen. Schließlich erheben sich auch die geborstenen Sturmkristalle. Der Kreis der wirbelnden Gegenstände weitet sich, um die Kristalle einzuschließen.

»Es klappt!«, ruft Vizigg, bevor er wieder in seinen Singsang verfällt.

Verblüfft beobachtest du, wie die zerbrochenen Sturmkristalle heilen und in jedem ein Funken grünes Licht erglüht, der zu einem winzigen Sturmwind heranwächst.

Sobald die Sturmkristalle wiederhergestellt sind, fängt Nimbus an zu beben und erhebt sich langsam. Einige lose Trümmer fallen auf Vizigg zu.

Stelle dein Geschick auf die Probe. Hast du Erfolg, lies weiter bei **28**. Versagst du, gehe zu **286**.

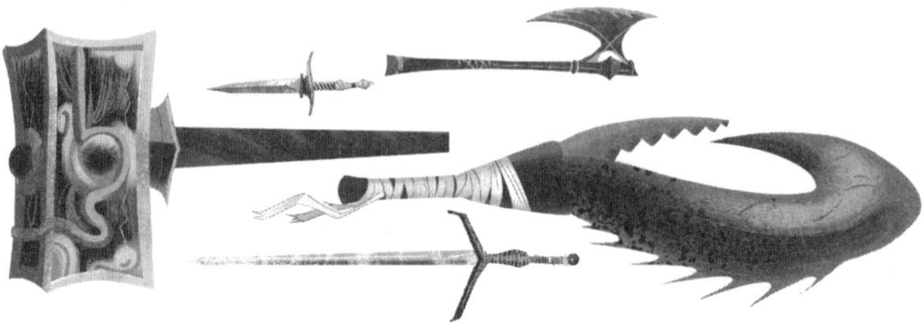

64

Als du die Mühle erreichst, ist alles still. Vielleicht hat man die Arbeiter wegen der Explosion nach Hause geschickt. Du schaust hinauf zu den Mühlenflügeln. Die Luft steht still, daher bewegen sie sich nicht. Da ertönt ein lautes *Brausen* und aus dem Bau kommt etwas, das an einen Miniatur-Wirbelsturm erinnert. Bevor du weißt, wie dir geschieht, wirst du zu Boden geschleudert (du verlierst 2 *AUSDAUER*-Punkte) und über die Erde auf die wirbelnde Masse zu gezerrt. Lies weiter bei **104**.

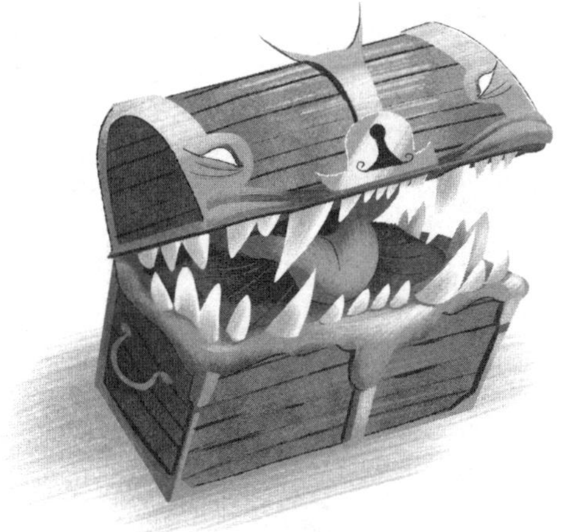

65

Kurz überlegst du, warum diese Truhe überhaupt unverschlossen ist. Doch als du den Deckel anhebst, erhältst du deine Antwort. Die Truhe beißt dich in die Hand (du verlierst 2 AUSDAUER-Punkte und 1 Punkt GESCHICK) und bellt und knurrt dich an. Angriffslustig klappert sie mit dem Deckel. Dir fällt auf, dass sie Rekrut Seacrest gehört, und erinnerst dich daran, wie gerne er anderen Streiche gespielt hat. Insgeheim verfluchst du ihn leise.

Falls du einen Beruhigungstrank hast und ihn nun einsetzen willst, streiche ihn von deiner Ausrüstungsliste und gehe zu **238**. Andernfalls musst du mit der Truhenbestie kämpfen.

Truhenbestie Geschick 5 | Ausdauer 6

Falls du gewinnst, lies weiter bei **238**.

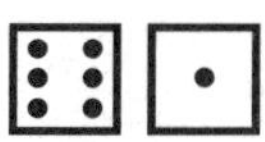

66

Als du dem Tier den tödlichen Schlag versetzt, schwimmt es mit dem Bauch nach oben im Wasser. Willst du:

Dem Tier den Bauch aufschlitzen und sehen, ob es etwas Interessantes gefressen hat? Lies weiter bei **219.**
Den Kadaver in Ruhe lassen und in die Bibliothek aufbrechen? Lies weiter bei **18**.

67

Du drehst dich zur Seite und rennst auf die Tür zu. WUMM! Sie gibt ein Stückchen nach, bricht aber nicht aus den Angeln (du verlierst 2 *AUSDAUER*-Punkte). Als du mit einem kräftigen Tritt nachsetzt, platzt die Tür auf. Du läufst hinein und stößt auf den Ursprung des Schnarchens.

Weiter bei **306**.

68

Du tippst die richtige Zahlenkombination ein und die Tür schwingt nach innen.

Du befindest dich in Viziggs Heim. Es ist ziemlich unordentlich, aber gemütlich, mit einem kleinen Kamin und einem Schaukelstuhl. Doch der Technomantiker-Älteste scheint nicht da zu sein. Plötzlich ertönt ein Geräusch und ein geflügeltes Etwas fällt durch den Rauchschlot in die kalte Feuerstelle des Kamins.

Willst du versuchen, dich hinter irgendeinem Möbelstück zu verstecken (gehe zu **319**), oder bleibst du eisern stehen, obwohl du keine Ahnung hast, was dir blühen könnte (weiter bei **343**)?

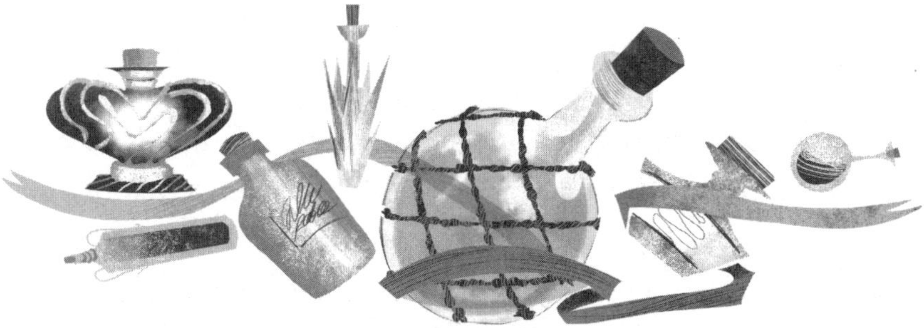

69

Mit einem mächtigen Donnerschlag geht der Kobold-Kriegergolem endlich zu Boden. Metallene Körperteile *scheppern* auf die Erde und der Klang der Zerstörung dieser Maschine hallt durch den Großen Saal. Aus der Brustklappe steigt ein stark angeschlagener und besiegter Boreas auf.

»Was? Bleib gefälligst hier, du Windbeutel!«, brüllt Krazic von seinem Sitz im Innern des Golemkopfes, wo er erneut gefangen ist. »Was soll das werden? Komm sofort zurück!«

Doch Boreas hört nicht auf ihn. Er hat genug mit den Winden zu tun, die nun rings um ihn auftauchen. Geschwächt wie er ist, ist auch der Bannkreis um Nimbus zerbrochen, der den Sturmgeborenen den Zugang verwehrt hat. Und nun eilen seine Elementegeschwister herbei, um mit ihm abzurechnen.

Immer mehr Sturmwinde kommen auf, bis ein Dutzend Sturmgeborene Boreas umzingeln. Ein Ausdruck von Entsetzen tritt in sein Gesicht, als sie sich auf ihn stürzen. Der Sturm erreicht seinen Höhepunkt, bevor er abrupt verstummt und im Großen Saal alles still ist. Abgesehen von gelegentlichen Koboldflüchen. Die Sturmgeborenen sind fort.

Da kommt Halleck, gestützt von Malia, in den Großen Saal gehumpelt.

»Gut gemacht, wirklich gut gemacht!«, lobt er dich stolz. »Du machst der Himmelsgarde alle Ehre! Keine Sorge, sobald wir in Pangaria sind, stellen wir Krazic und seine verräterische Bande vor Gericht.«

Als du aus dem Fenster blickst, siehst du, wie Nimbus die Wasseroberfläche durchbricht und sich erneut in den Himmel erhebt. Das Wasser in der Zitadelle fließt allmählich ab und ergießt sich in wunderschönen salzigen Wasserfällen in den Ozean. Währenddessen klettern, humpeln und krabbeln die Überlebenden des Absturzes aus ihren Verstecken, verblüfft darüber, wie du sie vor einem grauenhaften Schicksal bewahrt hast.

Lies weiter bei **400**.

70

Vorsichtig bewegst du dich über die Dächer und hältst nach Hinweisen auf das Wesen Ausschau. Das *Zwitschern* wird lauter. Plötzlich bricht das Dach unter dir ein und du fällst unsanft auf den Boden darunter. (Ziehe 3 *AUSDAUER*-Punkte ab.)

Die Hütte, in der du gelandet bist, steht offenbar schon lange leer. Der Fußboden ist morsch und nahezu vollkommen verrottet – was davon übrig ist, ist von Dreck und zähem Schleim bedeckt. *Zischend* schießen mehrere Riesenkakerlaken auf dich zu und wackeln wütend mit den Fühlern. Es sind viel zu viele, um es mit allen gleichzeitig aufzunehmen.

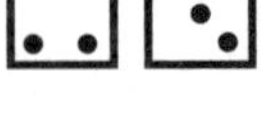

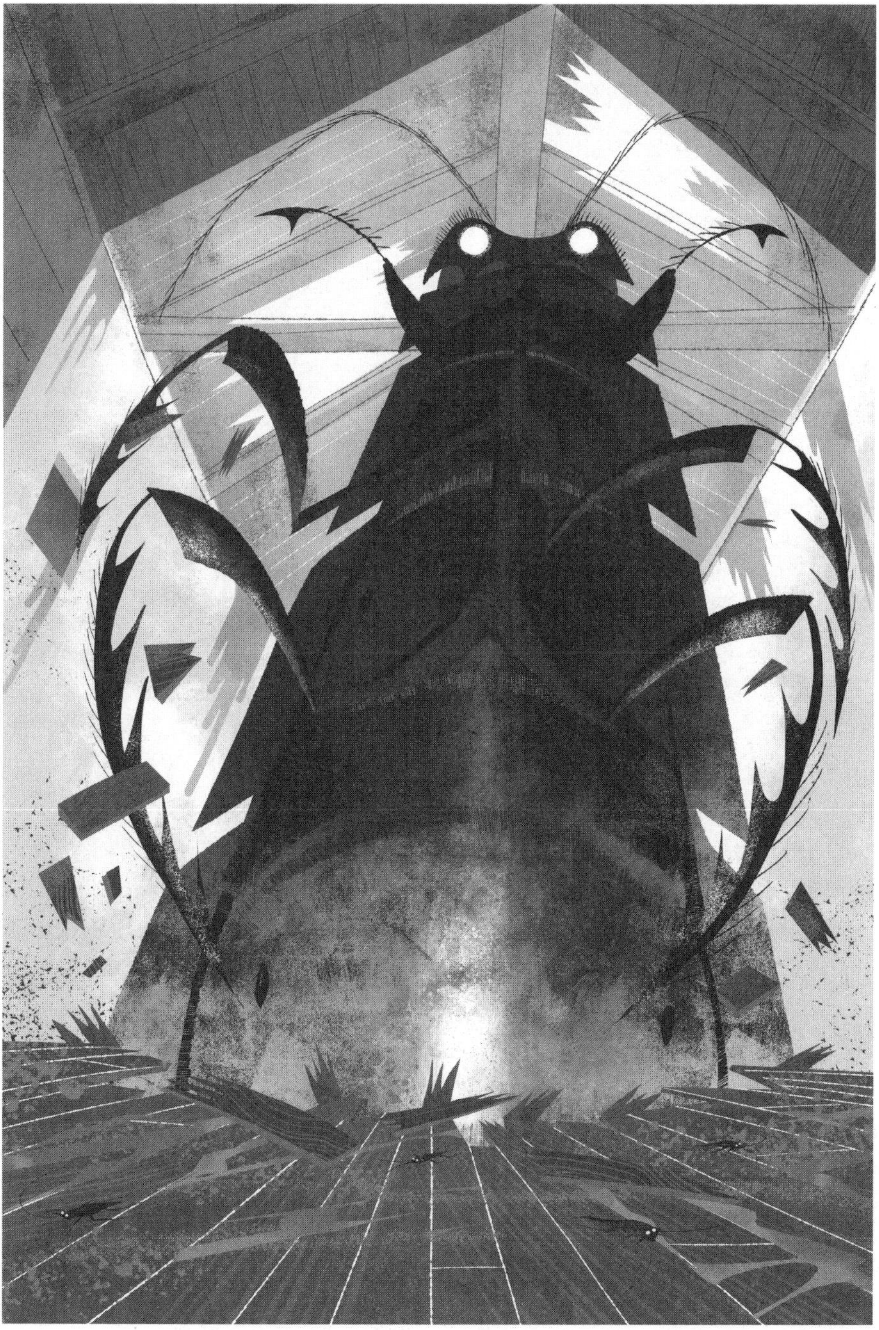

Erde und faules Holz explodieren in die Luft.

Doch auf einmal ertönt ein lautes *Kreischen* und die Riesenkakerlaken ziehen sich zurück. Etwas rückt an, vor dem sogar sie sich fürchten. Der Boden zittert. Erde und faules Holz stieben explosionsartig in die Luft, als eine gigantische Kakerlake aus den Dielen bricht. Immerhin hast du es jetzt nur mit einem Gegner zu tun.

Kakerlaken-Königin Geschick 7 | Ausdauer 7

Falls du gewinnst, lies weiter bei **35**.

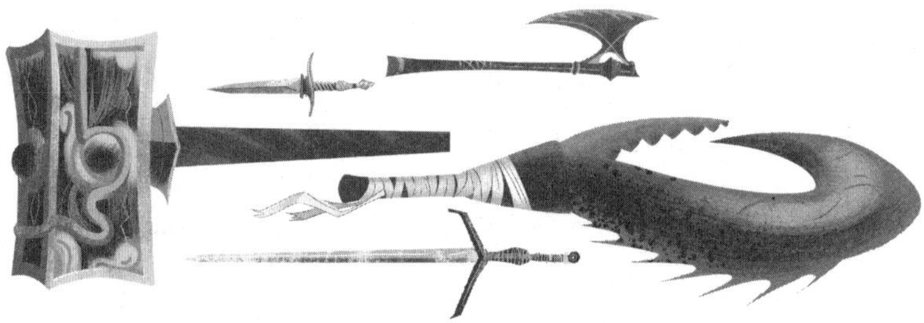

71

Der Stiefel streift die Maschine nur. Sie stößt einen schrillen Ton aus, bevor sie durch den Kaminschlot davonsaust.

Ihr seid nicht verletzt, aber du wirst das Gefühl nicht los, beobachtet zu werden. Allerdings ist im Augenblick nicht die Zeit, um sich über so etwas den Kopf zu zerbrechen. Du musst weiter.

(Notiere das Schlüsselwort **Spionauge** auf deinem Abenteuer-Blatt.)

Überlege, was du noch nicht erledigt hast. Willst du:

Deine Truhe durchsuchen? → Weiter bei **217**.
Nachsehen, was Silas gefunden hat? → Weiter bei **134**.
Die Inselwache verlassen? → Weiter bei **335**.

72

Die Tür wirkt ziemlich dünn. Du rammst sie mit der Schulter.

Stelle deine Ausdauer auf die Probe und ziehe vom Würfelergebnis 2 ab, solltest du eine Axt oder eine schlägerähnliche Waffe bei dir haben. Bestehst du den Test, gehe zu **229**. Versagst du, gehe zu **381**.

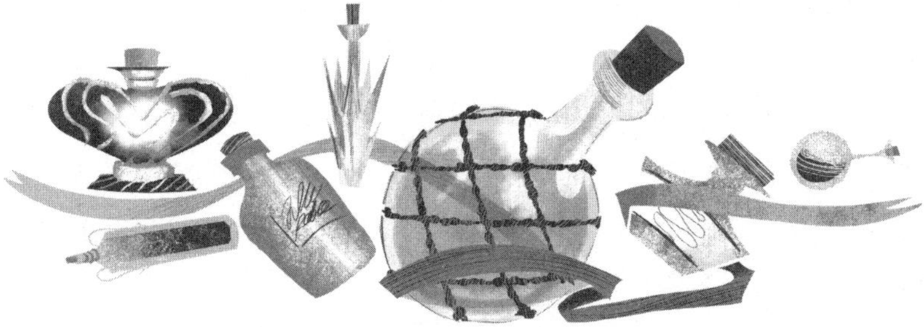

73

Du erreichst die andere Seite. Du bist nass bis auf die Knochen und deine Kleidung fühlt sich schwer an. Außerdem beginnst du zu zittern (verliere 1 AUSDAUER-Punkt). Ganz in der Nähe bemerkst du einige alte Papiere und einen kaputten Stuhl.

Wenn du wasserfeste Feuerhölzer oder eine Flasche Feueröl bei dir hast, kannst du ein Feuer machen, indem du bei **124** weiterliest. Hast du keins von beidem, dann gehe zu **288**.

74

Du begibst dich auf den Weg zum Oststeg und hoffst, Matix unten am Schwimmspähren-Schuppen anzutreffen. Nach etwa einer Stunde hast du das Gebäude endlich gefunden, allerdings erwartet dich eine herbe Enttäuschung: Einer der großen Hafenkräne hat es unter sich begraben. Du erklärst den Hafenarbeitern, dass du eine Schwimmsphäre brauchst, um zu Nimbus zu kommen.

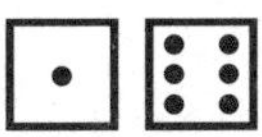

»Tja, *Anemone* und *Koralle* stecken unter dem Kran da fest«, antwortet der Arbeiter. »Das Ding zu bewegen, wird ein Weilchen dauern, und selbst wenn, müssen wir die beiden Tauchboote erst mal reparieren, bevor sie wieder einsatzbereit sind.«

Du erkundigst dich nach den beiden anderen Schwimmspähren.

»Kurz nachdem Nimbus vom Himmel gefallen ist, haben wir den Kontakt zur *Barrakuda* verloren. Und an der *Nauplius* arbeitet Matix schon seit Wochen, drüben in ihrer Werkstatt bei sich zu Hause. Wenn du eine Schwimmspähre brauchst, kommt eigentlich nur die infrage. Obwohl es ein hartes Stück Arbeit werden dürfte, Matix davon zu überzeugen, sie dir zu überlassen.«

Du dankst dem Hafenarbeiter für seine Hilfe und brichst zu Matix' Haus auf.

Auf deinem Weg in den Norden der Insel erspähst du einen Kobold-Fliegerhafen, von wo aus du nach Asperitas gelangen kannst.

Willst du zum Fliegerhafen, lies weiter bei **323**. Willst du weiter zu Matix laufen, gehe zu **161**.

75

Du läufst weiter zum Wasserfall. Als er näher kommt, entdeckst du im Schlamm Spuren. Du gehst in die Hocke. Es sieht ganz nach Pfotenabdrücken aus, noch dazu sind sie frisch. Du wirfst einen prüfenden Blick Richtung Himmel und erspähst hinter dem Wasserfall einen Koboldflieger, der ganz oben an der Steilwand vertäut ist. Damit könntest du zu den anderen Inseln reisen. Doch ist dein Werk auf Altos schon vollendet?

Wenn du den Pfotenabdrücken nachgehen willst, lies weiter bei **299**.

Möchtest du zum Koboldflieger aufbrechen, gehe zu **361**.

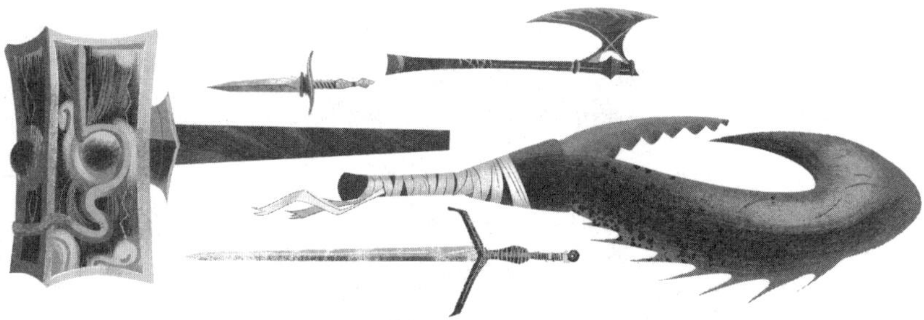

76

Du versuchst, das fliegende Auge in den Straßen Asperitas zu verfolgen. Leider bemerkt es dich und beschleunigt. Du rennst hinterher. *Stelle deine Ausdauer auf die Probe*. Hast du Erfolg, gehe zu **13**. Versagst du, gehe zu **87**.

77

Du fragst sie, was passiert ist.

»An viel erinnere ich mich nicht«, antwortet der erste Sturmwächter, der sich als Ferris vorstellt. »Der Älteste Vizigg hat uns alle in den Großen Saal gerufen, und als wir dort versammelt waren, hörte man dieses laute *Stampfen* – und dann nur noch Geschrei. Ich weiß, da war etwas Großes – richtig groß. Ein Riese vielleicht. Danach muss ich das Bewusstsein verloren haben. Als ich wieder zu mir kam, gab es diese gewaltige Explosion und wir stürzten ab. Dann … äh … hab ich wieder das Bewusstsein verloren.«

Wenn du Ferris fragen willst, was mit dem verletzten Kollegen los ist (sofern du das noch nicht getan hast), gehe zu **356**. Willst du wissen, ob es weitere Überlebende gibt, lies weiter bei **197**. Hast du bereits alles Nötige in Erfahrung gebracht, blättere zu **330**.

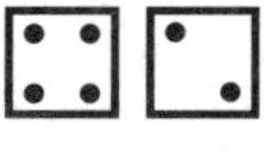

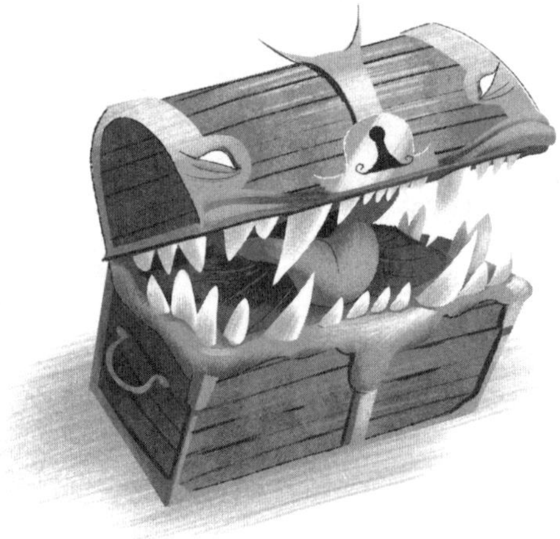

78

Erst schiebt sich ein schuppiger Kopf aus dem größer werdenden Teich, dann ein zweiter. Um dich zu bekämpfen, hat Boreas eine Hydra heraufbeschworen. Und seinem erst überraschten, dann erfreuten Gesichtsausdruck nach zu urteilen, war er selbst nicht sicher, was genau er herbeizaubern würde.

Hydra Geschick 9 | Ausdauer 13

Falls du gewinnst, lies weiter bei **392**.

79

Mit zugehaltener Nase dringst du in den Kanal vor und folgst den Spuren der Kreatur. Als du um eine Ecke biegst, siehst du, wie das Rieseninsekt mit deinem Münzbeutel im Maul in ein kleines Rohr kriechen will. Schnell ziehst du dein Kurzschwert und schleuderst es auf die flüchtende Kakerlake.

Stelle dein Geschick auf die Probe. Hast du Erfolg, gehe zu **383**. Versagst du, lies weiter bei **275**.

80

Grax deutet auf ein Gerät in der Nähe. »Steck einfach 1 Goldstück in den Schlitz und stell den Sturmkristall deiner Gleiter ins Fach.«

Als du das tust (ziehe 1 Goldstück ab), ertönt ein lautes *Summen* und der kleine Sturmkristall leuchtet hell auf. Der winzige Sturm in seinem Innern wirbelt fröhlich.

Jetzt bist du bereit, um nach Altos oder Cumulus aufzubrechen.

Um zur Wasserinsel Altos zu fliegen, lies weiter bei **164**. Willst du Cumulus, die Insel des Handels, besuchen, gehe zu **146**.

81

Du lässt das Schwert sinken und schärfst Galen ein, dass er dir besser nie wieder über den Weg läuft, weil du sonst nicht mehr so gnädig sein wirst.

»Danke, danke«, wimmert er. »Ich finde einen Weg, dir zu helfen, versprochen.« Er reicht dir einen zerknüllten Zettel. »Siehst du? Ich habe die Wahrheit gesagt!« Damit sprintet er zur Tür hinaus.

Notiere das Schlüsselwort **Galen** auf deinem Abenteuer-Blatt.

Du faltest den Zettel auseinander und liest:

Was du auch tust, flieg heute Morgen auf keinen Fall mit nach Nimbus.
Dein Freund
Paxlo

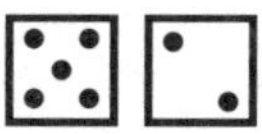

Den Namen kennst du – es ist ein Kobold, der auf Asperitas arbeitet, der Insel der Technomantie. Außerdem findest du einen Apfel.

(Ergänze die zerknitterte Botschaft in der Ausrüstungsliste und den Apfel beim Proviant deines Abenteuer-Blatts. Wenn du den Apfel isst, füllt er bis zu 2 AUSDAUER-Punkte auf.)

Du verlässt die Inselwache.

Solltest du den Großen Wasserfall noch nicht aufgesucht haben, kannst du das nun nachholen – gehe zu **328**. Möchtest du lieber den nächsten Flieger ausfindig machen, um die Insel zu verlassen, lies weiter bei **361**.

82

Als du Vizigg fragst, was mit Nimbus geschehen ist, wirkt er erschüttert.

»Ich habe die Himmelsgarde nach Nimbus gerufen, um Krazics Pläne zu offenbaren. Doch seine Waffe war mächtiger, als ich dachte. Er hat sie gegen uns alle eingesetzt. Ich hatte keine andere Wahl, als sämtliche Sturmkristalle in der Umgebung zu überladen und damit auszuschalten. Es hat Krazics Schöpfung den Garaus gemacht, doch leider auch Nimbus.«

Um in Erfahrung zu bringen, was dem Technomantiker zugestoßen ist – falls noch nicht geschehen –, lies weiter bei **11**. Weißt du noch nicht, was Vizigg mit den zerbrochenen Sturmkristallen vorhat, gehe zu **59**. Willst du dich nach dem Bannkreis um den Großen Saal erkundigen und hast es noch nicht getan, blättere zu **338**. Hast du keine weiteren Fragen mehr, mach weiter bei **170**.

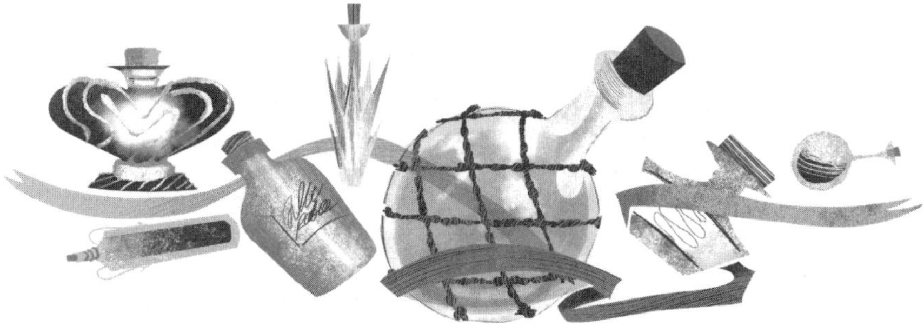

83

Die Tür wirkt zu robust, um sie aufzubrechen, doch daneben ist eine Zahlenreihe eingeritzt: 1, 4, 9, 18, 35, ?

Darunter befinden sich auf geschnitzten Blöcken, unter denen sich kleine Sprungfedern befinden, die Zahlen 0 – 9. Du vermutest, dass du die nächste Zahl der Reihe eingeben musst. Sobald du die Lösung herausgefunden hast, blättere zum entsprechenden Kapitel.

Kannst du das Rätsel nicht lösen, hast du keine andere Wahl, als den Glockenturm zu verlassen und Richtung Nordosten zu ziehen, zurück in das Labyrinth an Werkstätten und Laboren – gehe zu **111**.

84

Dem Sturmkristall geht der letzte Rest Energie aus, als zum Glück auch schon Cirrus in Sicht kommt. Erleichtert erblickst du die grüne, schöne Insel, auf der ein Großteil des magisch verbesserten Obsts, Gemüses und Getreides wächst, die Pangaria versorgen. Da du im Umgang mit den Gleitern noch keine Erfahrung hast, setzt du schnell, aber wacklig zur Landung an. Das saftige Grün von Cirrus rast dir entgegen.

Stelle dein Glück auf die Probe. Hast du Glück, lies weiter bei **36**. Hast du Pech, gehe zu **151**.

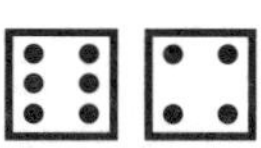

85

Du steuerst die *Nauplius* auf die Höhlen zu. Fische, Korallen und andere Wasserlebewesen in jeder nur denkbaren Farbe gleiten an dir vorüber, gehen ihrem Alltag nach und scheinen dir und deinem engen kleinen Tauchboot kaum Beachtung zu schenken. Bald darauf hast du den Eingang zu den Höhlen erreicht.

Der Zugang ist breit, sodass du die Schwimmspähre leicht hineinmanövrieren kannst. Selbst in dieser dunkleren Welt gibt es dank fluoreszierender Pflanzen helle Stellen. Aus allen Ecken und Nischen beobachten dich Augen. Schließlich kommst du an eine Gabelung.

Willst du links abbiegen, gehe zu **231**. Um nach rechts zu schwimmen, gehe zu **101**.

86

Mit deiner schärfsten Klinge setzt zu Calebs Leben ein Ende, bevor dir das, was auch immer in ihm ist, zuvorkommt. Du stößt mit deiner Waffe in die Masse an Tentakeln unter seiner Haut, bis sie sich nicht länger regen. Und du bist froh, nicht sehen zu müssen, was genau sich da in dem armen Mann bewegt hat.

Eilig verlässt du den Schuppen, in dem du den bedauernswerten Caleb zurücklässt. Du hast das drängende Gefühl, dich mit deiner Mission beeilen zu müssen, bevor noch mehr Inselbewohner ein so grauenhaftes Schicksal trifft.

Falls auf deinem Abenteuer-Blatt das Schlüsselwort **Renard** steht, gehe zu **56**.

Andernfalls: Überlege, wohin du nun willst: Nach Norden zu Matix' Haus (weiter bei **161**)? Wenn du lieber zum Schwimmsphären-Schuppen am Ostanleger aufbrechen möchtest, blättere zu **74**.

87

Mit Mühe und Not gelingt es dir, dich von dem fliegenden Auge nicht abschütteln zu lassen, doch es kostet dich eine Menge Kraft. (Büße 1 AUSDAUER-Punkt ein.) Gehe zu **38**.

88

Heute ist der sonst so laute Trubel auf dem Markt gedämpft. Ungewöhnlich viele Stände haben geschlossen und es sind entschieden weniger Leute unterwegs. Aufgrund der Explosion auf Nimbus haben wohl viele entschieden, sich in ihren Häusern zu verschanzen. Die meisten Händler jedoch sind härter im Nehmen und lassen sich nicht so leicht vertreiben, solange sie noch jemandem Geld abknöpfen können.

Du willst ein paar Informationen einholen, von den Händlern vor Ort erfahren, was in letzter Zeit so alles passiert ist. Allerdings lassen sie sich nicht darauf ein, solange du ihnen nichts abkaufst. Daher überfliegst du das Angebot des nächstbesten Standes.

Für 1 Goldstück kannst du Brot kaufen (das 2 AUSDAUER-Punkte wiederherstellt) oder für 2 Goldstücke einen Apfel (der 3 AUSDAUER-Punkte auffüllt). Ebenfalls für 2 Goldstücke ist ein Heilungstrank zu haben (der 4 AUSDAUER-Punkte wiederherstellt).

Triff eine Entscheidung und lies weiter bei **227**.

89

Du greifst nach *Geflügelte Ungeheuer: Der Tod aus der Luft*. Ein Lichtstrahl fällt aus dem Buch auf die Decke, wo er ein magisches Portal öffnet. Lautes Sirren ertönt und eine Gigantenwespe saust durch das Portal. Das übergroße Insekt schießt mit dem Stachel voran auf dich zu.

Gigantenwespe Geschick 6 | Ausdauer 6

Als die Wespe dich das erste Mal trifft, richtet sie den üblichen Schaden an, hinterlässt aber auch ihren stachelbesetzten Stacheln in deiner Haut. Das richtet 2 zusätzliche AUSDAUER-Schadenspunkte und 1 GESCHICK-Schadenspunkt an.

Falls du gewinnst, gehe zu **263**.

90

Die Stille wird gestört von Schreien und metallischem Scheppern. Du folgst dem Lärm zu einem der Hafenanleger. Als du dort ankommst, entdeckst du zwei Fischer, die verzweifelt gegen ein gigantisches Schalentier kämpfen. Dich beschleicht die Sorge, dass die Energien, die bei der Explosion von Nimbus freigesetzt wurden, dafür verantwortlich sind. Die Fischer schlagen sich alles andere als wacker und du musst mitansehen, wie das Tier sie mit einer seiner gewaltigen Zangen davonfegt. Anschließend zertrümmert es einige der vor Anker liegenden Boote. Nun ist es an dir, ihm Einhalt zu gebieten.

Riesenkrabbe Geschick 8 | Ausdauer 9

Wenn du gewinnst, gehe zu **199**.

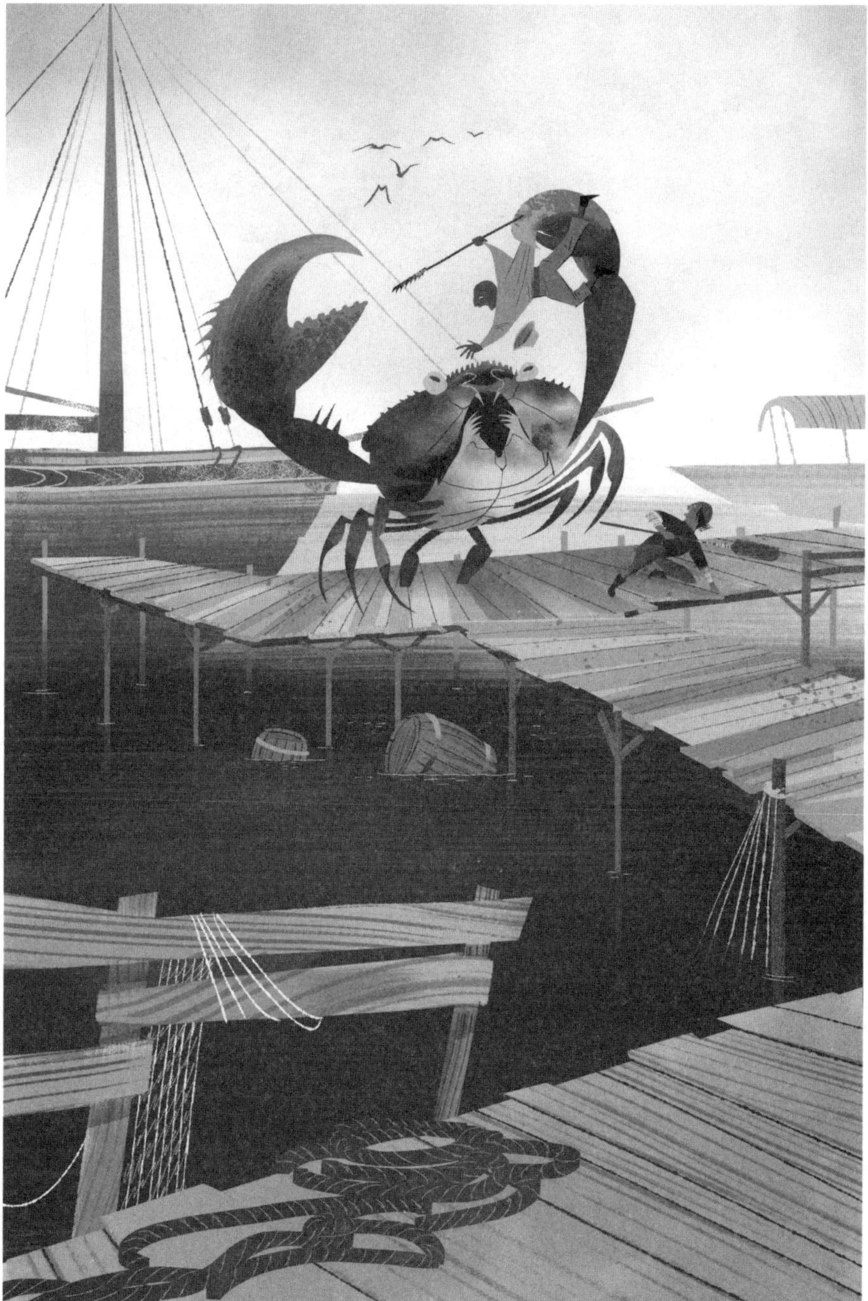

Die Stille wird gestört von Schreien
und metallischem Scheppern.

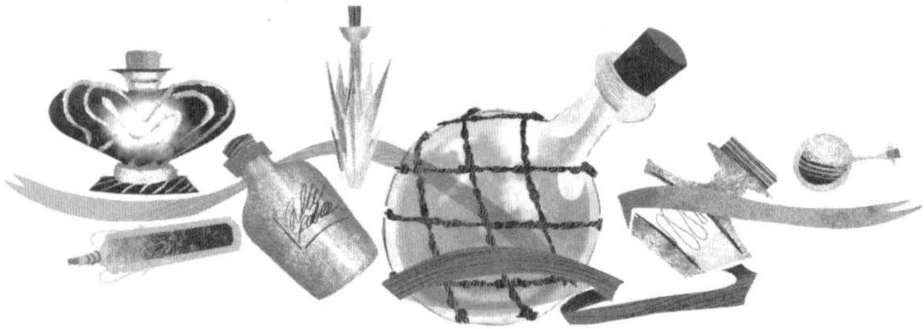

91

Du und Silas nehmt je eins der Betten in Beschlag und schlaft etwa eine Stunde, wenn auch unruhig. In deinen Träumen fliegst du über den Himmel Pangarias und versuchst, deine abstürzenden Freunde von der Himmelsgarde aufzufangen. Schreiend trudeln sie in die Tiefe. Einen kannst du retten, doch weit mehr entgleiten dir.

Schließlich packst du einen hilflos um sich schlagenden Arm und starrst in dein eigenes Gesicht. Du willst dich festhalten und packst fester zu, doch es hilft nichts. Du musst zusehen, wie du brüllend in gähnende Schwärze fällst und hoffnungslos mit Armen und Beinen ruderst, bis du im Nichts verschwindest.

Friedlich ist dein Schlaf keineswegs, aber immerhin ist es Schlaf (fülle auf deinem Abenteuer-Blatt 2 AUSDAUER-Punkte auf).

Du wachst auf, als Silas an dir rüttelt. Lies weiter bei **395**.

92

Du erreichst die Nimbische Kammer.

Wenn du den halb gefluteten Gang noch nicht erkundet hast und das nun nachholen willst, gehe zu **127**. Gewinnt dein Magen die Oberhand und du willst nachsehen, ob es in der Küche noch etwas Essbares gibt, lies weiter bei **9**. Möchtest du die Tür zum Großen Saal öffnen, blättere zu **369**.

93

Du folgst den wunderschönen Stimmen, die ihre Jagdmelodie in den Sturm hinausrufen. Plötzlich, inmitten von Wind und Regen, siehst du sie: Hinreißende Frauengestalten, die auf den Felsen vor dir sitzen – menschlich bis zur Taille, mit langen, farbenfrohen Fischschwänzen, die schillern und leuchten. Die Wesen kämmen sich das Haar, während sie die zauberhafteste Melodie singen, die du je gehört hast. Sie geht dir durch und durch, sodass sich die Härchen auf deiner Haut aufstellen.

Willst du:

Dich diesen wunderschönen Wesen nähern? → Gehe zu **157**.

Kehrtmachen und nach dem treibenden Boot sehen, falls du das noch nicht getan hast? → Gehe zu **215**.

Abtauchen? → Gehe zu **203**.

94

Du zeigst Caleb die Seite aus dem Kassenbuch, auf der *Kommandant Mathias Talliman* steht. Und auch die hingekritzelte Notiz daneben: *Wo steckt er?*

»Talliman! Genau. So hieß er! Hmm, wo steckt er? Da scheint jemand wissen zu wollen, wo er sich rumtreibt. Warum nur? Soweit ich weiß, hat er sich zuletzt bei Familie Renard erholt, drüben nahe dem Nordhafen. Hab die Renards allerdings schon eine ganze Weile nicht gesehen, also keine Ahnung, wie's ihm inzwischen geht.«

(Notiere auf deinem Abenteuer-Blatt das Schlüsselwort **Renard**.)

Calebs Husten wird schlimmer, als hätte er wieder Mühe, Luft zu bekommen. Wie unter Schmerzen reibt er sich die Brust.

Willst du mehr über die Unheilsbringer herausfinden und hast Caleb noch nicht danach gefragt, gehe zu **33**. Willst du Caleb in Ruhe lassen und deine Reise fortsetzen, lies weiter bei **295**.

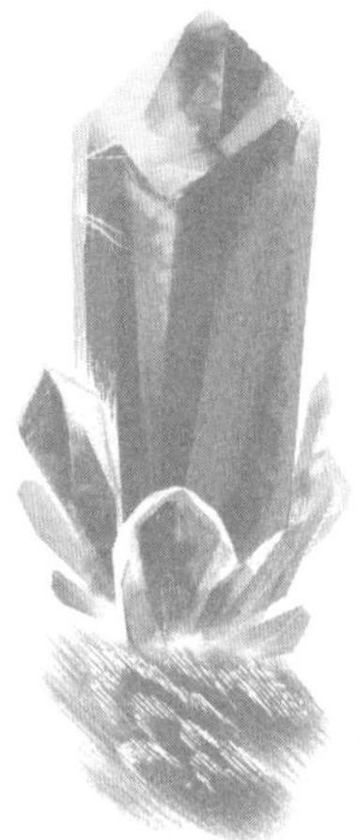

95

Als du der Gewitterschlange den tödlichen Schlag versetzt, sinkt sie in den Nebel, der sich sofort auflöst, bis die Brücke in hellem Sonnenlicht schaukelt. Zu deinen Füßen findest du Daxas Aeronautenhelm. Du hebst ihn auf und setzt ihn auf den Kopf, dankbar dafür, dass die kleinen Kobolde überraschend große Schädel haben. Damit fühlst du dich gleich viel besser geschützt. Außerdem fällt dir ein eingebautes Kristallvisier auf. Als du es nach unten klappst, kannst du schlagartig viel schärfer sehen. Offenbar ist es magisch verstärkt.

Solange du den Aeronautenhelm trägst, hast du dauerhaft 1 Punkt GESCHICK mehr, auch wenn der *Anfangswert* damit überschritten wird. Wenn du im Kampf von einer Waffe getroffen wirst, darfst du außerdem 1 Würfel werfen: Bei 5 oder 6 darfst du den erhaltenen Schaden um 1 AUSDAUER-Punkt reduzieren. (Ergänze den Aeronautenhelm auf deinem Abenteuer-Blatt.)

Da die Brücke nun frei ist, kannst du deinen Weg nach Cirrus fortsetzen. Lies weiter bei **232**.

96

Du steckst 1 Goldstück in den Schlitz der kleinen Maschine und legst den Sturmkristall deiner Gleiter in die Ladekammer.

Ein lautes Summen ertönt und der kleine Sturmkristall fängt an, hell zu leuchten. Der winzige Sturm in seinem Innern wirbelt wieder.

Nun bist du bereit zum Aufbruch und kannst Cirrus oder Cumulus besuchen.

Willst du auf die Landwirtschaftsinsel Cirrus, dann lies weiter bei **220**. Möchtest du nach Cumulus fliegen, der Insel des Handels, gehe zu **140**.

97

Du lässt dich zu Boden fallen und fasst dabei aus Versehen in eine Glasscherbe. (Verliere 2 AUSDAUER-Punkte.) Du unterdrückst den Schmerz und gehst in Deckung. Weiter bei **162**.

98

Du erzählst Vizigg von deinem Verdacht, dass ein Sturmgeborener beteiligt sein könnte. Vizigg nickt. »Das stimmt. Talliman und Krazic haben sich Hilfe vom Sturmgeborenen Boreas geholt, der ihnen für ihre Abscheulichkeiten die nötigen Sturmkristalle liefert. Außerdem hat er Talliman heimlich zurück in dessen Heimat gebracht. Im Gegenzug hat der Mensch geschworen, für ihr Vorhaben zu werben und zu verbreiten, dass sie es dem Kriegshetzer verkaufen würden, der den höchsten Preis bietet. Diese Summe wollten die drei dann zwischen sich aufteilen.«

Hast du ihn noch nicht gefragt, was ihm zugestoßen ist, und willst das nun nachholen, lies weiter bei **11**. Weißt du noch nicht, warum Nimbus abgestürzt ist, kannst du dich danach erkundigen – gehe zu **82**. Hast du Vizigg noch nicht nach dem Bannkreis um den Großen Saal gefragt, kannst du das bei **338** tun. Falls du Vizigg noch nicht auf die zerbrochenen Sturmkristalle angesprochen hast, kannst du das bei **59** tun. Hast du ihm schon genug Fragen gestellt, lies weiter bei **170**.

99

Du reichst ihm den Heilungstrunk. In seinen Händen wirkt die Flasche regelrecht winzig. Gierig verschlingt er den Trunk, einschließlich der Flasche.

(Erhöhe Tideus' AUSDAUER um 4 Punkte, wenn du ihm einen Heilungstrunk gegeben hast. Ein Extrastarker Heilungstrunk erhöht sie um 5 Punkte. Notiere dir den neuen Wert auf deinem Abenteuer-Blatt.)

»Viel besser! Hat Menschlein noch mehr für Tideus?«

Möchtest du Tideus einen Macht-Trank geben (falls noch nicht geschehen), lies weiter bei **114**. Möchtest du dem Meeresriesen einen Kräftigungstrank geben (und hast es noch nicht getan), dann gehe zu **324**. Hast du ihm gegeben, was du konntest, lies weiter bei **129**.

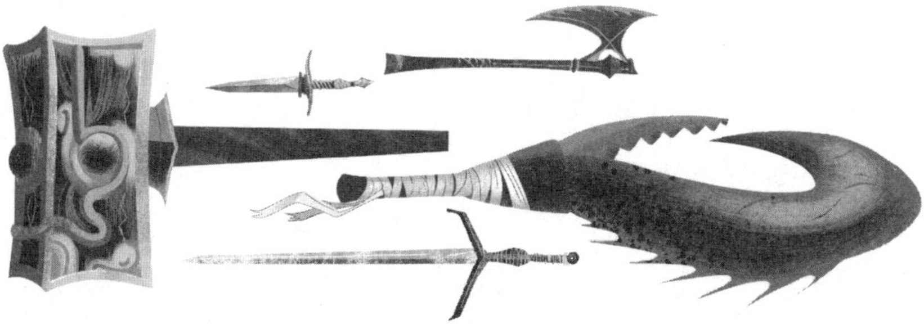

100

Du, Tideus und der Kobold-Kriegergolem werdet zunehmend schlapp. Für einen von euch ist dieser Kampf so gut wie vorbei. Kämpfe weiter, bis entweder der Meeresriese oder der Kriegergolem besiegt ist.

Solltet du und Tideus gewinnen, gehe zu **69**. Gewinnt der Kriegergolem, lies weiter bei **334**.

101

Du lässt die Schwimmsphäre in den düsteren Tunnel zu deiner Rechten gleiten. Mit Leichtigkeit meistert die *Nauplius* die schmalen Gänge und kleinen Höhlen. Abgesehen von einigen Kratzern am Bug, trägt sie keinen Schaden davon. Allerdings scheint es in dieser trüben Umgebung nichts wirklich Interessantes zu geben.

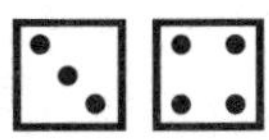

Gerade willst du abbrechen und umkehren, als der Tunnel heller wird. Woher das Licht genau kommt, kannst du jedoch nicht erkennen.

Willst du weiterschwimmen, in der Hoffnung, die Lichtquelle zu finden, gehe zu **190**. Willst du umkehren und die Höhlen verlassen, lies weiter bei **61**.

102

Du klopfst an. Nichts.

Du klopfst noch einmal und rufst: »Himmelsgarde! Aufmachen!«

Im Innern wird Murmeln laut und du hörst eine Tür zuknallen. Wer auch immer sich hier verschanzt hatte, muss durch die Hintertür geflohen sein. Du versuchst, die Vordertür zu öffnen, doch sie ist verschlossen.

Wenn du um das Haus herum zur Hintertür rennen willst, gehe zu **209**. Willst du versuchen, die Vordertür aufzubrechen, mache weiter bei **72**.

103

Du steuerst mit deinen Gleitern Altos an. In deiner kurzen Zeit bei der Himmelsgarde bist noch nie dort gewesen. Als du nun zum Landeanflug ansetzt, weichen die empfindsamen Wolken, die hier gezüchtet werden – und die man Wolkenlinge nennt – wie ängstliche Schafe aus. Einige von ihnen verlieren bei ihrer eiligen Flucht sogar ein bisschen Wasser.

Du genießt den Anblick von Altos aus der Luft: Seen, Flüsse und Wasserfälle funkeln im Sonnenschein.

In deiner Begeisterung fliegst du zu dicht an eine Wolkenlingmutter heran, um die mehrere Wolkenlingjunge herumschweben. Erschrocken flüchten die Kleinen zu ihrer Mutter und verstecken sich in ihren flauschigen Schwaden. Wütend schickt sie einen Blitz in deine Richtung, der deine Gleiter trifft und dich zu Boden trudeln lässt. (Du verlierst 3 AUSDAUER-Punkte.)

Falls du noch am Leben bist, versuchst du, dir den gröbsten Matsch von den Klamotten zu wischen. Deine Gleiter sind nicht allzu schlimm beschädigt, aber vollkommen entladen. Mit ihnen fliegst du nirgendwo mehr hin, es sei denn, du findest einen Weg, sie aufzuladen. Fürs Erste bist du zu Fuß unterwegs.

Du siehst dich um und überlegst, wo du mit deinen Ermittlungen beginnen sollst. Vielleicht kann dir der Bauer mit Vorräten und Informationen weiterhelfen. Lies weiter bei **30**.

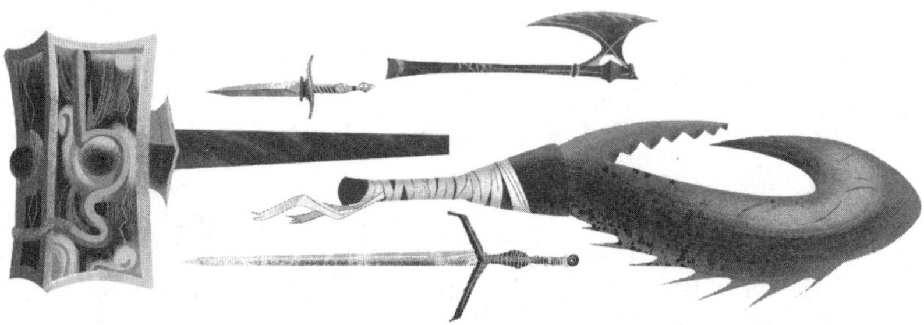

104

Das wirbelnde Etwas hebt dich in die Luft. Hoch und immer höher. Selbst wenn deine Gleiter noch Energie hätten, könnten sie in diesem chaotischen Wind nichts ausrichten.

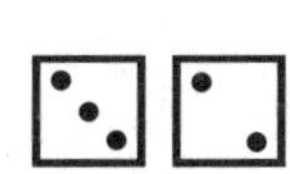

Wild um dich schlagend versuchst du, dich gegen die unsichtbare Kraft zur Wehr zu setzen. Urplötzlich stürzt du in die Tiefe. Du rechnest damit, jeden Moment auf die kalte, harte Erde zu prallen, doch stattdessen wirst du noch im Flug von durchscheinenden Armen aufgefangen.

Das Wesen, zu denen diese Arme gehören, schwebt mit dir zu Boden und stellt dich wohlbehalten ab.

»Ich bitte vielmals um Verzeihung«, sagt es. »Ich wusste nicht, dass hier draußen jemand ist. Die Sturmwinde können ziemlich aufbrausend sein, vor allem im Augenblick.«

Wer da zu dir spricht, ist ein Sturmgeborener – einer der intelligenten Windgeister, die in den Stürmen, die im Ozean der Sturmwinde toben, Kristalle herstellen und ernten. Du nimmst – und zwar ganz zu recht – an, dass es sich um Methedus handelt. Er fährt mit den Händen durch die Luft, als würde er ein unsichtbares Orchester dirigieren, woraufhin der Wirbelwind langsamer wird und auf die Mühle zugleitet. Sobald er sich über die Flügel ausbreitet, setzen sie sich knarrend in Bewegung.

»Wie kann ich dir helfen?«, fragt Methedus.

Du erzählst ihm, dass du herausfinden willst, was sich auf Nimbus zugetragen hat.

»Wir Sturmgeborenen sind wegen des Vorfalls sehr besorgt«, sagt er traurig. »Alle von uns, die wir in Pangaria leben und arbeiten, haben es mit jeder Faser unseres Seins gespürt. Das bedeutet, dass die Menge an Elemantarenergie, die freigesetzt wurde, wirklich enorm sein muss. Viele Sturmkristalle müssen auf einen Schlag zerbrochen sein.

Selbstverständlich haben wir versucht, Nimbus zu erreichen. Doch obwohl wir die Stürme, die sie umgeben, problemlos durchqueren können, hält ein Bannkreis alle Sturmgeborenen davon ab, die Insel zu betreten. Offenbar will jemand dafür sorgen, dass wir uns nicht einmischen.«

(Notiere auf deinem Abenteuer-Blatt das Schlüsselwort **Blase**.)

Wenn du den Splitter des Sturmkristalls von Cirrus bei dir hast, lies weiter bei **5**. Ansonsten blättere zu **205**.

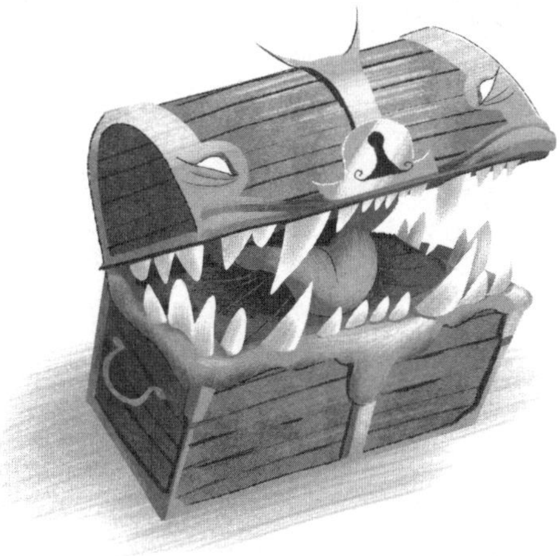

105

Du gleitest hinab auf die grüne und schöne Insel Cirrus, auf der ein Großteil des magisch verbesserten Obsts, Gemüses und Getreides wächst, die Pangaria versorgen. Noch hast du mit dieser Insel nicht viel Erfahrung gemacht. Außerdem sorgst du dich darüber, was die magische Energie, die auf Nimbus freigesetzt wurde, mit der Pflanzenwelt hier angestellt haben könnte. Als du dich umblickst, siehst du in der Ferne eine Wolke aus blaugrünem Rauch. Außerdem weißt du, dass die Inselwache nicht allzu weit entfernt liegt. Es könnte sich lohnen, dort nach Vorräten zu suchen.

Um die blaugrüne Rauchwolke näher zu untersuchen, gehe zu **137**. Willst du zur Inselwache, lies weiter bei **49**.

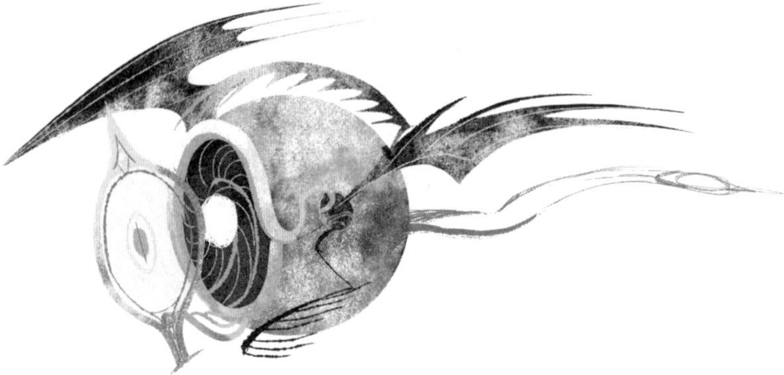

106

Plötzlich lässt der Oktopus den armen Kerl los und fällt zu Boden, während der Fischer, dessen Kopf wieder frei ist, japsend nach Luft ringt.

Wenn du versuchen willst, mit dem Mann zu reden, gehe zu **266**. Willst du den Fischer lieber ganz erledigen, solange du im Vorteil bist, kämpfe mit dem aktuellen Punktestand weiter, und falls du gewinnst, lies weiter bei **213**.

107

Du reichst ihm einen Heilungstrank (streiche ihn von deinem Abenteuer-Blatt) und er trinkt gierig.

»Ah, das Zeug ist gut! Danke.«

Er entschuldigt sich, dir im Gegenzug nichts anbieten zu können. Du aber findest, dass der Wert einer guten Tat manchmal Dank genug ist. (Du erhältst 2 Punkte GLÜCK.)

Wenn du sie fragen willst, was mit Nimbus passiert ist, gehe zu **77**. Willst du wissen, ob es noch andere Überlebende gibt, lies weiter bei **197**. Wenn du genug Fragen gestellt hast, blättere zu **330**.

108

Du landest den letzten, vernichtenden Treffer. Die fünf Finger der Hand erzittern und erstarren schließlich. Zu deiner Überraschung purzelt ein toter Kobold heraus. Er trägt einen auffälligen Gürtel mit einer Messingschnalle, in die der Buchstabe *P* eingraviert ist.

Ein gepeinigter Schrei ertönt. Ein zweiter Kobold eilt herbei und fällt neben dem Toten auf die Knie. In seinen Augen stehen Tränen und auch er trägt solch einen Gürtel, ebenfalls mit einem *P* auf der Schnalle. Er schüttelt den Toten.

»Warum hast es nicht sein lassen? Warum hast du nicht auf mich gehört? Ich hab dir doch gesagt, dass es gefährlich ist!«

Eine Weile überlässt du den Kobold seiner Trauer, doch dann bittest du ihn um ein Gespräch. Unerwartet wirft er dir eine Handvoll Pulver ins Gesicht und du verlierst das Bewusstsein.

Du verlierst 2 AUSDAUER-Punkte. Solltest du noch am Leben sein, gehe zu **198**.

109

Die tollwütigen Getreideratten liegen tot zu deinen Füßen. Du bemerkst, dass während des Kampfes zwei reife Ähren abgebrochen sind. (Ergänze im Proviant-Kästchen auf deinem Abenteuer-Blatt 2 Getreideähren. Jede davon füllt beim Verzehr bis zu 3 AUSDAUER-Punkte auf.)

Du setzt deinen Weg zur Inselwache fort (weiter bei **243**).

110

Als du aufstehst, steht dir ein Kamerad der Himmelsgarde gegenüber. Er wirkt verwirrt und hält ein brennendes Holzscheit aus dem Kamin in die Höhe.

»Wer bist du?«, fragt der Mann. »Und wie hast du es aus der Zitadelle gesch…?«

Er verstummt. Du spürst, wie die Wut in dir aufsteigt. Wusste dieser Sturmwächter etwa, was in der Zitadelle geschehen würde? Bevor er reagieren kann, drückst du ihn gegen die Wand und hältst ihm dein Schwert an die Kehle. Du verlangst, dass er dir sagt, was er weiß.

»Gar nichts, das schwöre ich! Ich habe nur eine Nachricht bekommen, in der stand, dass ich heute Morgen nicht zu dem Treffen auf Nimbus gehen soll. Warum, stand nicht drin. Als ich mitbekommen habe, was passiert ist, habe ich mich hier verschanzt.«

Du willst wissen, von wem die Nachricht stammte. Erst zögert er zu antworten. Obwohl du es furchtbar findest, einen Kameraden zu bedrohen, sind Geheimnisse im Moment einfach unangebracht. Du presst die scharfe Schneide deines Schwerts gegen seine Haut.

»Langsam, nur die Ruhe! Du würdest doch keinen Kameraden der Himmelsgarde umbringen, oder?«

Dein Griff lockert sich und du lässt das Schwert sinken. Der Mann nutzt die Gelegenheit und versetzt dir einen heftigen Stoß. Als du dein Gleichgewicht wiederfindest, hat er selbst ein Schwert in der Hand.

»Nur einer von uns verlässt diese Wache lebend. Und eins sag ich dir, du bist es nicht.«

Sturmwächter *Geschick* *7* | *Ausdauer* *7*

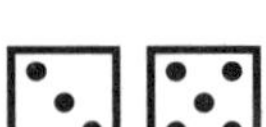

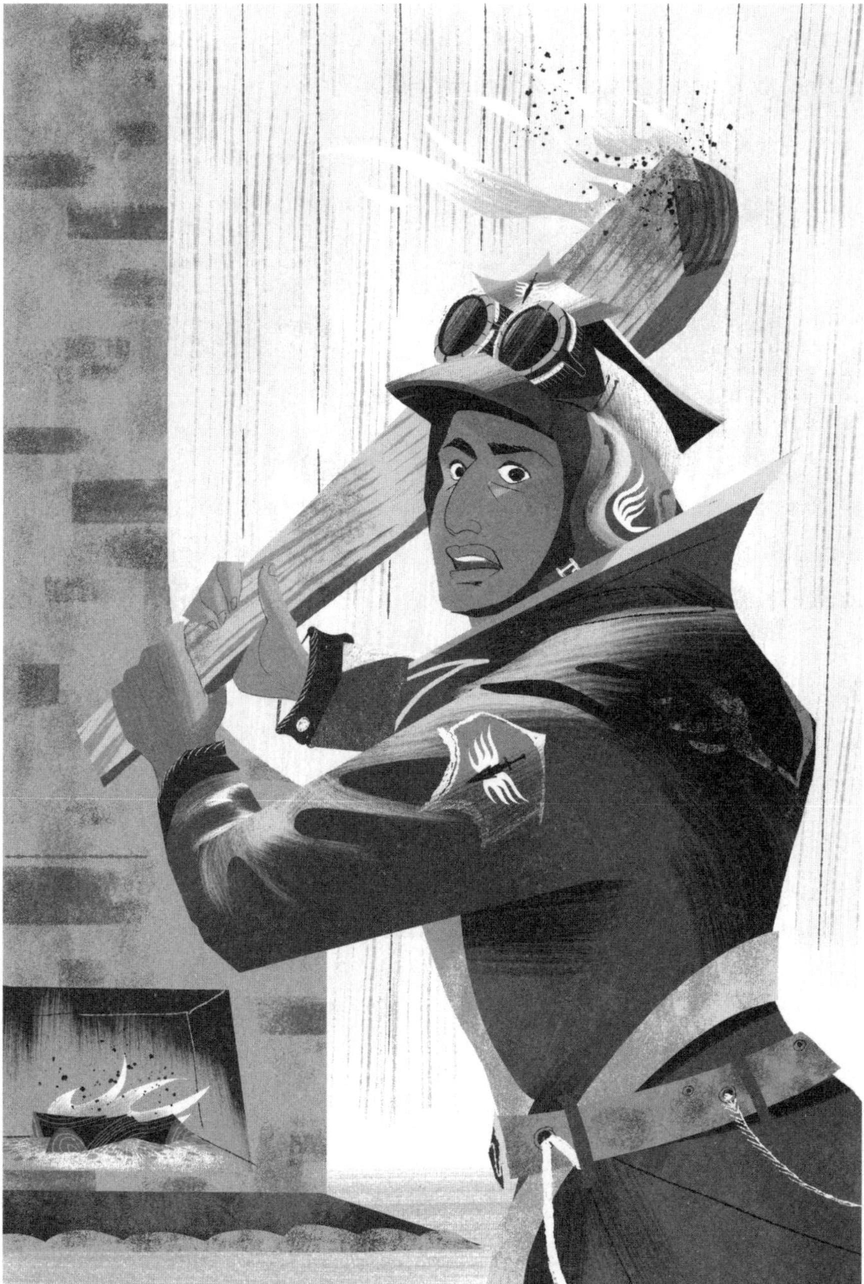

»Nur einer von uns verlässt diese Wache lebend.
Und eins sag ich dir, du bist es nicht.«

Wenn es dir gelingt, die AUSDAUER deines Gegners auf 3 oder weniger zu reduzieren, blättere schnell zu **374**.

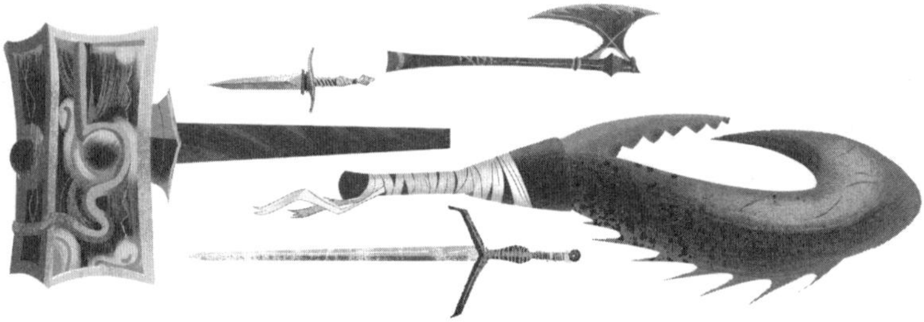

111

Du tauchst tiefer in das Labyrinth aus Werkstätten und Laboren ein, obwohl du nicht einmal weißt, wo du anfangen sollst. Während du durch die geschäftigen Gassen streichst, lauschst du dem Tratsch der Leute, in der Hoffnung auf einen Hinweis. Und tatsächlich hörst du von einem seltsamen Stück Metall, das im Osten auf eine der alten Werkstätte gefallen ist.

Möchtest du dieser Spur nachgehen, blättere zu **325**. Warst du noch nicht bei den Wohnvierteln von Asperitas, kannst du das nachholen bei **293**.

Bist du bereit, die Insel zu verlassen und nach Incus zurückzukehren, gehe zu **379**.

112

Du bringst deine Schwimmsphäre näher an die Blase heran und erkennst im Innern Methedus.

»Ah, du lebst noch!« Er grinst. Die Verstärker, die Matix eingebaut hat, ermöglichen dir tatsächlich, ihn auch im Innern der *Nauplius* bestens zu verstehen.

»Das hatte ich gehofft. Ich bin gekommen, um dir das hier zu geben. Ich dachte, es könnte sich als nützlich erweisen.«

Methedus wedelt mit der Hand und erzeugt eine kleine Blase, in der ein Macht-Trank schwebt. Diese kleine Blase schiebt er durch die Hülle seiner eigenen und dirigiert sie zur *Nauplius*, sodass du sie einfangen kannst.

(Ergänze den Macht-Trank auf deinem Abenteuer-Blatt. Für die Dauer eines Kampfes erhöht er deine Angriffsstärke um 2 Punkte und stellt 3 AUSDAUER-Punkte wieder her.)

»Die Sturmgeborenen werden noch immer von dem Bannkreis um Nimbus abgehalten. Und solange er nicht aufgehoben wird, kann keiner von uns der Insel helfen. All unsere Hoffnung ruht nun auf dir.«

Damit schwebt Methedus in seiner Blase zurück an die Oberfläche. Gehe zu **3**.

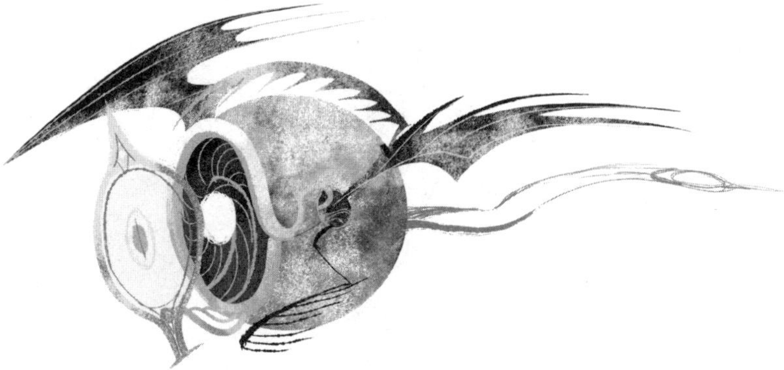

113

Die letzten Trümmer von Kapitän Hallecks Beinen zu räumen, fällt dir überraschend leicht. Er ist so schlimm verletzt, dass er kaum noch laufen kann, daher suchst du ihm einen bequemen Platz, an dem er sich ausruhen kann. Lies weiter bei **148**.

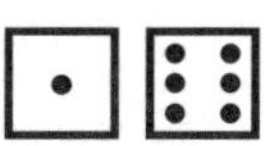

114

Du wirfst Tideus den Macht-Trank zu. Er verschlingt ihn.

(Erhöhe Tideus' GESCHICK- und AUSDAUER-Wert um je 2 Punkte und notiere beides auf deinem Abenteuer-Blatt.)

»Ah, ja! Tideus sehr mächtig jetzt, und wie! Hat das Menschlein noch mehr?«

Möchtest du Tideus einen Heilungstrunk oder Extrastarken Heilungstrunk geben (und hast es noch nicht getan), dann gehe zu **99**. Falls du ihm einen Kräftigungstrank geben möchtest (und es noch nicht getan hast), lies weiter bei **324**. Hast du ihm bereits alles gegeben, was du hast, blättere zu **129**.

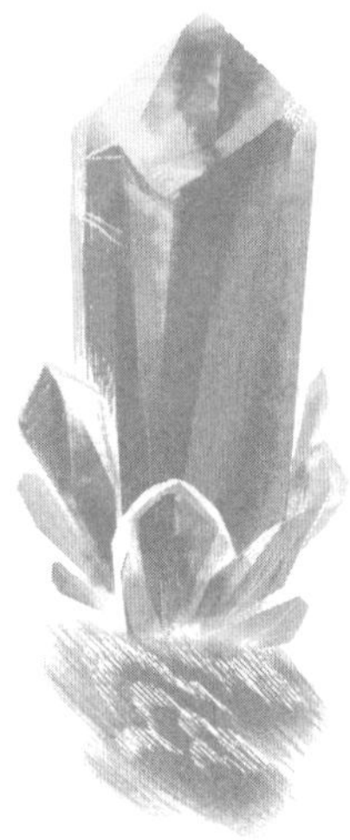

115

Du reichst Vizigg den silbernen Kelch. »Genau das Richtige!«, sagt er, als er ihn entgegennimmt.

Hast du außerdem einen Kupferring für ihn, gehe zu **228**. Hast du eine schwarze Kerze, lies weiter bei **6**. Willst du die Darunter-Bibliothek verlassen und dich auf die Suche nach diesen Gegenständen machen, blättere zu **26**. Hast du Vizigg bereits alles ausgehändigt, lies weiter bei **206**.

116

»Weil Pox es auf mich abgesehen hat, darum! Er und sein Bruder Paxlo!«, antwortet Yurik wütend. »Seit ich ihm klargemacht habe, dass ich bei seiner verdammten Werkstattmannschaft und ihrem sogenannten Geheimprojekt drüben auf Nimbus nicht mitmachen will. Wenn irgendwas zu gut klingt, um wahr zu sein, dann ist es das meistens auch!«

Wenn du ihn nach der Werkstatt und dem geheimen Projekt fragen willst, gehe zu **133**. Willst du lügen und behaupten, du wüsstest, wer hinter der Explosion steckt, gehe zu **372**. Wenn du gehen möchtest, kannst du Richtung Westen laufen, wo die Bewohner von Asperitas leben – blättere zu **293**. Willst du stattdessen nach Norden, tiefer hinein in das Labyrinth aus Werkstätten und Laboren, mach weiter bei **111**.

117

Du steigst aufs Dach, von wo aus du einen guten Blick auf den Markt hast. Doch von dem kleinen Wesen ist nirgends etwas zu sehen. Der Weg vor dir wirkt wenig stabil, allerdings hörst du kaum wahrnehmbar eine Art *Zwitschern*.

Willst du über die Dächer weiterlaufen, gehe zu **70**. Um zur Straße zurückzukehren und das Kanalgitter näher zu untersuchen, lies weiter bei **171**. Willst du dein Gold aufgeben und am anderen Ende des Markts weitermachen, blättere zu **336**.

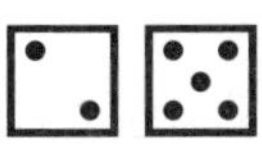

118

Du machst dich auf zum Haus der Familie Renard, von der Caleb dir erzählt hat. Wann zuletzt jemand aus der Außenwelt in Pangaria aufgenommen wurde, weißt du schon gar nicht mehr. Persönlich hast du es immer etwas unfair gefunden, dass man diesen Menschen nicht erlaubt, in ihre Heimat zurückzukehren. Aber da die Alternative der Tod wäre, scheint es bei Weitem nicht das schlimmste Schicksal, in Pangaria ein neues Leben zu beginnen.

Endlich erreichst du das Heim der Renards am Rand der Insel. Es ist still, und als du anklopfst, reagiert niemand. Ungewöhnlich. Um diese Uhrzeit sollte eigentlich jemand zu Hause sein. Als du der Tür einen sanften Stoß versetzt, schwingt sie auf. Vorsichtig betrittst du das Haus.

Beim Hineingehen rufst du nach der Familie. Niemand antwortet.

Im Haus herrscht Chaos, als wäre ein Orkan hindurchgefegt. Möbel sind umgestoßen, Bücher und Spielzeug liegen wirr am Boden verteilt und kein Bild hängt mehr an der Wand. Sehr merkwürdig.

Über dir ertönen ein *Knarren* und das Geräusch von brechendem Holz.

Stelle dein Glück auf die Probe. Hast du Glück, gehe zu **207**. Hast du Pech, lies weiter bei **354**.

119

Die Radmahre fallen krachend zu Boden, schaukeln noch eine Weile auf und ab und bleiben dann reglos liegen. Du rätselst, wozu der Bewohner dieser Bruchbude wohl Radmahre als Wächter braucht.

Willst du ins Obergeschoss gehen, lies weiter bei **350**. Möchtest du dich im Erdgeschoss weiter umsehen, dann gehe zu **182**.

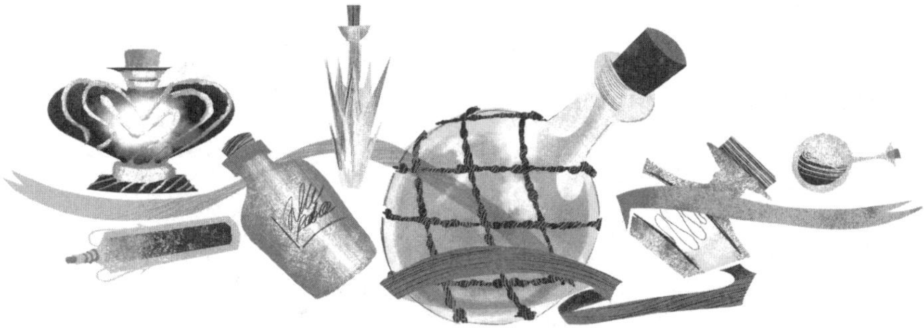

120

In der Hoffnung, Nimbus irgendwo aufzuspüren, kämpfst du dich weiter durch den Sturm. Plötzlich hörst du außerhalb der Schwimmsphäre Gesang. Wunderschönen Gesang. Außerdem entdeckst du inmitten der Wellen etwas Schaukelndes, das aussieht wie ein liegen gebliebenes Boot.

Willst du dem Gesang folgen, gehe zu **93**. Willst du das treibende Boot untersuchen, blättere zu **215**. Wenn du tauchen willst, lies weiter bei **203**.

121

Du wartest außer Sichtweite, bis Methedus wieder in der Mühle verschwunden ist, bevor du dich leise näherst. Anschließend umrundest du das Gebäude, bis du auf ein kleines Fenster stößt. Nachdem du auf einen Stapel Mehlsäcke geklettert bist, hast du freien Blick auf Methedus, der im Schneidersitz mitten in der Luft schwebt. Anscheinend ist er in Trance. Seltsame Art, Brot zu backen.

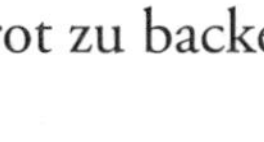

Unter dir gerät einer der Säcke ins Rutschen und du fällst keuchend zu Boden. (Ziehe 1 AUSDAUER-Punkt ab.)

Als du aufblickst, mustert Methedus dich durchs Fenster.

»Du solltest wohl besser hereinkommen.« Weiter bei **46**.

122

Du hebst das Blatt auf, das der Gremlin fallen lassen hat. Seltsamerweise scheint es leer zu sein. Du bringst es zum Schreibtisch, um es näher zu untersuchen. Der Schreibtisch ist bedeckt von eng bekritzelten Papieren, jedoch ist das meiste davon einfach zu unleserlich. Plötzlich fällt dein Blick auf zwei ausgedrückte Zitronenhälften und eine kleine Lampe neben dir.

Willst du:

Das Papier mit Zitronensaft einreiben? → Gehe zu **253**.
Die Lampe anzünden und das Papier davor halten? → Gehe zu **218**.
Den Turm verlassen, um nach Nordosten, zurück in das Labyrinth aus Werkstätten und Laboren zu ziehen? → Gehe zu **111**.

123

Als du sämtliche Truhen überprüfst, stellst du fest, dass eine von ihnen nicht verschlossen ist.

Wenn du sie durchsuchen möchtest, lies weiter bei **371**. Willst du die Inselwache verlassen, gehe zu **335**.

124

Nie hättest du gedacht, dass du einmal in den Tiefen des Ozeans ein Feuer entfachst.

Wenig später wärmst du dich an den Flammen und fühlst dich schon wieder viel besser. (Fülle bis zu 3 AUSDAUER-Punkte auf.) Sobald du trocken bist, löschst du das Feuer vorsichtig und fährst mit deiner Suche fort. Gehe zu **288**.

125

Du reichst Matix das Dingeling, worüber sie richtig entzückt wirkt. »Na, also wenn das kein Prachtstück von einem Dingeling ist. Gut gemacht!«

Wenn du außerdem noch ein Dingsbums oder Dingsda bei dir hast und Matix noch keines gegeben hast, kannst du das nun nachholen, indem du zu **375** blätterst. Hat Matix bereits alles von dir bekommen, was sie braucht, lies weiter bei **187**. Um deine Gleiter aufzuladen, gehe zu **396**.

126

In der Ferne entdeckst du den Glockenturm, den Yurik erwähnt hat. Allerdings beschleicht dich das Gefühl, es wäre besser, einen belebteren Teil der Insel aufzusuchen, anstatt hier alleine umherzuwandern.

Um zum Glockenturm aufzubrechen, lies weiter bei **352**. Willst du nach Nordosten, zurück ins Labyrinth aus Werkstätten und Laboren, gehe zu **111**.

127

Das Wasser wirkt schlammig, doch dir bleibt nichts anderes übrig, als dich hineinzuwagen. Schlagartig versinkst du bis zur Taille und bald wird dir klar, dass du schwimmen musst.

Wirf 1 Würfel. Bei 1 oder 2 gehe zu **139**. Bei 3 oder 4 lies weiter bei **310**. Bei 5 oder 6 blättere zu **145**.

128

Mit einem Hechtsprung suchst du Deckung, nur leider nicht schnell genug. Ein Brocken trifft dich hart an der Schulter. (Du verlierst 2 AUSDAUER-Punkte.) Weiter bei **208**.

129

Du hast Tideus auf den bevorstehenden Kampf so gut wie möglich vorbereitet.

»Also das ist, was Tideus nennt ordentlichen Kampf, Menschlein!«

Wie recht er doch hat. Denn obwohl der Kobold-Kriegergolem größer ist als Tideus, ist der Meeresriese wesentlich breiter und gebaut wie eine grüne Wand aus Granit.

»Du nicht verpassen darfst, Menschlein!«, brüllt Tideus, packt dich und setzt dich auf seine Schulter, wie einen menschlichen Papagei. »Kannst auch bisschen paar Treffer landen!«

»Ha!«, schreit Krazic. »Du glaubst, dieser Fettwanst kann mich aufhalten?«

Der Kriegergolem läuft los. Ihm fehlt eine Hand, er hat sie aber durch ein großes Stück von einem Pfeiler ersetzt, das ihm nun als Knüppel dient. In der anderen Hand schwingt er eine gewaltige Axt.

Der Kampf beginnt!

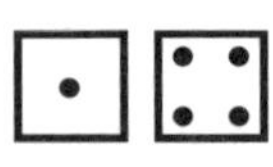

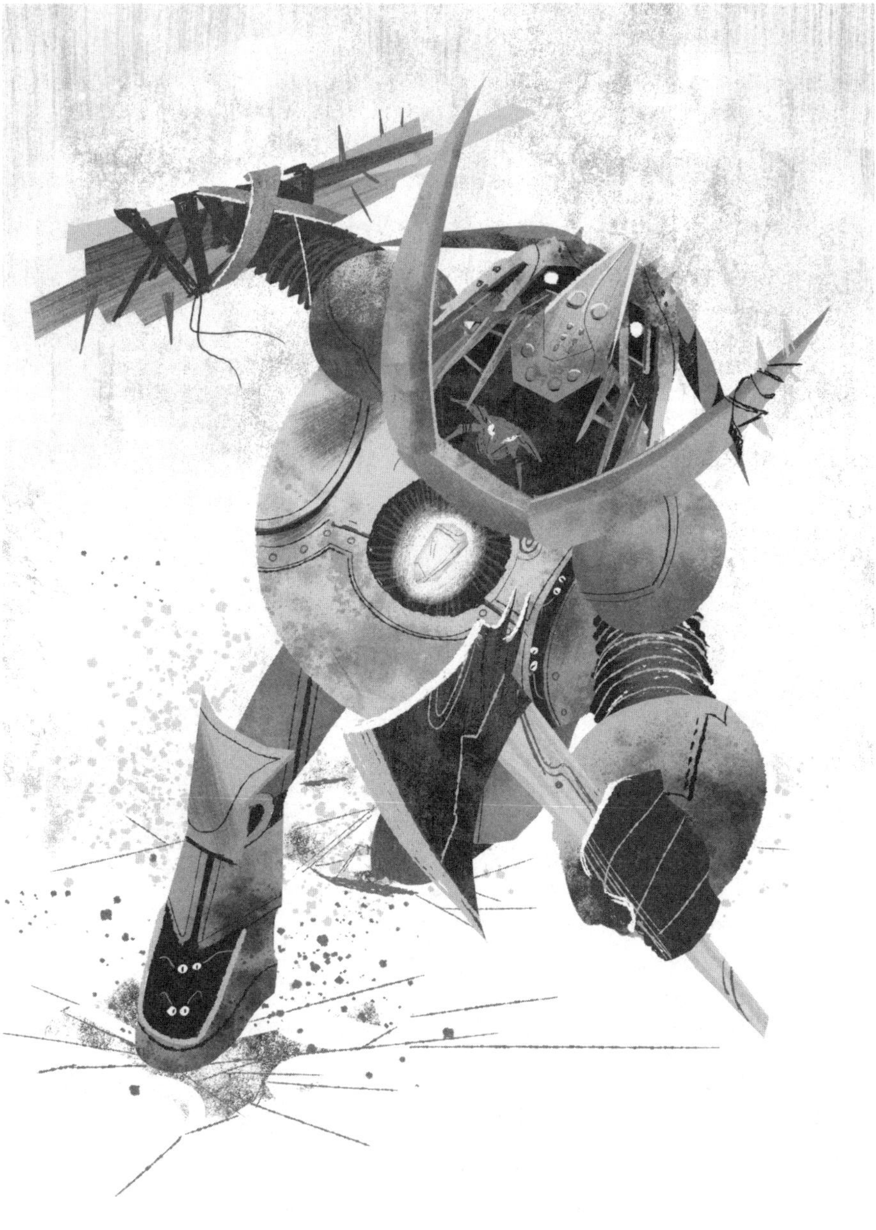

Der Kriegergolem läuft los.

Kobold-Kriegergolem   Geschick 11 | Ausdauer 30

Tideus hat das GESCHICK und die AUSDAUER, die du ihm mit deinen Tränken bescheren konntest – oder auch nicht, je nachdem. Da du ihn in diesem Kampf unterstützt, kannst du zur Angriffsstärke des Meeresriesen immer 2 Punkte hinzufügen. Außerdem fügt er jeweils 1 zusätzlichen Schadenspunkt zu, wenn er trifft. Wird Tideus in dieser Auseinandersetzung mit dem Kriegergolem jedoch getötet, stirbst auch du!

Gelingt es dir und Tideus, zwei der drei ersten Angriffsrunden zu gewinnen, gehe zu **222**. Entscheidet der Kobold-Kriegergolem zwei der drei ersten Angriffsrunden für sich, lies bei **174** weiter.

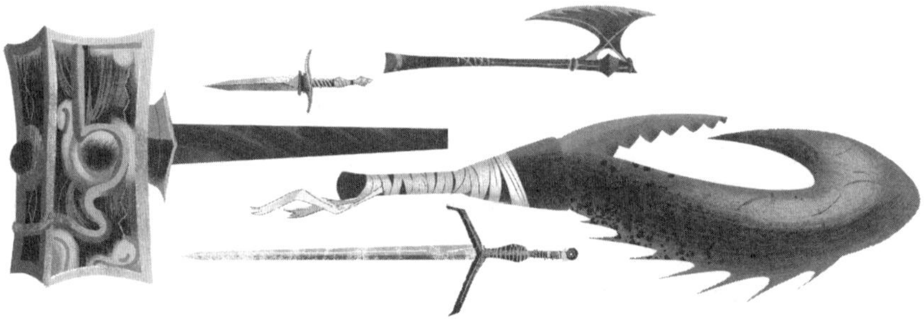

130

Der Zauber weicht aus der Truhe und der Deckel senkt sich, nun wieder leblos. Im Innern findest du eine Feldflasche mit Feueröl und ein Blatt Papier. Behutsam faltest du es auf. Offenbar handelt es sich um eine herausgerissene Seite aus einem Kassenbuch der Fischereihäfen von Incus. Einige Namen darauf sind markiert, doch einer, *Kommandant Mathias Talliman*, wurde mehrfach eingekreist. Daneben hat jemand gekritzelt: *Wo steckt er?*

Ergänze die Seite aus dem Kassenbuch von Incus sowie das Feueröl in der Ausrüstungsliste auf deinem Abenteuer-Blatt.

(Mit dem Feueröl kann man Feuer entfachen. Oder man setzt es zu Beginn eines Kampfes gegen einen Gegner ein, wodurch der automatisch 3 AUSDAUER-Punkte verliert.)

Dieser letzte Kampf hat dir wirklich alles abverlangt. Dir wird klar, dass dich allein eine Mischung aus Angst, Adrenalin und Wut auf den Beinen hält. Du könntest wirklich eine Mütze voll Schlaf gebrauchen.

Wenn du ein Nickerchen machen möchtest, gehe zu **184**. Möchtest du die Inselwache lieber verlassen, lies weiter bei **335**.

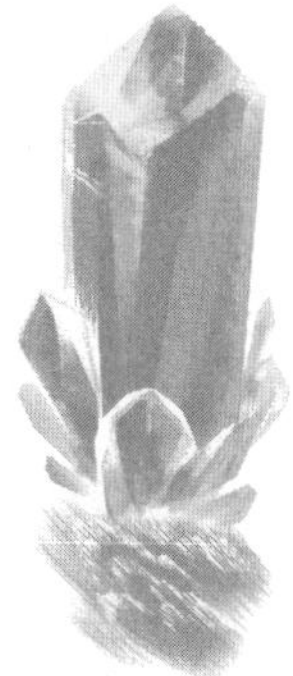

131

Du erreichst die Inselwache von Altos. Als du hineingehen willst, musst du feststellen, dass die Tür verschlossen ist. Du hältst das Ohr an das Holz. Nemi hatte recht. Drinnen ertönt lautes *Schnarchen*. Irgendwie musst du da reinkommen.

Wenn Nemi bei dir ist, lies weiter bei **251**. Begleitet sie dich nicht und du willst die Tür aufbrechen, lies weiter bei **67**. Hast du ätzende Weintrauben bei dir und willst sie für das Türschloss verwenden, dann blättere zu **380**.

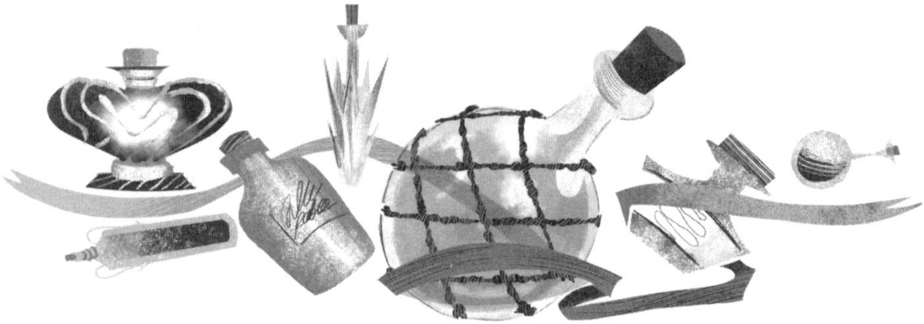

132

Du schwimmst zurück an die Oberfläche, um nach dem treibenden Boot Ausschau zu halten. Hier oben wütet noch immer der Sturm, wodurch es schwerfällt, sich zu orientieren. Plötzlich dringt aus dem Nebel eine wunderschöne Melodie an dein Ohr. Sie scheint deinen Körper in wohlige, helle Wärme zu hüllen – noch nie hast du etwas so Schönes gehört.

Gleichzeitig entdeckst du im Nebel ein leuchtendes Licht, das stetig blinkt.

Willst du dem Gesang folgen, gehe zu **264**. Willst du herausfinden, was es mit dem blinkenden Licht auf sich hat, lies weiter bei **305**. Um zurück zu den Höhlen abzutauchen, weil du sie noch nicht ganz erkundet hast, blättere zu **85**. Willst du zu dem großen undeutlichen Umriss tauchen, lies weiter bei **191**.

133

Du fragst Yurik nach der Werkstattmannschaft von Nimbus und ihrem geheimen Projekt.

»Nein!«, antwortet der Kobold und verschränkt entschieden die Arme. »Ich sage kein Wort mehr. Und da deine Himmelsgardefreunde gerade alle baden gegangen sind, hast du vermutlich auch gar keine Zeit, mir weiter auf die Nerven zu fallen! Nur so viel: Such nach Pox und Paxlo. Dann bekommst du Antworten!«

Damit stürmt er in seine Werkstatt und knallt die Tür zu. Mehrere laute *scheppernde* Geräusche erwecken vor deinem geistigen Auge das Bild von einem komplizierten Türschloss, das gerade aktiviert wird.

Du klopfst an die Tür, erhältst aber keine Antwort.

Also lässt du dir deine nächsten Schritte durch den Kopf gehen. Ganz in der Nähe bemerkst du eine Ladestation für Sturmkristalle. Dabei fällt dir ein, dass es in Asperitas eine ganze Reihe davon gibt. Für 1 Goldstück kannst du mit diesen Geräten deine Gleiter aufladen und zu Matix auf Incus zurückkehren, wenn du musst.

Wenn du versuchen willst, die Tür aufzubrechen, lies weiter bei **21**. Alternativ kannst du Richtung Westen zu den Wohngebieten von Asperitas wandern (weiter bei **293**) oder nach Norden, weiter hinein in das Labyrinth aus Werkstätten und Laboren (gehe zu **111**).

134

Silas deutet auf eine der Truhen. »Das Schloss wirkt ziemlich alt«, sagt er. »Das bekomme ich mit meiner Heugabel ganz bestimmt auf.«

Er stemmt die Heugabel unter das Schloss und hebt sie ruckartig an. Mit einem *Knacken* bricht das Schloss auf. Silas späht ins Innere der Kiste und wühlt mit seiner Heugabel darin herum.

»Puh! Da wäscht jemand ungern seine Socken! Hmm, aber das hier könnte nützlich sein.«

Er reicht dir einen Macht-Trank und 1 Goldstück. (Der Macht-Trank erhöht deine Angriffsstärke für die Dauer eines Kampfes um 2 Punkte. Notiere beides auf deinem Abenteuer-Blatt.)

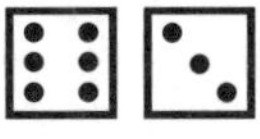

Was gibt es für dich noch zu tun?

Hast du noch keinen Blick in deine eigene Truhe geworfen und möchtest das nun nachholen, lies weiter bei **217**. Falls du die unverschlossene Truhe noch nicht durchsucht hast, kannst du das nun tun (weiter bei **65**). Möchtest du die Inselwache verlassen, blättere zu **335**.

135

Du fragst Yurik, wovon er bei deiner Ankunft überhaupt geredet hat.

»Na ja, vom Absturz von Nimbus natürlich! Die Leute reden ja von nichts anderem!«

Da hat er recht, doch wie kommt er auf die Idee, du könntest glauben, er sei darin verwickelt?

Wenn du ihn fragen willst, warum du ihn deswegen verdächtigen solltest, gehe zu **116**. Willst du lügen und Yurik vorwerfen, dass es seine Schuld war, lies weiter bei **372**.

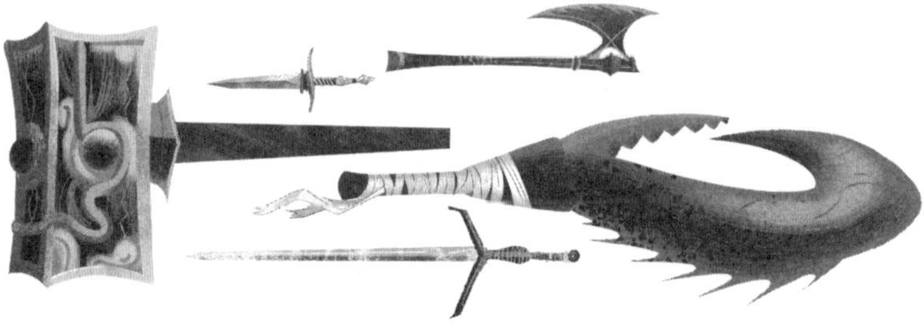

136

Du läufst zurück zur Schwimmsphäre. Wohl oder übel musst du noch einmal los und weiter erkunden.

Hast du dir den gefluteten Gang rechts des Vorraums noch nicht näher angesehen und willst das nun tun, dann lies weiter bei **344**. Um die Zitadelle zu verlassen, blättere zu **256**.

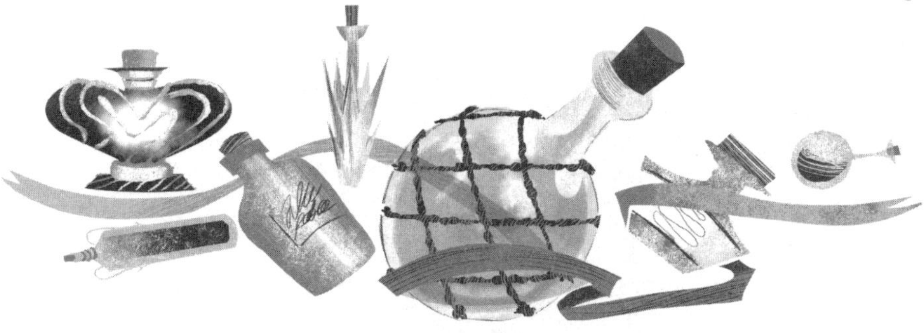

137

Du wanderst durch Cirrus auf die blaugrüne Rauchwolke zu. Unterwegs treten besorgte Bauern an dich heran und fragen, was auf Nimbus vorgefallen ist. Du kannst ihnen nur einschärfen, die Ruhe zu bewahren und im Haus zu bleiben. Außerdem versicherst du ihnen, dass die Himmelsgarde sich bereits um alles kümmert. Dabei klingst du überzeugter, als du dich fühlst.

Sobald du den Rand des Feldes erreichst, von dem die Rauchschwaden aufsteigen, merkst du, dass es gar kein Rauch ist. Es handelt sich um wirbelnden blaugrünen Nebel, der aus einem großen Stück Sturmkristall quillt. Dicht neben einem kleinen Schuppen hat das Kristallstück sich mitten in ein Feld voller Kohlrüben gegraben. Es sieht aus wie eine übergroße Version des Kristalls in deinen Gleitern, allerdings ist dieser hier stark gesplittert und in wirklich schlechtem Zustand. Die Nimbus-Explosion muss ihn hierhergeschleudert haben.

Wenn du den Sturmkristall deiner Gleiter daran aufladen willst und Silas bei dir ist, lies weiter bei **51**.

Möchtest du den Sturmkristall deiner Gleiter aufladen und Silas ist nicht bei dir, dann gehe zu **211**.

Wenn du dir den Schuppen näher ansehen willst, blättere zu **376**.

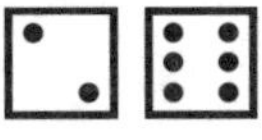

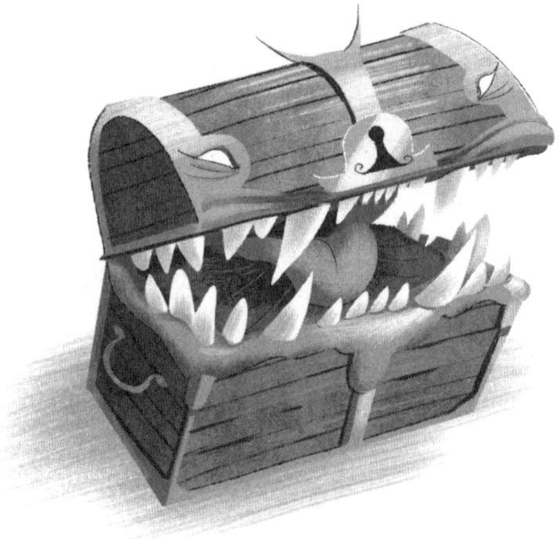

138

Du visierst einen Heuhaufen an, der einladend weich aussieht. Leider verfehlst du dein Ziel bei Weitem. Die Flügel deiner Gleiter klappen sich ein und du landest in einem Müllhaufen, wo du dir den Kopf an einem kaputten Topf stößt. (Du verlierst 3 AUSDAUER-Punkte.)

Wenn Cumulus deine Heimatinsel ist, lies weiter bei **57**. Andernfalls gehe zu **88**.

139

Schwimmen gehört zu deinen Stärken, doch als du spürst, wie etwas dich in den Fuß beißt, strampelst du unbeholfen und trittst wild um dich. Dein Stiefel trifft etwas, das sich zurückzieht, doch erst nachdem es bereits Schaden angerichtet hat. Ziehe 3 AUSDAUER-Punkte ab und lies weiter bei **73**.

140

Du beschließt, Cumulus aufzusuchen, die Insel des Handels. Du überprüfst die Gleiter, nimmst Anlauf, springst ab und fliegst über die glitzernden Gewässer von Altos davon.

(Falls Nemi dich begleitet hat, bleibt sie auf Altos zurück und du verlierst diesen Angriffs- und Schadensvorteil. Trage das entsprechend auf deinem Abenteuer-Blatt ein.) Weiter bei **193**.

141

Dav schnappt sich eine große lila Knolle von einem nahen Stand und schleudert sie auf die Kreatur. Das Wurzelgemüse donnert gegen den Panzer der Kakerlake, sodass sie ins Taumeln gerät und dabei 1 Goldstück verliert. (Trage dir das wieder im Gold-Kästchen deines Abenteuer-Blatts ein.) Leider hat der Treffer mit der Knolle sie nur kurz aufgehalten. Schon packt die Riesenkakerlake deinen Münzbeutel wieder fester und wetzt davon.

Wenn du deinen restlichen Goldvorrat aufgeben willst, um zur anderen Seite des Markts zu laufen, gehe zu **336**. Bist du fest entschlossen, ihn dir zurückzuholen, lies weiter bei **307**.

142

Du bemühst dich, das fliegende Auge durch die Straßen von Asperitas zu verfolgen. Plötzlich dreht es sich in deine Richtung. Schnell duckst du dich in die Schatten und hoffst, dass es dich nicht bemerkt.

Stelle dein Glück auf die Probe. Hast du Glück, gehe zu **178**. Hast du Pech, gehe zu **245**.

143

Du ziehst an dem Hebel. Nichts passiert. Er ist mit nichts mehr verbunden. Du fragst dich, was sich wohl in diesem Raum befunden hat – und wo es nun ist. Lies weiter bei **43**.

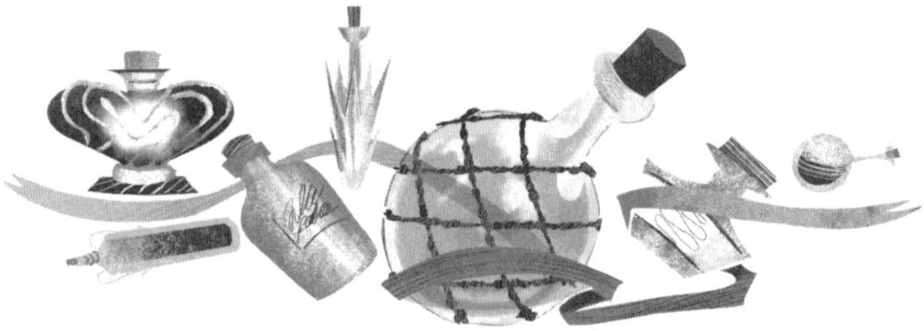

144

Du fragst Caleb, ob er sich an den Namen des Überlebenden erinnert. Er überlegt eine Weile, wobei er sich den Nacken reibt. Dir fällt auf, dass von den Saugnäpfen des Oktopus noch immer hässliche rote Abdrücke zu sehen sind.

»Hmmm, ein Soldat war er, glaube ich. Irgendein hohes Tier. Feldwebel. Nein, nein, Kommandant. Genau. Kommandant Tal… Tell… Irgendwas.«

Hast du die Seite aus dem Kassenbuch der Cirrus-Wache bei dir, kannst du sie Caleb zeigen, indem du zu **94** gehst.

Ansonsten kannst du ihn näher nach der *Unheilbringer* fragen, falls du das noch nicht gemacht hast (lies weiter bei **33**). Oder führe deine Reise fort (gehe zu **295**).

145

Du schwimmst mit kräftigen Zügen durchs Wasser. Es ist fast schon eine angenehme Abwechslung, einfach einmal nicht zu laufen, zu kämpfen oder in eine Metallkugel eingepfercht zu sein. Es gelingt dir sogar, hinabzutauchen und von einem Vorsprung einen verloren gegangenen Macht-Trank einzusammeln. (Ergänze ihn auf deinem Abenteuer-Blatt. Trinkst du den Macht-Trank, verleiht er dir für die Dauer eines Kampfes 2 zusätzliche Punkte Angriffsstärke.) Lies weiter bei **73**.

146

Du beschließt, Cumulus zu besuchen, die Insel des Handels. Du überprüfst die Gleiter, sprintest los und erhebst dich mit einem Sprung in die Luft. Die grünen Felder von Cirrus bleiben unter dir zurück.

(Wenn Silas dich begleitet hat, bleibt er auf Cirrus und du verlierst die Angriffs- und Schadensvorteile. Passe die Werte auf deinem Abenteuer-Blatt entsprechend an.)

Lies weiter bei **193**.

147

Du kannst kein Risiko eingehen und machst dich bereit, den befallenen Canidor zu bekämpfen.

Flapps Geschick 7 | Ausdauer 8

Falls du gewinnst, gehe zu **368**.

148

Nachdem du Halleck abgesetzt hast, durchsuchst du die Küche und findest ein großes Hackbeil und etwas Kürbispastete. (Ergänze beides auf deinem Abenteuer-Blatt. Die Pastete füllt beim Verzehr 3 AUSDAUER-Punkte auf.)

Du schaust durch das Loch in der Decke und erspähst mehrere Tische und verschiedene Ausrüstungsgegenstände. Der Raum über dir scheint eine Art Werkstatt zu sein. Du fragst Halleck, was es damit auf sich hat.

»Das war das Privatlabor von Ingenieur Krazic. Die meisten Technomantie-Prototypen Pangarias wurden dort hergestellt.«

Wenn du durch das Loch in der Decke in das Zimmer klettern willst, lies weiter bei **212**. Willst du zur Schwimmsphäre zurückkehren, gehe zu **152**. Möchtest du die Küche durch den Hauptzugang verlassen, blättere zu **378**.

149

Du verlässt das Haus und überlegst, wo du mit deinen Nachforschungen weitermachen solltest.

Aus dem Blätterdach eines nahen Baumes dringt ein *Heulen*. Plötzlich schwingt sich eine affenartige Heulkatze aus den Ästen und trottet auf dich zu, die rasiermesserscharfen Zähne gebleckt und die spitzen Krallen gewetzt – bereit, dich in Stücke zu reißen.

Heulkatze Geschick 8 | Ausdauer 9

Jedes Mal wenn du die Heulkatze triffst, stößt sie einen wilden Kampfschrei aus, der dich während der nächsten Angriffsrunde 1 Punkt Angriffsstärke kostet. Allerdings büßt die Heulkatze dabei selbst 1 zusätzlichen Punkt AUSDAUER ein. Gewinnst du, gehe zu **302**.

150

Über der *Nauplius* schließen sich die Fluten, als du mit ihr abtauchst. Vorübergehend ist deine Sicht vom Brodeln des Wassers verdeckt, doch wenig später klart es auf und vor dir erstreckt sich der azurblaue Ozean.

Leider hast du damit auch einen ungewöhnlich klaren Blick auf das Monster, das geradewegs auf dich zuschießt. Es hat den Kopf und den Oberkörper eines monströsen Hais und den tentakelbewehrten Unterkörper eines gigantischen Kalmars – du hast es mit dem Großen

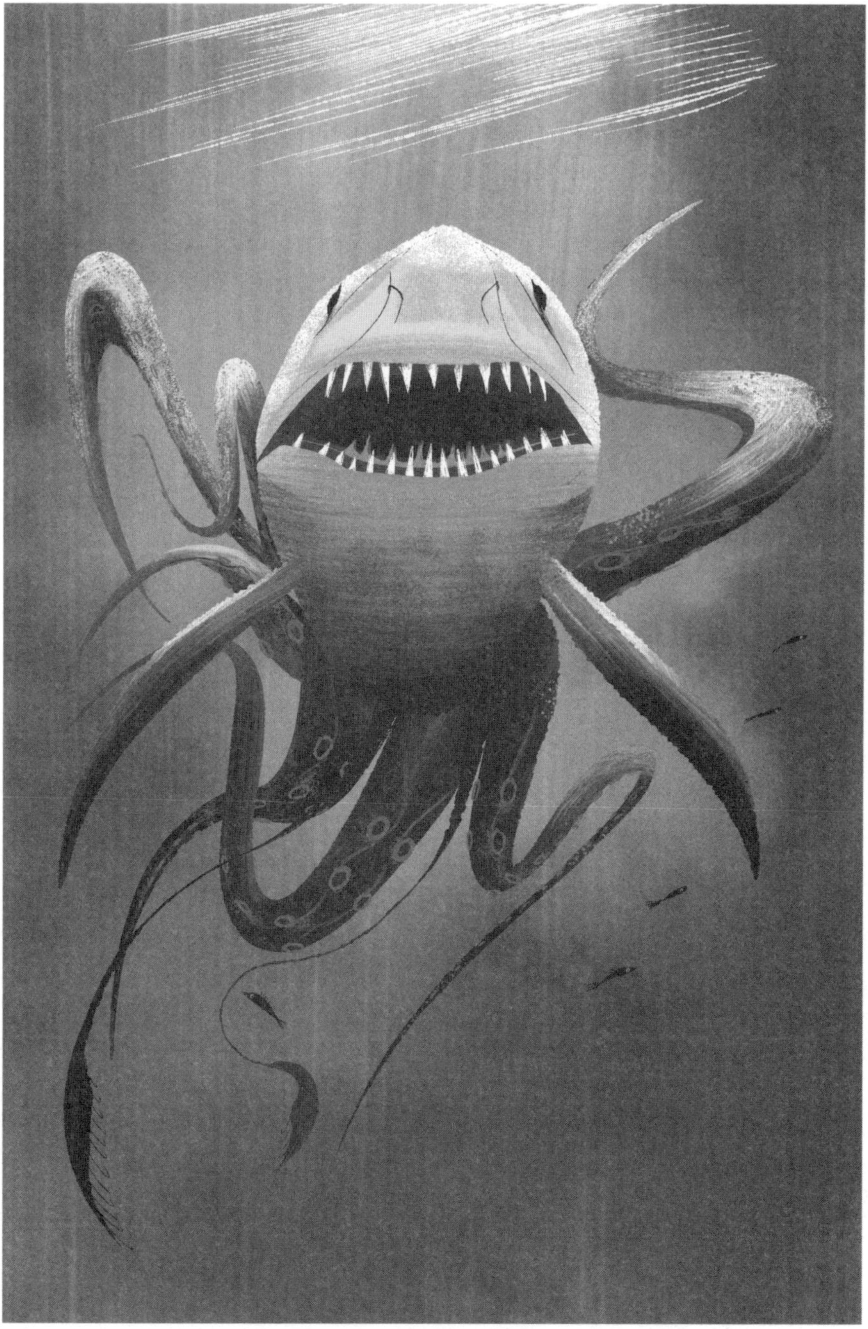

Der Große Weiße Kalmarhai hat dich zu seinem nächsten Mahl auserkoren.

Weißen Kalmarhai zu tun, der dich zu seiner nächsten Mahlzeit auserkoren hat. Du packst die Kontrollhebel der *Nauplius* fester und machst dich bereit, das Meeresmonster mit den mechanischen Greifzangen der Schwimmsphäre zu bekämpfen.

Großer Weißer Kalmarhai Geschick 9 | Ausdauer 10

Falls du gewinnst, gehe zu **385**.

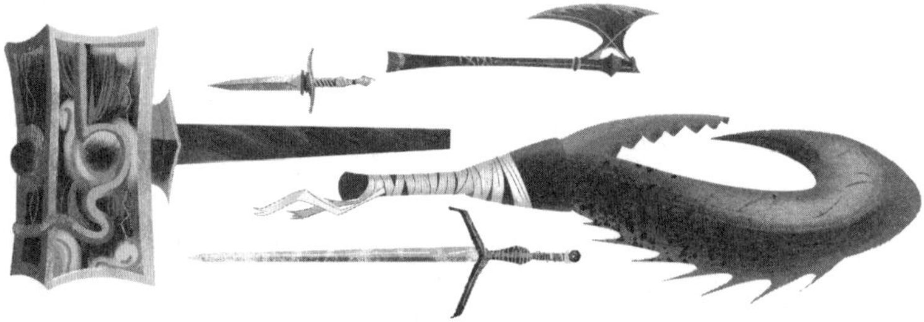

151

Weil den Gleitern die Sturmenergie ausgeht, verlierst du die Kontrolle über die Flügel und krachst zu Boden. Erschöpft, mit unzähligen Prellungen, aber lebendig.

(Wirf 1 Würfel und ziehe das Ergebnis von deinem AUSDAUER-Wert ab.)

Während du verschnaufst, blickst du zu der Stelle hinüber, an der Nimbus schweben sollte. Nun ist dort nur Leere, in der seltsame Energie knistert. Du beobachtest, wie ein Vogel hindurchfliegt. Winzige gezackte Blitze treffen das kleine Tier, das als heller Ball aus Federn und Flammen explodiert. Was auch immer für den Absturz von Nimbus verantwortlich sein mag – es hat Gefahr und Tod hinterlassen.

Lies weiter bei **321**.

152

Du sorgst dafür, dass Halleck es bequem hat, und teilst ihm mit, dass du Nimbus weiter durchsuchen wirst. Du verlässt die Küche durch die Nebentür und kehrst zur Schwimmsphäre zurück. Sobald du wieder in der *Nauplius* bist, fährst du in den Vorraum. Gehe zu **347**.

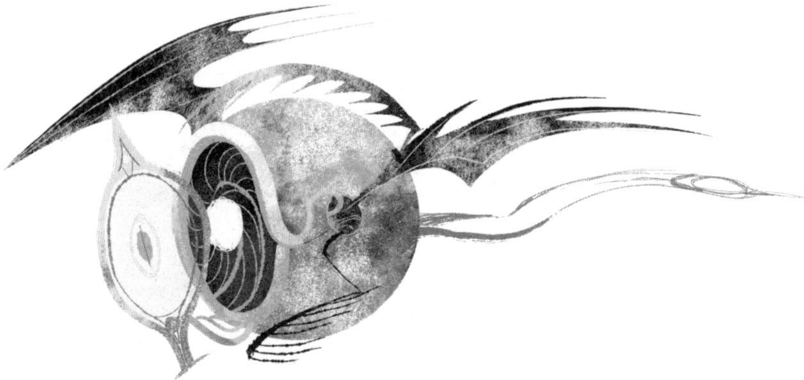

153

Geschafft! Du ziehst den Zettel heraus. Sieht aus wie ein Blatt aus einem Tagebuch. Die Schrift ist verwischt und hauchdünn, trotzdem kannst du einige Zeilen entziffern:

Pangaria wacht über seine Geheimnisse wie ein Drache über seinen Goldschatz! Und ebenso wie solch ein Schatz würden diese Geheimnisse in Khul ein Vermögen einbringen. Krazic und Boreas haben die Möglichkeiten erkannt. Der Kobold baut etwas, das im Geheimen nach Anghelm geschafft werden soll. Sobald Boreas mich von hier befreit, werde ich zurückkehren und meinen Vorgesetzten von der verheerenden Macht berichten, die zum Greifen nah ist. Dann müssen wir nur noch das höchste Angebot abwarten!

Du weißt, dass Krazic der Chefingenieur ist, der für die Wartung der Technomantie ganz Pangarias verantwortlich ist. Hört sich ganz so

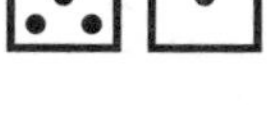

an, als hätte er heimlich etwas entwickelt, nur was? War es am Absturz von Nimbus schuld?

Du dachtest, endlich Antworten gefunden zu haben, stattdessen stößt du auf immer neue Fragen.

(Falls noch nicht geschehen, notiere das Schlüsselwort **Boreas** auf deinem Abenteuer-Blatt.)

Wenn du die Scherbe des Sturmkristalls in Cumulus Methedus gezeigt hast, gehe jetzt zu **345**. Andernfalls bleibt dir nun nichts anderes übrig, als aufzubrechen. Willst du zu Matix, lies weiter bei **161**. Willst du zum Schwimmsphären-Schuppen am Ostanleger, gehe zu **74**.

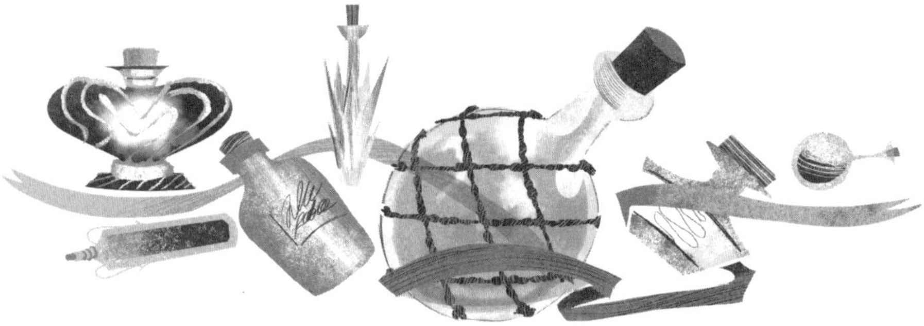

154

Du wehrst dich gegen das unbekannte Etwas, das dich festhält, und versuchst verzweifelt, die Oberfläche zu erreichen. Doch unaufhaltsam zieht es dich hinab, tiefer, tiefer und tiefer. Du hättest auf die Warnungen vor dunklen Gewässern hören sollen.

Dein Abenteuer ist vorbei.

155

Du brüllst in Tideus' Ohr, er solle sich in »Bewegung!« setzen. Und er schafft es tatsächlich, den herabfallenden Trümmern auszuweichen, sodass ihr beide unverletzt bleibt. Dem Meeresriesen gelingt es sogar, einige der Steinbrocken dem Kobold-Kriegergolem wieder entgegenzuschleudern (der daraufhin 3 AUSDAUER-Punkte und 1 Punkt GESCHICK verliert).

Der Golem stürzt sich auf den Meeresriesen.

Führe den Kampf zwischen den beiden Kolossen weiter. Wenn du und Tideus zwei der folgenden drei Angriffsrunden gewinnen, gehe zu **388**. Gewinnt der Kobold-Kriegergolem zwei der drei folgenden Angriffsrunden, lies weiter bei **167**.

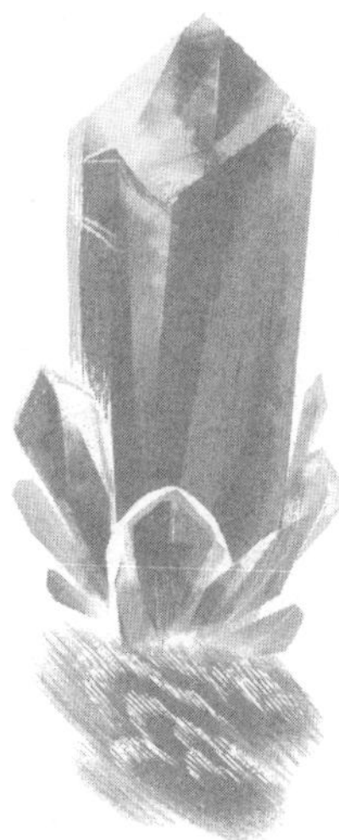

156

Die monströsen Harpyien liegen vor dir und du hast das ungute Gefühl, dass dies kein zufälliger Angriff war – sie haben dir aufgelauert. Aber du versuchst, dir deswegen nicht zu lange den Kopf zu zerbrechen.

Eine Gruppe Kobolde zieht deine Aufmerksamkeit auf sich. Sie haben sich auf einem kleinen Platz versammelt hat und sind in Streit geraten.

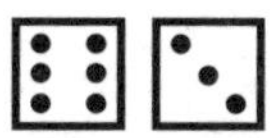

»Wir müssen da runter!«

»Ist zu gefährlich! Wir müssen warten, bis der Sturm sich legt.«

»Dann sollen halt die Sturmgeborenen runter!«

»Sie sagen, irgendein Bannkreis hindert sie daran, Nimbus nahe zu kommen!«

Du überlegst, ob du dich vorstellen sollst, bekommst aber kein einziges Wort dazwischen.

»Wir müssen uns einen Plan einfallen lassen!«

»Wer hat dich denn zum Chef gemacht?«

»Na, irgendwer muss doch die Entscheidungen treffen!«

»Aber warum ausgerechnet du?«

»Hab doch nie gesagt, dass ich es sein muss.«

Du schaust dir die zankenden Kobolde an und begreifst, dass dir eher Flügel aus den Ohren wachsen, bevor sie sich auf einen Plan einigen.

Doch dann entdeckst du vor einer der Werkstätten einen jungen Kobold, der Fläschchen und Gläser putzt, und erklärst ihm, dass du zur Himmelsgarde gehörst. Pures Entsetzen breitet sich auf seinem Gesicht aus. Er ist so schockiert, dass er das Fläschchen, das er eben noch gereinigt hat, fallen lässt und es auf dem Boden zerplatzt.

»Ich war's nicht! Ich hatte absolut rein gar nix damit zu tun, es waren Paxlo und Pox … Also, glaub ich zumindest. Ich meine … genau weiß ich es nicht. Aber -«, stammelt er drauflos.

Seltsame Reaktion! Als du den Kobold nach seinem Namen fragst, stellt er sich als Yurik vor.

Wenn du Yurik fragen willst, wovon er überhaupt redet, gehe zu **135**. Willst du lügen und behaupten, du wüsstest genau, wer es war, blättere zu **372**. Wenn du Yurik dabei helfen willst, die Scherben des Fläschchens aufzuheben, gehe zu **195**.

157

Du steuerst die *Nauplius* näher heran. Mit einem widerlichen *metallischen Krachen* rammt die Schwimmsphäre das Riff. Geschwächt öffnest du die Luke und krabbelst hinaus. Während du benebelt auf dem kalten, nassen Boden liegst, wunderst du dich, warum es mitten im Ozean überhaupt Felsen gibt.

Als die Wesen zu dir gleiten, um dich lächelnd und lachend anzusehen, glaubst du, du bist in Sicherheit. Doch ihr Lächeln verwandelt sich in eine Fratze, während ihre Zähne immer länger werden und ihre Haut sich schwarz verfärbt. Das Letzte, was du im Leben siehst, sind Zähne. So viele Zähne …

Dein Abenteuer endet hier.

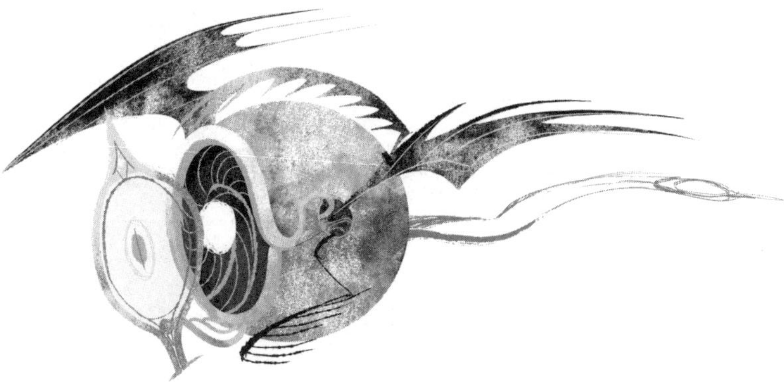

158

Der Stiefel streift die Maschine. Sie stößt ein schrilles Geräusch aus, bevor sie durch den Kaminschlot der Inselwache davonfliegt. Du bist unverletzt, wirst aber das Gefühl nicht los, dass man dich beobachtet.

Allerdings hast du jetzt keine Zeit, dir darüber den Kopf zu zerbrechen. Hier gibt es für dich nichts mehr zu tun, also verlässt du die Wache. Lies weiter bei **335**.

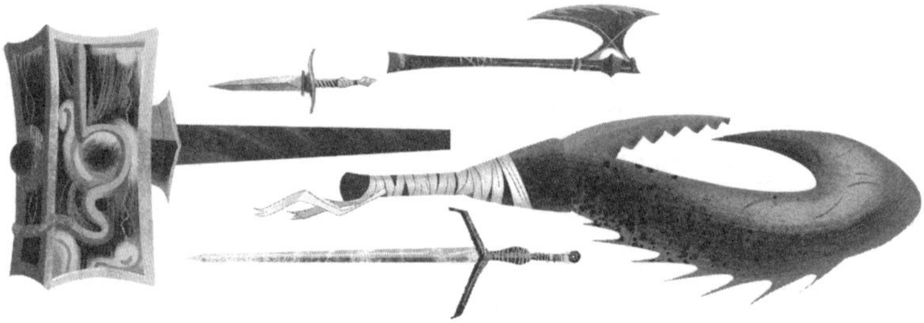

159

Mit Mühe gelingt es dir, den Rand des Lochs zu fassen zu bekommen. Einigermaßen unbeholfen ziehst du dich in das Zimmer darüber. Allerdings schneidest du dich dabei und verlierst 2 AUSDAUER-Punkte. Lies weiter bei **313**.

160

Das Scheit knallt seitlich gegen deinen Kopf. (Du verlierst 3 AUSDAUER-Punkte und 1 Punkt GESCHICK.) Zum Glück bleibst du bei Bewusstsein, allerdings ist dir schwindelig.

Wenn Altos deine Heimatinsel ist, lies weiter bei **348**. Andernfalls gehe zu **110**.

161

Während du dich zu Matix' Haus durchfragst, antwortet dir jeder, dass du dem Scheppern und Fluchen folgen sollst. Schon bald dringen Geräusche an dein Ohr, die sich anhören, als würde jemand mit einem Ziegel auf eine Schubkarre einprügeln – *Wumms, Klank, Klong*. Dann ertönt eine Stimme: »Du Sohn eines widerlichen Mulischweins! Du stinkender Haufen Dachsexkremente! Jetzt funktionier endlich, verdammt – fang an zu laufen!« *Klonk! Krach! Rumms!* »Au, mein Daumen!«

Als du den Ursprung des Lärms erreichst, findest du eine Schwimmsphäre. Sie hängt von den Stützbalken einer großen Werkstatt, die an ein wesentlich kleineres Haus angrenzt, und um sie herum liegen alle denkbaren Werkzeuge und Maschinenteile. Die Schwimmsphäre ist ein kugelförmiges Tauchboot aus verstärktem Metall mit kleinen Bullaugen-Fenstern in den Seiten und einem größeren Fenster an der Front, das gleichzeitig als Einstiegsluke dient. Dir fallen die kleinen Sturmkristalle in der Unterseite und große mechanische Zangen auf, die links und rechts nach vorne ragen. Auf der Plakette an der Seite der Schwimmsphäre steht: *Nauplius*.

Du rufst nach Matix. Gehe zu **230**.

162

Du gehst in Deckung, während die Kreatur sich die Asche abschüttelt und im Raum umsieht. Es ist ein geflügelter Gremlin – besonders fiese kleine Wesen. Der Gremlin hält schnurstracks auf Viziggs Schreibtisch zu und fängt an, die Papiere darauf zu durchwühlen und zu beschnuppern.

Wenig später scheint er zu finden, wonach er gesucht hat, und will sich damit davonmachen. Doch natürlich kannst du das nicht zulassen. Du hechtest aus deinem Versteck und wirfst mit deiner Waffe nach dem Gremlin.

Stelle dein Geschick auf die Probe. Bist du erfolgreich, gehe zu **363**. Versagst du, mache weiter bei **332**.

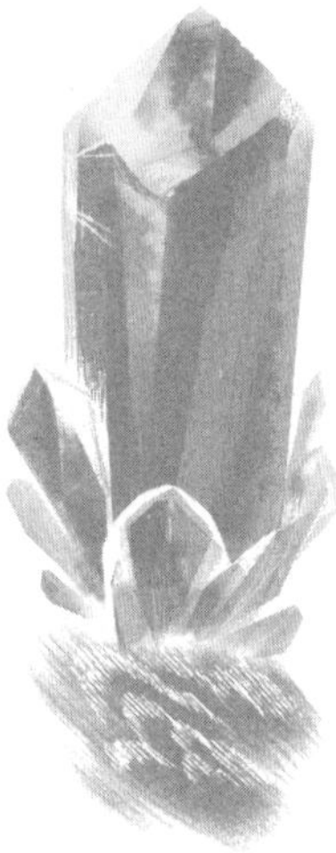

163

Du willst dich zur Seite rollen, doch der Fuß erwischt dich trotzdem. (Du verlierst 2 AUSDAUER-Punkte.)

Falls du noch am Leben bist, lies weiter bei **100**.

164

Du beschließt, zur Wasserinsel Altos zu reisen. Du überprüfst die Gleiter, nimmst Anlauf und hebst mit einem Sprung in die Luft ab. Unter dir bleiben die grünen Felder von Cirrus zurück.

(Falls Silas dich begleitet hat, bleibt er auf Cirrus und du verlierst deine Angriffs- und Schadensvorteile. Passe das entsprechend auf deinem Abenteuer-Blatt an.) Lies weiter bei **103**.

165

Mit einem Hechtsprung bringst du dich in Sicherheit. Dicht neben dir landet ein Geröllbrocken, der dich jedoch nur leicht mit Staub besprüht. Lies weiter bei **208**.

166

(Du gibst Tideus Essen im Wert von 4 AUSDAUER-Punkten. Streiche es aus deinem Abenteuer-Blatt-Vorrat.) Der Riese verschlingt das Essen mit einem Happs, klatscht in die Hände und macht sich bereit, mit dir zu ringen.

Tideus Geschick 9 | Ausdauer 18

Da Tideus nun etwas zufriedener ist, gibt er auf, sobald du seine AUSDAUER auf 10 oder weniger verringerst. Sobald dies passiert, gehe zu **267**.

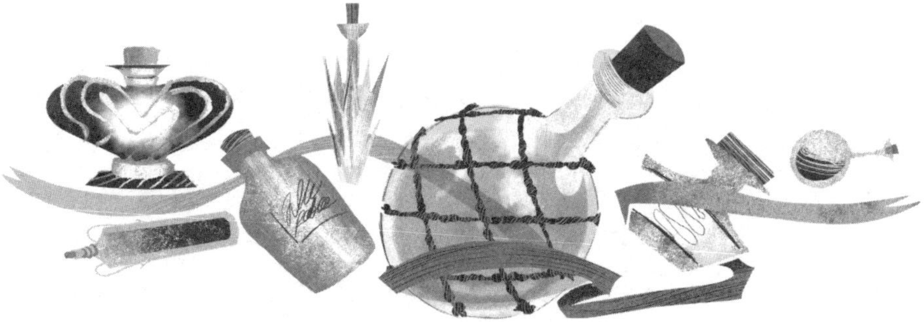

167

Krazic kreischt vor Freude, weil er spürt, dass der Sieg ihm so gut wie sicher ist. Er schwingt beide Waffen des Kriegergolems gleichzeitig und schlägt Tideus und dich zu Boden. Du rollst von der Schulter des Meeresriesen, woraufhin Krazic das Maschinenmonster vorwärtsdrängt, um dich unter dem mächtigen Metallfuß zu zerquetschen.

Stelle dein Geschick auf die Probe. Hast du Erfolg, lies weiter bei **382**. Versagst du, gehe zu **163**.

168

Vorsichtig folgst du den Schreien zu einem Obstgarten. Dort stößt du auf eine ältere Frau. Mit einem Spaten in der Hand wehrt sie sich gegen einen räuberischen Obstbaum, der nicht nur ein Eigenleben, sondern auch eine sehr schlechte Laune entwickelt hat. Normalerweise trägt dieser Baum wunderschöne stachelige rote Früchte. Doch nun sind die Äste von winzigen schnappenden Drachenköpfen bedeckt.

Einer der Köpfe saust auf die Frau zu und sie verpasst ihm einen donnernden Schlag mit dem Spaten. Kurz wirkt der Kopf benommen, doch dann spuckt er ihr einen Feuerstrahl entgegen. Als sie ihren Spaten als Schutzschild vor sich hält, schmilzt das Metall. Jetzt hat sie nichts mehr, um sich zu verteidigen.

Kurz entschlossen schmeißt sie den geschmolzenen Spaten auf den Boden, krempelt die Ärmel hoch und ballt die Fäuste. Wenn sie schon abtreten muss, dann zumindest nicht kampflos. Doch da entdeckt sie dich.

»Himmelsgarde! Was hältst du davon, mit anzupacken?!«

Du kannst die alte Dame unmöglich allein gegen diese Pflanze antreten lassen. Also stellst du dich dem Drachenfruchtbaum entgegen.

Wütender Drachenfruchtbaum *Geschick 8* | *Ausdauer 9*

Falls du gewinnst, lies weiter bei **303**.

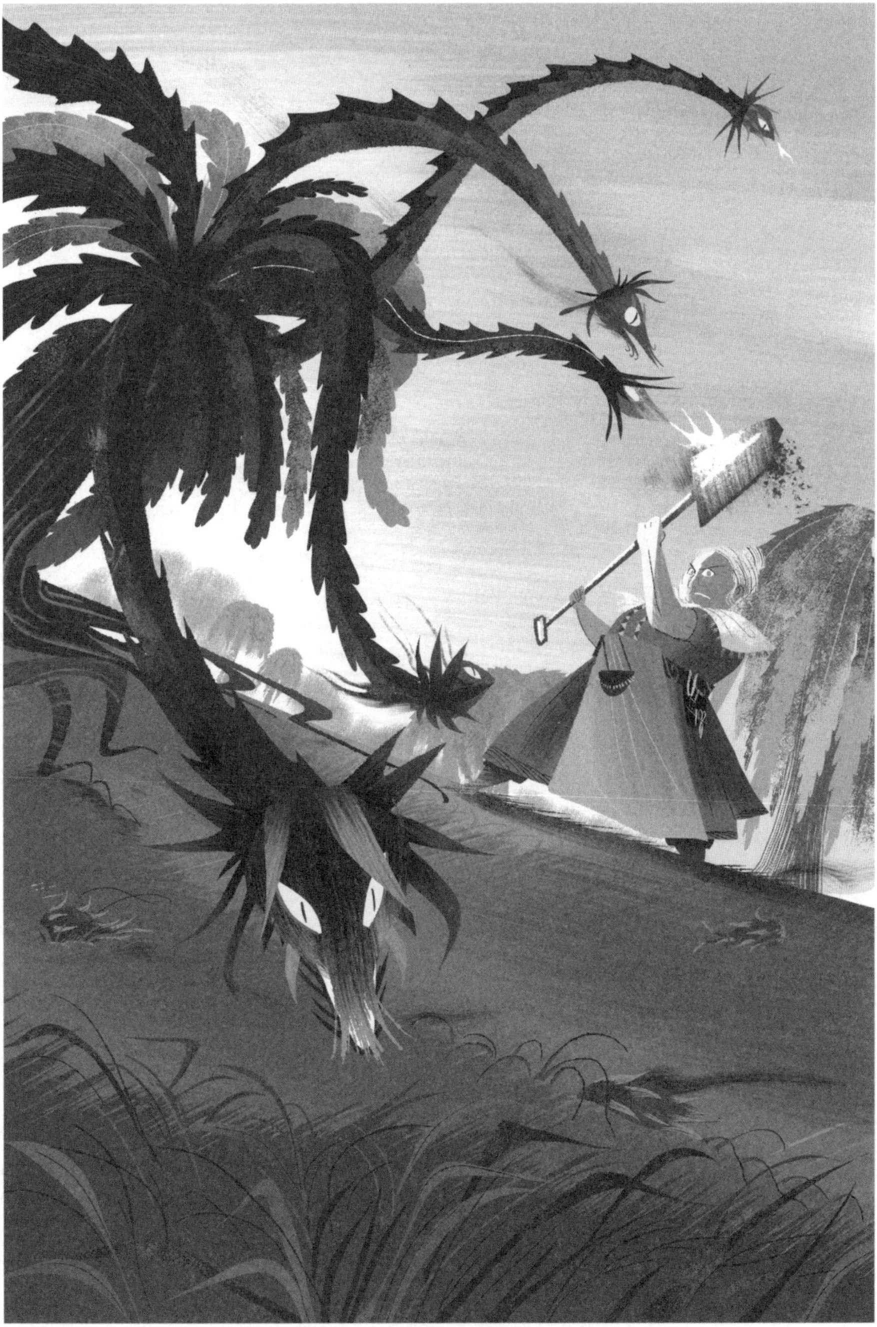

Die Äste sind mit winzigen, schnappenden Drachenköpfen übersät.

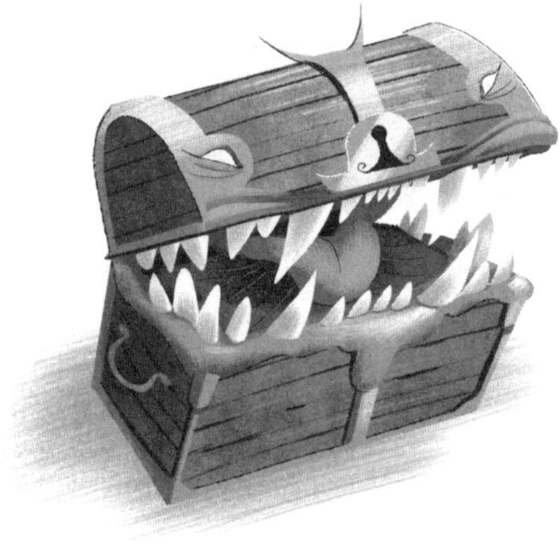

169

Du gibst ihm 1 Goldstück und entschuldigst dich dafür, ihn erschreckt zu haben.

»Zu gütig! Hör mal, was ich vorhin gesagt habe, von wegen ich hätte nichts mit dem Absturz von Nimbus zu tun … Habe ich wirklich nicht, aber ich glaube, ich weiß, wer: ein Kobold mit Namen Pox oder auch sein Bruder, Paxlo. Vor ein paar Monaten haben sie angefangen, eine Mannschaft zusammenzustellen, die auf Nimbus in der Werkstatt von Krazic arbeiten sollte.«

Der junge Kobold scheint sich eine Last von der Seele reden zu wollen, also hörst du einfach zu.

»Ein Traumjob! Doppelter Lohn. Aber mir kam die Sache komisch vor. Wir hätten keinem verraten dürfen, woran wir arbeiten, und in der Werkstatt schlafen müssen! Ich mag mein Bett zu sehr, um es aufzugeben, also habe ich abgelehnt. Das hat ihnen nicht gefallen. Und seit Nimbus in den Ozean gekracht ist, hab ich sie nicht mehr gesehen.

Ich sag nur eins: Wohin Pox und Paxlo auch gehen, der Ärger lässt nie lange auf sich warten. Kann ich sonst noch behilflich sein? Es muss nur schnell gehen.«

Hast du das Schlüsselwort **Hazi** auf deinem Abenteuer-Blatt notiert, lies weiter bei **257**.

Andernfalls kannst du Richtung Westen aufbrechen, wo die Einwohner von Asperitas leben (gehe zu **293**), oder Richtung Norden laufen, tiefer hinein in das Labyrinth aus Werkstätten und Laboren (gehe zu **111**).

170

Du hast genug gehört.

»Ach, übrigens – was ist mit Samuel passiert?«, fragt Vizigg und wirkt besorgt.

Wer ist Samuel?

»Riesiger Skorpion. Man kann ihn gar nicht übersehen. Hält Wache vor der … Oh. Ach, egal. Ich bin sicher, er hatte einen guten Tod.«

Schnell fragst du Vizigg, wie du helfen kannst.

»Es ist wirklich tapfer von dir, sogar dein Leben zu riskieren, aber diesen Schlamassel habe ich verzapft. Also ist es an mir, es wieder in Ordnung zu bringen.«

Du sagst Vizigg, dass du nicht hier heruntergekommen bist, um jetzt Däumchen zu drehen, während alles voll Wasser läuft und die Luft immer knapper wird.

»Hmmm, nun ja, du bist in besserer Verfassung als ich, so viel steht fest. Und vielleicht kannst du bestimmte Orte erreichen, die mir versperrt sind. Na gut. Um das Ritual zu vollenden, brauche ich einen Kupferring, einen silbernen Kelch und eine schwarze Kerze.«

Er wirft dir ein Fläschchen *Extrastarken Heilungstrank* zu. »Hier bitte«, sagt er. »Du hast mehr davon als ich.« (Der Trank stellt 5 AUSDAUER-Punkte wieder her.)

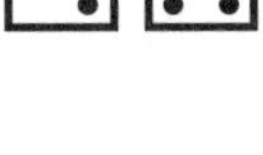

Wenn du einen Kupferring hast, lies weiter bei **228**. Hast du einen silbernen Kelch, gehe zu **115**. Hast du eine schwarze Kerze bei dir, blättere zu **6**. Wenn du die Darunter-Bibliothek verlassen und nach diesen Gegenständen suchen willst, lies weiter bei **26**.

171

Du zwängst dich durch den Schacht und lässt dich in die Kanalisation fallen. Im Vergleich zum Markt oben sind die Gerüche hier unten eine Qual. Selbst deine Augen fangen zu tränen an. (Du verlierst 1 AUSDAUER-Punkt, da dir von dem Gestank übel wird.) Du musterst den Boden und entdeckst in etwas, das hoffentlich nur Schlamm ist, kleine Abdrücke.

Willst du der Spur folgen, lies weiter bei **79**. Willst du die Kanalisation lieber verlassen und auf die Straße zurückkehren, mach weiter bei **241**.

172

Hunderte kleiner Fische schießen aus ihren felsigen Behausungen und stürzen sich auf den toten Zitteraal, um ihm blitzschnell das Fleisch von den Knochen zu reißen. Du schauderst beim Gedanken daran, was sie mit dir angestellt hätten, hättest du den Kampf verloren. Als sie fertig sind, bleibt ein seltsames rundes Ding zurück: Die Elektroplaxdrüse des Aals, die vor Elementarenergie regelrecht knistert.

Du riskierst es und spießt sie mit einer der Scheren der *Nauplius* auf, in der sie nun gleißend glitzert.

(Die Scherenwaffe verursacht ab sofort mit jedem erfolgreichen Treffer 3 AUSDAUER-Schadenspunkte statt der üblichen 2. Notiere dir das auf deinem Abenteuer-Blatt.)

Plötzlich spürst du ein weiteres Beben. Augenblicklich ziehen sich sämtliche Fische in ihre Verstecke zurück. Ringsum löst sich die Höhlendecke auf und *klatschend* prallen schwere Felsbrocken auf das Dach der Schwimmsphäre.

Stelle dein Geschick auf die Probe. Hast du Erfolg, lies weiter bei **316**. Versagst du, gehe zu **362**.

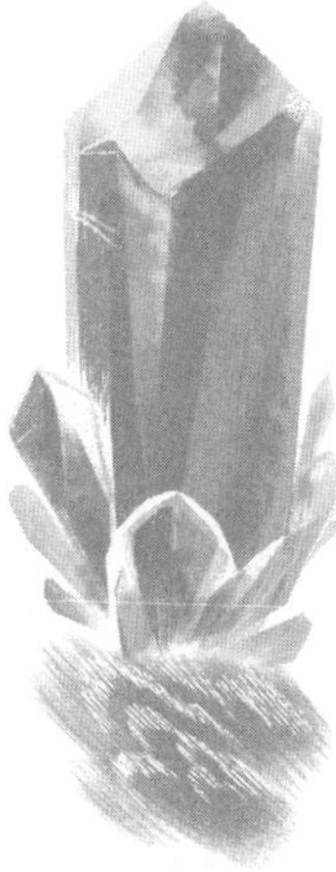

173

Du versuchst, die Pfeile mit deinem Umhang abzublocken, doch einer streift dich an der Hand. Er ist in Gift getränkt, aber glücklicherweise gelangt nicht zu viel davon in deinen Blutkreislauf – trotzdem genügt es, dass deine Hand taub wird. (Verliere 2 AUSDAUER-Punkte und 1 Punkt GESCHICK.)

Vorsichtig setzt du deinen Aufstieg fort, bis du eine versperrte Tür erreichst. Gehe zu **83**.

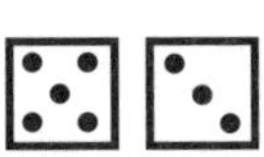

174

Krazic schreit siegesgewiss! Du überlegst, wie du das Ruder noch herumreißen und den Kampf gewinnen könntest.

Solltest du einen Dreizack haben, kannst du ihn Tideus geben, damit er ihn einsetzt – lies weiter bei **16**. Hast du Feueröl bei dir, kannst du es auf den Kobold-Kriegergolem werfen – weiter bei **318**. Hast du die Schere der Riesenkrabbe, kannst du sie auf den Kobold-Kriegergolem schleudern und bei **39** weiterlesen. Hast du nichts von all dem, gehe zu **326**.

175

Ein heulender Schrei zerreißt die Luft, dann tauchen zwei Kokomokoa mit schuppiger Haut aus dem Wasser. In den Klauen halten sie Netze und Bambusspeere bereit. So verdattert, wie Boreas dreinschaut, hatte er wohl auf etwas Bedrohlicheres gehofft. Allerdings musst du gegen beide Amphibienmenschen gleichzeitig kämpfen.

Erster Kokomokoa Geschick 5 | Ausdauer 5
Zweiter Kokomokoa Geschick 5 | Ausdauer 5

Sobald einer der Kokomokoa den ersten Treffer landet, schnürt dich das Wesen in sein Netz ein. Ziehe keine AUSDAUER-Punkte ab. Doch ab sofort musst du für den Rest des Kampfes deine Angriffsstärke um 2 Punkte reduzieren.

Falls du gewinnst, gehe zu **392**.

176

Das Gerät stößt ein schrilles Geräusch aus und schießt einen kleinen Feuerball auf dich ab.

Stelle dein Geschick auf die Probe. Hast du Erfolg, lies weiter bei **202**. Versagst du, gehe zu **58**.

177

»Du siehst aus wie eine Leiche auf Urlaub«, kommentiert Silas deine mitgenommene Erscheinung freundschaftlich. Erst jetzt wird dir klar, dass dich bisher allein die Mischung aus Angst, Adrenalin und Wut wach gehalten hat. Was du jetzt wirklich gut gebrauchen könntest, ist eine Mütze voll Schlaf.

Wenn du dich eine Weile ausruhen willst, lies weiter bei **91**.

Alternativ kannst du überlegen, was du noch erledigen möchtest, und deine eigene Truhe durchsuchen (gehe zu **217**), nachsehen, was Silas gefunden hat (weiter bei **134**), oder die Inselwache verlassen (weiter bei **335**).

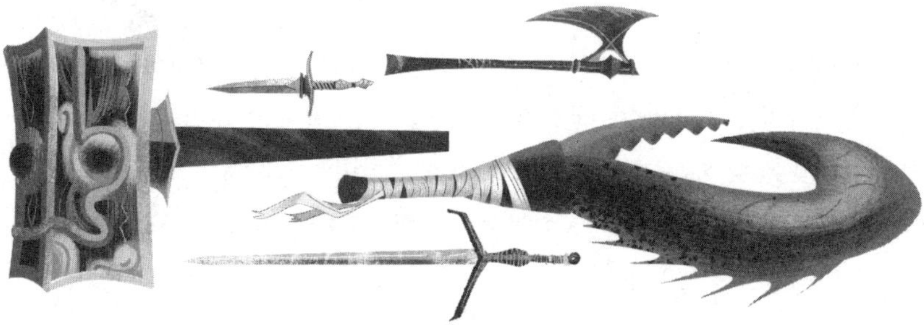

178

Es dreht sich wieder um und flattert davon. Es hat dich nicht gesehen. Verstohlen verfolgst du es weiter. Gehe zu **38**.

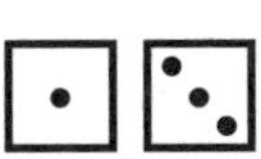

179

Während das Licht immer schwächer wird, sinkt der Gespensterfisch auf den Grund des Tunnels. Du nimmst mit der *Nauplius* erneut Fahrt auf.

In einer nur halb unter Wasser liegenden Höhle stößt du auf einen Felsvorsprung, auf dem verschiedenste Fundstücke aus dem Meer gehortet sind. Im Gewölbe verstreut liegen außerdem zahlreiche Metallteile. Schlagartig nagen leise Schuldgefühle an dir, weil der Gespensterfisch offenbar nur seine Kostbarkeiten verteidigen wollte – doch nun sind es deine Kostbarkeiten.

Du verlässt die Schwimmsphäre und durchstöberst diesen Schatz, um zu sehen, ob darunter auch irgendetwas für dich von Wert ist. Und tatsächlich findest du eine seltsame Messingstange, die aussieht, als könnte sie von einem Fischerboot aus Incus stammen, zudem einen silbernen Kelch. (Ergänze beide Gegenstände auf deiner Ausrüstungsliste.)

Steht auf deinem Abenteuer-Blatt das Schlüsselwort **Rettung**, kannst du bei **132** weiterlesen.

Andernfalls willst du das Gewölbe vielleicht verlassen und den linken Arm der Höhlen erkunden, sofern du das nicht bereits getan hast – dann gehe zu **231**. Um mit den Höhlen abzuschließen und dich dem großen undeutlichen Umriss zu nähern, gehe zu **191**.

180

Du kehrst zu Daxa zurück.

Wenn sie deine Gleiter gratis aufladen soll, damit du nach Altos fliegen kannst, gehe zu **342**. Willst du mit aufgeladenen Gleitern nach Cirrus aufbrechen, lies weiter bei **320**. Willst du lieber über die Himmelsbrücke Richtung Cirrus laufen und nach Daxas Aeronautenhelm suchen, blättere zu **327**.

181

Die Riesenkröte löst sich in einen Haufen Glibber auf. Neben dir bemerkst du Reste von dem Schleim auf einem Blatt. Das Zeug ist unfassbar klebrig. Du wickelst das Blatt um die klebrige Substanz und steckst es behutsam ein. (Ergänze die klebrige Krötenspucke auf der Ausrüstungsliste deines Abenteuer-Blatts.)

Dann läufst du weiter zur Inselwache von Altos. Gehe zu **131**.

182

Vorsichtig machst du einige Schritte um die Radmahre herum und erforschst das Erdgeschoss. Es ist so unaufgeräumt und voller gehorteter Gegenstände, dass sich schwer sagen lässt, was für deine Ermittlungen wichtig sein könnte und was lediglich Müll ist. Allerdings findest du zwei Holzkelche, auf denen »Paxlo« und »Pox« steht.

Hast du das Obergeschoss noch nicht erkundet und möchtest das nun nachholen, gehe zu **350**. Möchtest du das Haus verlassen, mache bei **149** weiter.

183

Mit deinem Schwert schlitzt du den Bauch des Tieres auf. Du weißt, dass diese Reptilien den Ruf haben, so ziemlich alles zu fressen, was ihnen vors Maul kommt. Mit zugehaltener Nase durchsuchst du den

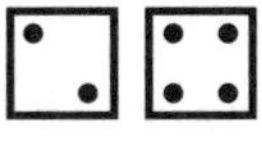

Mageninhalt, wobei du einen Macht-Trank und einen Kupferring findest. (Ergänze beides auf deinem Abenteuer-Blatt. Der Macht-Trank verleiht dir für die Dauer eines Kampfes 2 zusätzliche Punkte Angriffsstärke.)

Willst du nun wieder in die Nimbische Kammer, gehe zu **194**. Möchtest du zu Vizigg zurückkehren, lies weiter bei **52**. Beschließt du, zur Schwimmsphäre aufzubrechen, blättere zu **136**.

184

Ungefähr eine Stunde schläfst du, wenn auch unruhig. In deinen Träumen fliegst du durch den Himmel über Pangaria und versuchst, deine abstürzenden Freunde von der Himmelsgarde zu retten. Sie rufen nach dir, während sie durch die Luft trudeln. Einen kannst du retten, doch weit mehr entgleiten dir.

Als du nach einem hilflos um sich greifenden Arm fasst, blickst du in dein eigenes Gesicht, das dich entsetzt anstarrt. Du willst dich festhalfen, verstärkst den Griff, doch es hilft nichts. Du musst mitansehen, wie dein schreiender Doppelgänger zappelnd in der Tiefe verschwindet.

Es ist kein friedlicher Schlaf, aber immerhin ist es Schlaf. (Erhalte 2 AUSDAUER-Punkte zurück.)

Ein seltsames, kaum wahrnehmbares *Summen* weckt dich, wie von schnell schlagenden winzigen Flügeln.

Als du in die Düsternis spähst, entdeckst du in der Ecke der Quartiere etwas, das wie ein Auge aus Metall aussieht. Es ist etwa so groß wie eine Grapefruit und statt einer Iris hat dieses Gerät eine große Linse. In der Luft gehalten wird es von kleinen Flügeln, die deinen Gleitern nicht unähnlich sind.

Das Metallauge sirrt umher und blinzelt dich an. Dir fällt das tierisch auf die Nerven und du wirfst einen Stiefel danach.

Wirf 1 Würfel. Bei 1 oder 2 gehe zu **176**. Bei 3 oder 4 lies weiter bei **158**. Bei 5 oder 6 blättere zu **249**.

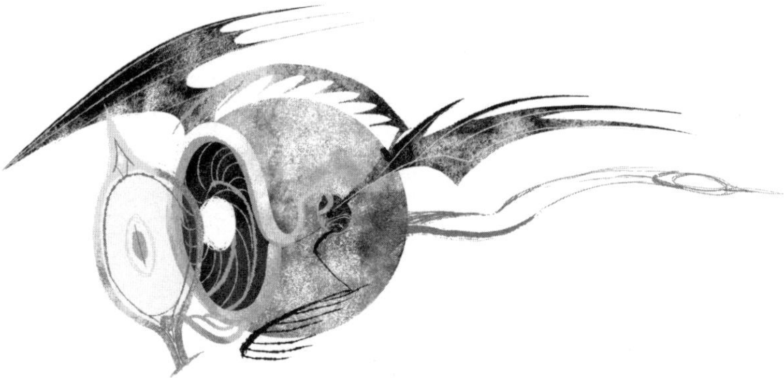

185

Du versicherst Hazi, dass du auf Asperitas nach Vizigg sehen wirst, und der Kobold dankt dir. Dann greift er in seine Robe und reicht dir zwei Gegenstände: ein Stück getrockneten Tintenfisch und einen hübschen Dolch.

(Isst man den getrockneten Tintenfisch, stellt er bis zu 2 AUSDAUER-Punkte wieder her. Verwendest du den Dolch im Kampf, erhöht sich deine Angriffsstärke um 1 Punkt. Ergänze beide Gegenstände auf deinem Abenteuer-Blatt.)

Da fällt dir ein Schild auf, das den Weg zum Koboldflieger der Gegend anzeigt.

Warst du noch nicht bei der Mühle und willst das nun nachholen, lies weiter bei **261**. Willst du zum Flieger, um zu den anderen Inseln zu gelangen, blättere zu **27**.

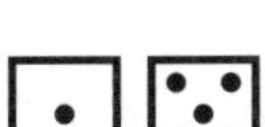

186

Du betätigst die Kontrollinstrumente der Schwimmsphäre und überlegst, ob du die Oberfläche erkunden oder untertauchen sollst.

Willst du tauchen, gehe zu **150**. Willst du die Oberfläche erkunden, gehe zu **312**.

187

»Na schön, ich glaube, in ein paar Stunden habe ich sie startklar. Warum haust du dich nicht solange im Hinterzimmer aufs Ohr? Du wirst deine Kraft noch brauchen.«

Du gehst in den hinteren Teil der Werkstatt, wo du einen Stapel Decken findest. Schwer zu sagen, wie sauber sie sind, doch so erschöpft, wie du bist, wirken sie regelrecht gemütlich.

In den Schlaf gelullt vom Scheppern, Rumpeln und dem gelegentlichen *Autsch!*, schlummerst du ein.

Einige Stunden später rüttelt Matix dich wach. »Die *Nauplius* ist abfahrbereit. Du hoffentlich auch!«

Zwar hast du diesbezüglich deine Zweifel, folgst Matix aber trotzdem zur Schwimmsphäre, die nun am nahen Anleger wartet. (Fülle 2 AUSDAUER-Punkte auf.)

Unterwegs erklärt dir Matix, wie man die *Nauplius* steuert. Außerdem sagt sie dir, wie man im Fall von Gefahr mit den Waffen der *Nauplius* umgeht, zwei gewaltigen Greifarmen, die wie die Scheren eines Schalentiers aussehen. Einer der Greifer ist mit einem großen Saugsystem ausgestattet, mit dem man interessante Funde einsammeln und an Bord der Schwimmsphäre bringen kann.

Matix erklärt weiter, dass sie die *Nauplius* mit einer technischen Spielerei ausgerüstet hat, mit der man Geräusche leiten und verstärken kann, womit du unter Wasser besser hören kannst, selbst im Innern der Schwimmsphäre.

Als ihr die *Nauplius* erreicht, kletterst du in die kleine Einpersonen-Kabine, in der du deine Waffen sowie deinen Rucksack verstaust.

»Na schön! Mit den Sturmkristallen der *Nauplius* kannst du bis zur Wasseroberfläche hinunterschweben. Du wirst merken, dass sie sich in der Luft nicht so leicht steuern lässt wie deine Gleiter, dafür ist sie ein Traum, sobald sie sich im Wasser befindet! Jetzt liegt alles an dir, du letzte Hoffnung der Himmelsgarde. Pangaria zählt auf dich!«

Matix schließt den Deckel der Schwimmspähre und du beginnst deinen Abstieg nach Nimbus. Gehe zu **54**.

188

Du überraschst deinen Vorgesetzten dabei, wie er sich in seinen eigenen Helm übergibt. Was für ein Anblick! Durch einen Seiteneingang bist du in die Küche der Zitadelle gelangt, wo du Kapitän Halleck unter einigen Trümmern eingeklemmt vorfindest. Er sitzt in der Nähe eines Küchenschranks, gar nicht weit vom Hauptzugang zur Küche. Um ihn herum liegen Essensreste. Verschlafen sieht er dich an.

»Du! Aber … Ich kann mich gar nicht daran erinnern, dass du in der Zitadelle warst. Ich habe dich doch zurückgeschickt, damit du meine Gleiter holst. Wie kommst du hierher?« Möglichst knapp erklärst du, was geschehen ist, seit sich eure Wege getrennt haben.

»Beim stürmischen Herzen von Zephyrus, was für ein Abenteuer du da hinter dir hast! Du hast die Himmelsgarde stolz gemacht. Äh, du könntest mir nicht zufällig zur Hand gehen, oder? Anfangs hatte ich noch schlimme Schmerzen, doch inzwischen spüre ich meine Beine eigentlich gar nicht mehr.« Er deutet auf den Schutt, unter dem er eingeklemmt ist. »Nachdem Nimbus ins Meer gestürzt war, kam ich her, um einen Zwischenstopp zu machen. Ich wollte mir noch einen Bissen zur Stärkung genehmigen, bevor ich mich auf die Suche nach Überlebenden machen wollte, doch dann stürzte über mir die Decke ein.«

Er zeigt auf die Stelle über sich, wo ein großes Loch in der Decke klafft.

Du musst die Trümmer von Halleck forträumen.

Stelle deine Ausdauer auf die Probe. Hast du Erfolg, gehe zu **113**. Versagst du, lies weiter bei **386**.

189

Mit der Klinge deines Kurzschwerts lenkst du den Feuerball von deinem Freund ab. Harmlos knallt er in den Kamin und das Auge fliegt durch den Rauchschlot davon.

Ihr seid unverletzt, aber du wirst das Gefühl nicht los, beobachtet zu werden. Allerdings kannst du dir darüber im Moment nicht den Kopf zerbrechen – du musst los.

(Notiere das Schlüsselwort **Spionauge** auf deinem Abenteuer-Blatt.)

Überlege, was du noch nicht versucht hast. Wirst du:

Deine Truhe durchsuchen? → Weiter bei **217**.
Nachsehen, was Silas gefunden hat? → Weiter bei **134**.
Die Inselwache verlassen? → Weiter bei **335**.

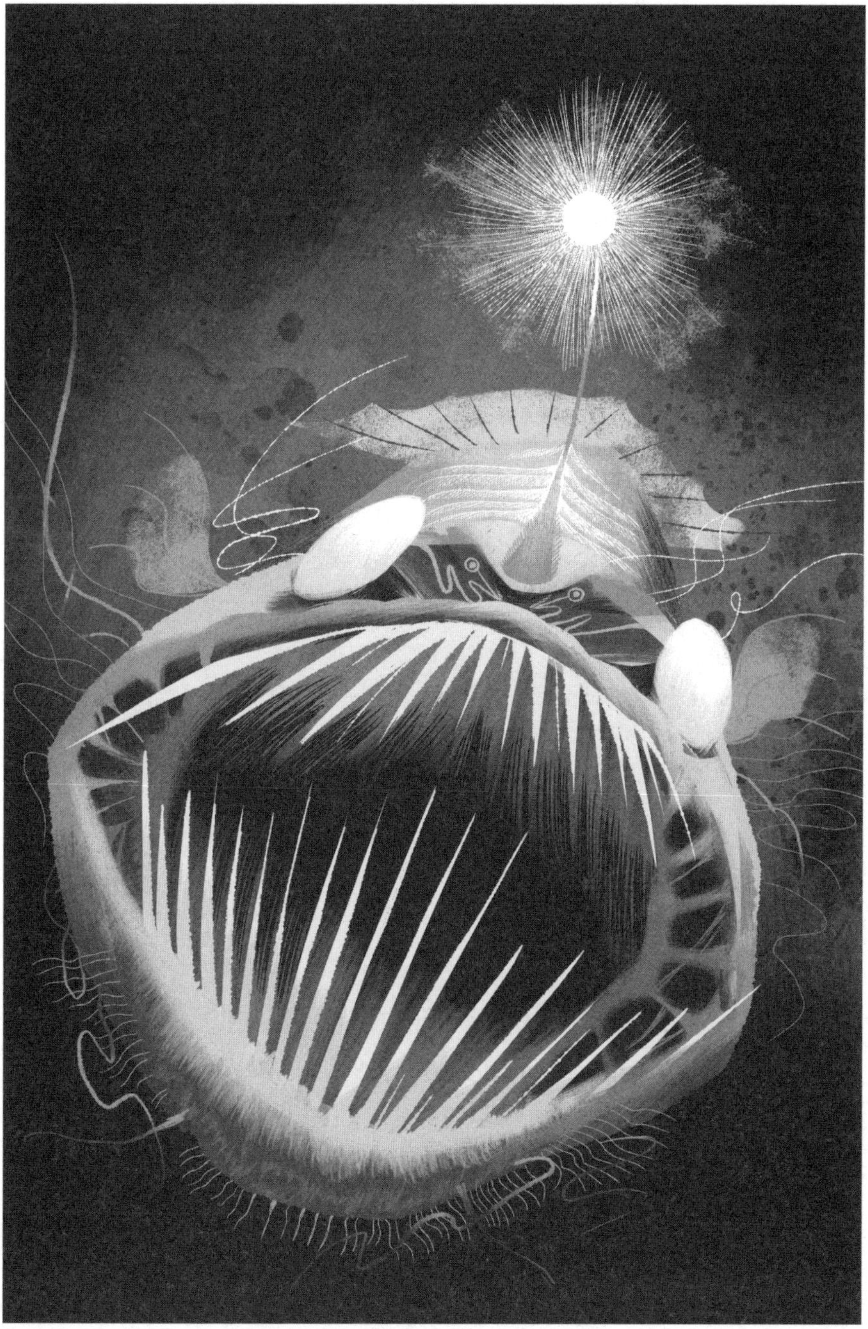

Ein Horror des Abgrunds mit einem Maul voll nadelspitzer Zähne.

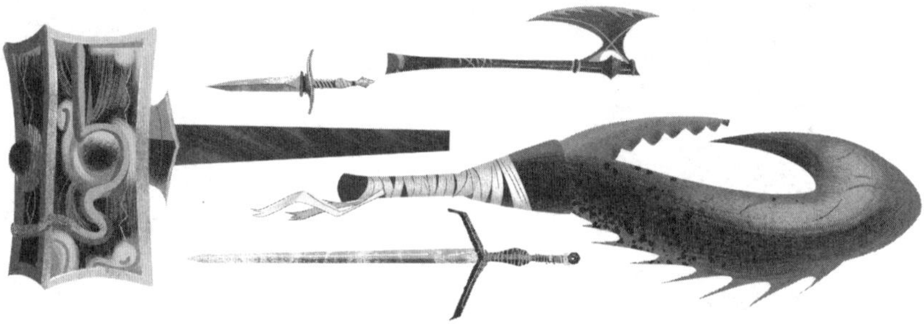

190

Der Tunnel wird schmaler. Erst als das Licht heller wird, begreifst du, dass es sich hinter dir befindet. Direkt hinter dir.

Kaum geht dir das durch den Kopf, zerreißt ein *kreischendes Geräusch* deine Gedanken, als etwas über den metallenen Bug der *Nauplius* schabt und das Tauchboot außer Kontrolle gerät. Du wirst ordentlich durchgeschüttelt. (Ziehe der *Nauplius* 2 AUSDAUER-Punkte ab und von deinem eigenen AUSDAUER-Wert ziehst du ebenfalls 2 Punkte ab.)

Sobald die *Nauplius* wieder ausgerichtet ist, schießt du geradeaus in eine größere Höhle, die nur zum Teil unter Wasser steht. Du wendest die Schwimmsphäre und stellst dich dem entgegen, was da hinter dir aufgetaucht ist.

Es handelt sich um einen enormen Gespensterfisch: ein Horror des Abgrunds mit einem Maul voll nadelspitzer Zähne. Aus seinem Kopf ragt ein Körperteil, das aussieht wie eine Angel, deren Ende ein blendendes Licht verströmt. Es führt kein Weg daran vorbei, du musst kämpfen.

Gespensterfisch Geschick 9 | Ausdauer 12

Sobald du den AUSDAUER-Wert des Gespensterfisches auf 6 Punkte oder weniger reduziert hast, schleudert er die *Nauplius* auf einen Felsvorsprung. Dort ist das Tauchboot weniger leicht zu steuern, wodurch sein GESCHICK-Wert um 2 Punkte beeinträchtigt ist, bis es sich wieder im Wasser befindet. Falls du gewinnst, gehe zu **14**.

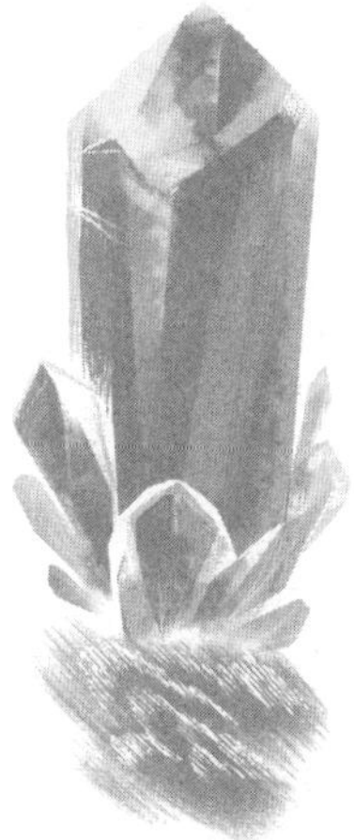

191

Du steuerst die *Nauplius* auf den undeutlichen Umriss in der Ferne zu. Je näher du kommst, desto größer wird der Schemen, bis du schließlich einen vertrauten Festungsbau erkennst. Zu deinem Entsetzen begreifst du, dass du die Zitadelle von Nimbus vor dir hast. Es ist wirklich seltsam, sie unter Wasser zu sehen, mit Fischen, die durch ihre Gärten gleiten. Du hoffst, dass es darin vielleicht noch Überlebende gibt, vielleicht gefangen im Innern von Lufteinschlüssen – die zweifellos rasch schwinden.

Dein Blick fällt auf einen merkwürdigen Gegenstand. Beim Näherkommen stellst du fest, dass es sich um eine große Luftblase mit einer Gestalt darin handelt – kaum zu glauben!

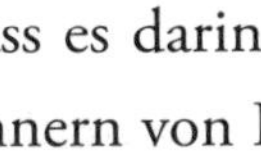

Hast du das Schlüsselwort **Blase** auf deinem Abenteuer-Blatt notiert, kannst du bei **112** weitermachen. Willst du die Blase näher untersuchen, ohne das Schlüsselwort zu kennen, gehe zu **37**. Willst du diese Blase einfach ignorieren und dich weiter Nimbus nähern, gehe zu **3**.

192

Leider geht euch noch vor dem Kriegergolem die Kraft aus und schließlich werdet ihr von seiner Axt getroffen. (Verliert 3 AUSDAUER-Punkte.) Solltet ihr noch am Leben sein, lies weiter bei **100**.

193

Bevor du Cumulus sehen kannst, riechst du es. Von den zahlreichen Ständen und Händlern, die ihre Waren feilbieten auf den großen Märkten, die den Großteil der Insel ausmachen, steigen dir zahlreiche Düfte in die Nase. Der herrlich würzige Geruch von Ingwerplätzchen und Zimtmilchpudding vermischt sich mit dem beißenden Aroma von Stinkefrüchten und bruzzelnden Fischsteaks.

Ein *Summen* reißt dich aus deinen Gedanken und deine Flügel beginnen zu vibrieren. Du spannst die Schultern an und bewegst den Oberkörper, um einen sicheren und möglichst weichen Landeplatz anzusteuern, bevor dem Sturmkristall in deinen Gleitern die Energie ausgeht.

Stelle dein Geschick auf die Probe. Hast du Erfolg, lies weiter bei **12**. Versagst du, gehe zu **138**.

194

Erneut erreichst du die Nimbische Kammer. Willst du:

Dein Glück an der Tür zum Großen Saal versuchen? → Lies weiter bei **301**.
Zurück zum halb gefluteten Bereich nahe der Bibliothek? → Lies weiter bei **236**.
Zur Schwimmsphäre? → Lies weiter bei **136**.
Die Küche durchsuchen? → Lies weiter bei **9**.
Zu Vizigg zurückkehren? → Lies weiter bei **52**.

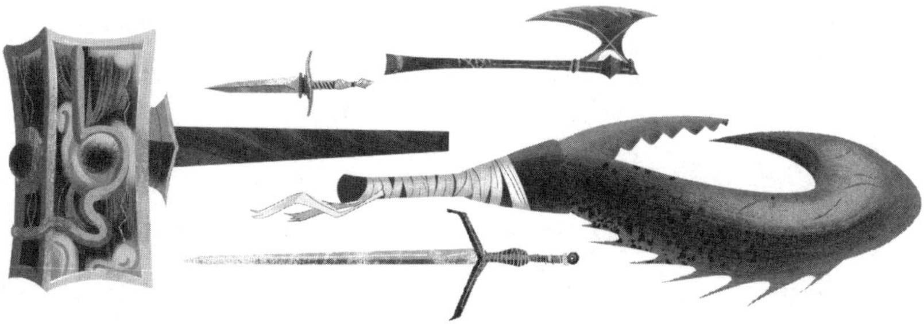

195

Du hilfst Yurik, die Scherben des Fläschchens einzusammeln, woraufhin er erleichtert wirkt.

»Danke. Ich bin so ungeschickt. Das ist heute schon das dritte, das ich zerbrochen habe«, sagt der Kobold besorgt. »Wenn ich nicht aufpasse, ziehen sie mir das noch vom Lohn ab. In letzter Zeit bin ich einfach so nervös.«

Wenn du ihn fragen willst, warum er so angespannt ist, gehe zu **4**. Willst du ihm 1 Goldstück geben, um ein Stück weit für den Schaden aufzukommen, lies weiter bei **169**.

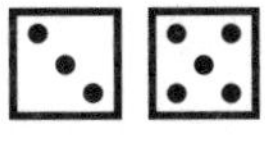

196

Während du auf Altos zuschwebst, stieben die empfindsamen Wolken, die hier gezüchtet werden und als Wolkenlinge bekannt sind, wie erschrockene Schafe auseinander. Einige verlieren sogar etwas Wasser, als sie eilig von dir fortschweben. Du genießt den herrlichen Anblick von Altos aus der Luft: Seen, Flüsse und Wasserfälle glitzern im Sonnenlicht. Trotz des Grauens, das du gerade erlebt hast, tröstet es dein Herz ein wenig, deine Heimatinsel so zu sehen.

In deiner Freude darüber fliegst du allerdings zu dicht an eine Wolkenlingmutter heran, um die herum mehrere Wolkenlingjunge schweben. Die Kleinen fliehen erschrocken zu ihrer Mutter und verstecken sich in ihren flauschigen Wolkenschwaden. Wütend schleudert sie einen Blitz nach dir, der deine Gleiter trifft und dich zu Boden trudeln lässt.

Zum Glück landest du im Schlamm – schmutzig und feucht, aber immerhin lebendig. (Du verlierst 5 AUSDAUER-Punkte.)

Den schlimmsten Dreck kratzt du ab, während du zu der Stelle schaust, an der sonst immer Nimbus schwebt. Jetzt ist dort nichts außer Staub und Luft zu sehen, in denen eine merkwürdige Energie knistert. Was die Insel auch vom Himmel geholt hat, muss unglaublich mächtig gewesen sein. Deine Traurigkeit weicht einer neuen Entschlossenheit. Du wirst herausfinden, was Nimbus zugestoßen ist, bevor auch noch der Rest Pangarias vom Himmel fällt.

Deine Gleiter sind nicht allzu schlimm beschädigt, allerdings haben sie keine Energie mehr. Du wirst also einen Weg finden müssen, um sie aufzuladen, bevor du damit irgendwohin fliegen kannst. Fürs Erste bist du zu Fuß unterwegs. Aber immerhin ist es dir gelungen, Hallecks Münzbeutel nicht zu verlieren. Du bist ziemlich sicher, dass es ihm nichts ausmacht, wenn du davon Gebrauch machst, um deine Pflicht zu erfüllen. (Trage auf deinem Abenteuer-Blatt 10 Goldstücke ein.)

Du wirfst einen prüfenden Blick auf deine Taille. Dein treues Kurzschwert ist noch an seinem Platz. (Du kannst es im Waffen-Kästchen auf deinem Abenteuer-Blatt eintragen.)

Du überlegst, wo du mit deinen Nachforschungen anfangen sollst. Ganz in der Nähe gibt es einen Wolkenlinghof. Vielleicht kann man dich dort mit Vorräten und Informationen versorgen. Lies weiter bei **30**.

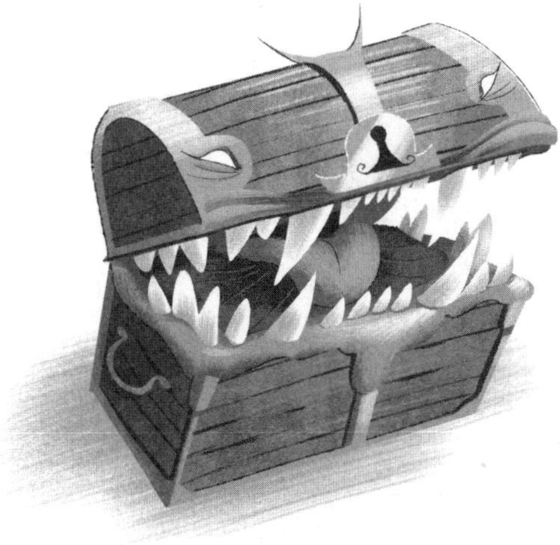

197

»Ich habe andere gehört, die gerufen und geweint haben. Es scheint in der ganzen Zitadelle Lufteinschlüsse zu geben. Aber viele der Gänge sind inzwischen geflutet, daher ist es schwierig, jemanden zu erreichen. In den Großen Saal kommen wir auch nicht mehr rein – die Tür muss von einem Bannkreis umgeben sein.«

Willst du fragen, was mit Nimbus passiert ist, gehe zu **77**. Möchtest du wissen, was dem verwundeten Wächter fehlt, blättere zu **356**. Wenn du beiden schon alle deine Fragen gestellt hast, lies weiter bei **330**.

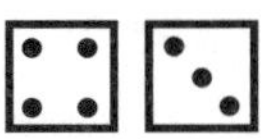

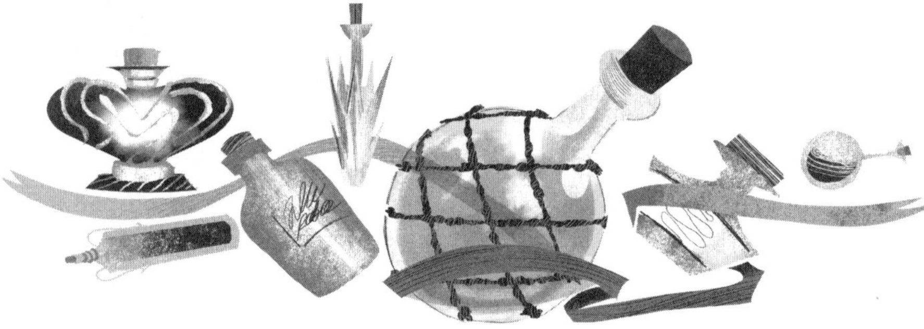

198

Als du zu dir kommst, sind beide Kobolde verschwunden.

Du untersuchst die gigantische Metallhand, die nun erfreulich leblos ist. Von der Seite baumelt ein Teil, das interessant aussieht. Als du daran ziehst, löst es sich. Du bist zwar kein Experte, findest aber, dass es durchaus ein Dingeling sein könnte. (Notiere das Dingeling auf deinem Abenteuer-Blatt.)

Wie geht es nun weiter?

Warst du noch nicht im Westen, wo die Bewohner von Asperitas leben, und möchtest das nachholen, lies weiter bei **293**. Du kannst aber auch zur nächstgelegenen Sturmkristall-Ladestation aufbrechen. In diesem Fall notiere dir die Nummer dieses Kapitels, da du bei deinem nächsten Besuch in Asperitas sofort hierher zurückkehren kannst, und gehe zu **379**.

199

Als du die mutierte Krabbe endlich erledigt hast, kommen die Fischer aus ihren Verstecken und wirken extrem erleichtert.

»Unglaublich«, sagt einer von ihnen und schüttelt verblüfft den Kopf. »Im einen Moment laufe ich mit dem frischen Fang über den Steg und noch ehe ich weiß, was passiert, kämpfe ich um mein Leben!«

»Wenigstens werden von dem Vieh gleich mehrere Familien wochenlang satt«, sagt ein anderer, der sich das tote Tier ansieht.

Ein Fischer holt eine große Krustensäge und macht sich an den großen Zangen des Ungetüms zu schaffen. Nachdem er einige andere Werkzeuge hinzugezogen hat, reicht er dir schließlich die Schere und einiges von dem Krabbenfleisch.

Die Krabbenschere riecht etwas nach Fisch, kann aber wie ein Schläger verwendet werden. (Wenn du die Schere im Kampf einsetzt, musst du von deiner Angriffsstärke 1 Punkt abziehen, dafür fügst du 1 Punkt mehr Schaden zu. Das Krabbenfleisch füllt 3 AUSDAUER-Punkte auf, wenn man es isst. Notiere alles auf deinem Abenteuer-Blatt.)

Du fragst die Fischer, ob sie wissen, was für den Absturz von Nimbus verantwortlich ist. Gehe zu **60**.

200

Du reichst ihm den Gegenstand. (Streiche ihn von deinem Abenteuer-Blatt.) Grax mustert ihn und überlegt, ob er dazu taugt, seinen geliebten Flieger zu reparieren.

»Ja! Ja! Ich glaube, das sollte klappen. Jetzt brauche ich nur noch etwas, um es festzukleben. Hast du zufällig was dabei?«

Solltest du etwas Krötenschleim oder Heilenden Honig bei dir haben, lies weiter bei **340**. Andernfalls musst du deine Gleiter aufladen – gehe zu **80**.

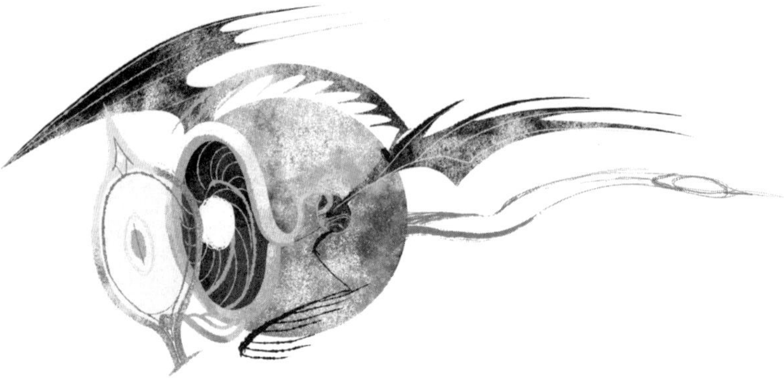

201

Du brüllst in Tideus' Ohr, er solle sich in »Bewegung!« setzen. Und er schafft es tatsächlich, den herabfallenden Trümmern auszuweichen. Allerdings fällst du dabei von seiner Schulter. (Verliere 3 AUSDAUER-Punkte und 1 Punkt GESCHICK.)

Der Golem stürzt sich auf den Meeresriesen.

Führe den Kampf zwischen den beiden Kolossen weiter. Wenn du und Tideus zwei der folgenden drei Angriffsrunden gewinnen, gehe zu **388**. Gewinnt der Kobold-Kriegergolem zwei der drei folgenden Angriffsrunden, lies weiter bei **167**.

202

Geschickt lässt du den Feuerball an der Klinge deines Kurzschwerts abprallen. Harmlos kracht er in die Feuerstelle, während der Augapfel durch den Kaminschlot verschwindet.

Du bist unverletzt, wirst aber das Gefühl nicht los, beobachtet zu werden. Allerdings hast du gerade keine Zeit, dir darüber den Kopf zu zerbrechen. Da du hier nichts mehr ausrichten kannst, machst du dich auf zur Wache. Weiter bei **335**.

203

Über dir schließen sich die Fluten. Anfangs wird deine Sicht von den unzähligen Bläschen im brodelnden Wasser getrübt, doch wenig später klart das Wasser auf und vor dir erstreckt sich der azurblaue Ozean.

Du spähst in die Tiefe. In der Ferne liegt ein großer undeutlicher Umriss. Es könnte eine Felsformation sein – oder aber das versunkene Nimbus, genau lässt es sich nicht sagen.

Unter dir befinden sich außerdem einige Höhlen, die interessant aussehen.

Willst du zu den Höhlen aufbrechen, gehe zu **85**. Willst du dich dem undeutlichen Umriss in der Ferne nähern, lies weiter bei **191**.

204

Du schüttest den Trank über die Riesenamphibie. Schnell fängt die gigantische Kröte an zu gähnen und zu blinzeln, bevor sie sich langsam in ihren Sumpf zurückzieht.

Streiche den Beruhigungstrank von deinem Abenteuer-Blatt und lies weiter bei **131**.

205

Bevor du gehst, reicht Methedus dir einen kleinen Kristall. Er sieht aus wie der in deinen Gleitern, nur leer.

»Möglich, dass du ihn brauchen kannst. Du kommst mir wie die Sorte Mensch vor, die sich gerne in Schwierigkeiten bringt. Im Moment treiben eine Menge bösartiger Energien ihr Unwesen – mit diesem hier kannst du sie aus einem infizierten Lebewesen herausholen. Zumindest solange es noch nicht zu spät ist. Sobald ein Tier erst ganz verwandelt ist, funktioniert der Kristall nicht mehr. Leider lässt er sich nur ein einziges Mal verwenden.« (Ergänze Methedus' Kristall auf deinem Abenteuer-Blatt und füge deinem GLÜCK-Wert 1 Punkt hinzu.)

Möchtest du nun zur anderen Seite des Markts und nach Hazi suchen (falls noch nicht geschehen), lies weiter bei **351**. Willst du lieber den Koboldflieger vor Ort aufsuchen, um zu den anderen Inseln aufzubrechen, gehe zu **27**.

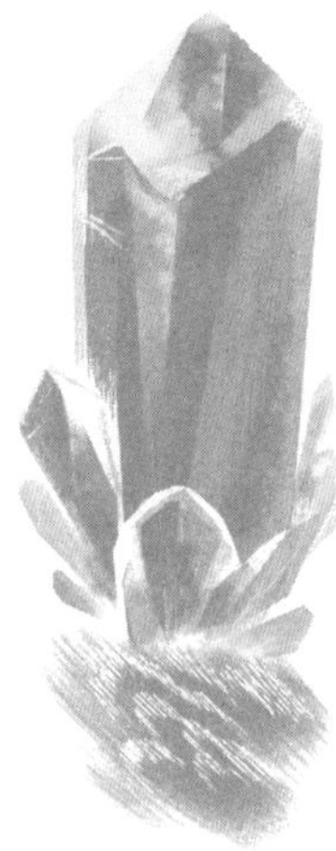

206

Du hast alles gefunden, worum Vizigg dich gebeten hat (erhalte 1 Punkt GLÜCK zurück), doch der alte Kobold wird von Minute zu Minute schwächer. Mit Mühe schleppt er sich durch den Raum und stellt die Gegenstände am Rand des Ritualkreises auf. Nichts geschieht. Er kratzt sich am Kopf. »Etwas fehlt … nur was? Verflucht, ein Sturmkristall! Aber ein intakter. Und natürlich habe ich alle in der näheren Umgebung zerstört. Dämlich, dämlich, dämlich!«

Um Vizigg deine Gleiter zu geben, gehe zu **63**. Willst du die Darunter-Bibliothek lieber verlassen und weiter die Zitadelle erforschen, lies weiter bei **26**.

207

Du springst aus dem Weg, als ein Teil der Decke einbricht – genau an der Stelle, an der du eben noch gestanden hast.

Außerdem fallen dir nun merkwürdige Abdrücke auf den Wänden des Hauses auf, wie tiefe Rillen oder große Kratzer. Im Zuhause der Renards ist etwas sehr Seltsames geschehen.

Wenn du die Sturmkristallscherbe aus Cirrus bei dir hast, gehe zu **235**. Hast du sie nicht, lies weiter bei **279**.

208

Inmitten des wirbelnden Sturms schwebt Boreas.

»Danke, dass du unsere Schöpfung befreit und Nimbus wiederbelebt hast«, sagt Boreas herablassend. »Als du aufgetaucht bist und überall deine Nase hineingesteckt hast, hielt ich dich zunächst für eine lästige Störung. Ich dachte, ich würde dich genau wie deine armseligen Freunde von der Himmelsgarde loswerden müssen. Doch du hast dich als sehr nützlich erwiesen.

Sobald wir Pangaria erreichen, werden Krazic und ich den Rest der Inseln unterwerfen und mit unserem Plan fortfahren. Draußen in der Welt warten Reichtum und Macht auf uns – es ist Zeit, dass wir sie uns endlich holen!«

Du sagst ihm, dass es vorbei ist, dass der Golem nur noch ein Gefängnis für Koboldverräter ist.

»Das wird sich zeigen«, spottet er.

Er stimmt eine Beschwörungsformel an. Auf dem Boden bildet sich eine Wasserpfütze und etwas klettert aus ihr heraus …

Würfle mit 1 Würfel. Bei 1 oder 2 lies weiter bei **78**. Bei 3 oder 4 gehe zu **175**. Bei 5 oder 6 blättere zu **391**.

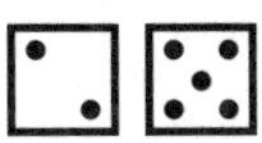

209

Du rennst ums Haus herum zur Hintertür, die offen steht und in den Angeln baumelt – offensichtlich hat gerade jemand in großer Hast das Weite gesucht. Eine offene Tür ist praktisch eine Einladung, also betrittst du das Haus.

Dein Blick fällt auf verstreute Papiere und einen umgestoßenen Kleiderständer. Als du das Innere näher untersuchen willst, hörst du etwas die baufällige Holztreppe *herunterpoltern*, begleitet von *schrillem Gelächter*.

Plötzlich siehst du zwei Wesen, die Ähnlichkeit mit einem Rad haben, aus dem vier Hände ragen. In diesen Händen halten sie kleine Messer, mit denen sie nun auf dich zurollen.

Erster Radmahr *Geschick 6* | *Ausdauer 6*
Zweiter Radmahr *Geschick 6* | *Ausdauer 6*

Falls du gewinnst, gehe zu **119**.

210

Der Raum, der vor dir liegt, verströmt merkwürdiges grünes Licht. Du hörst undeutliches Gemurmel und siehst an der Wand einen riesigen Schatten. Mit einer Hand ziehst du eine der kleinen Fackeln aus der Wandhalterung, während du in der anderen deine Waffe bereithältst.

Als du den Raum betrittst, entdeckst du vier große Sturmkristalle, aufgestellt in einem Kreis und nach den vier Himmelsrichtungen ausgerichtet. Sie sind mit geheimnisvollen Runen und verschiedenen anderen Symbolen verziert. Im Schein deiner Fackel kannst du erkennen,

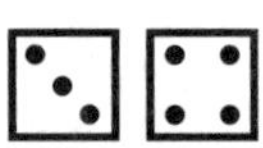

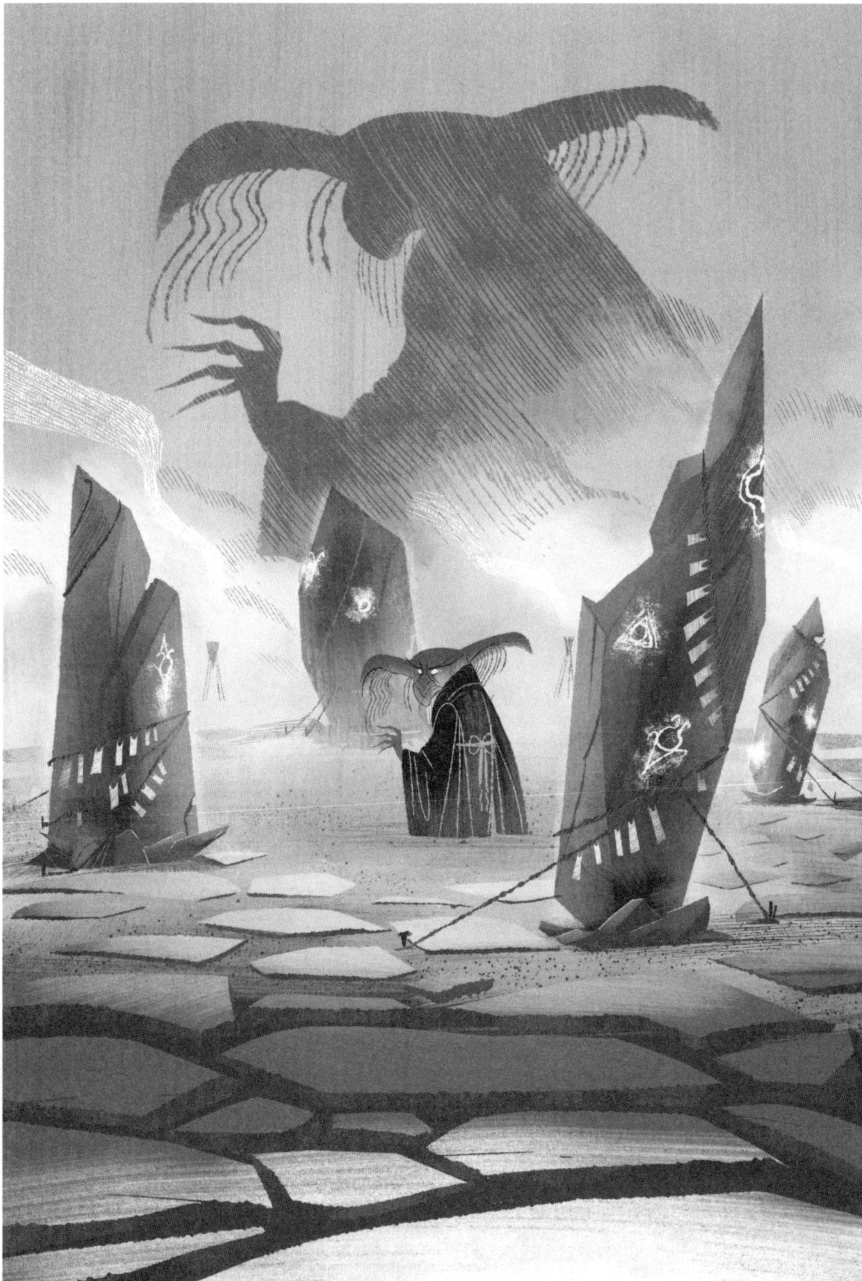

Im Zentrum des Kreises steht eine kleine Gestalt in einer Robe.

dass alle vier Sturmkristalle zerstört sind. Im Zentrum des Kreises steht eine kleine Gestalt in einer Robe. Sie dreht sich um und erhebt die Hand in deine Richtung. Aus einem seltsamen Gerät am Handgelenk der Gestalt schießt ein Netz, das sich fest um dich wickelt. Du gehst nirgendwo mehr hin.

Dein Angreifer schlurft auf dich zu, bis du erkennst, dass es der Kobold Vizigg ist, der Technomantiker-Älteste. Er sieht alles andere als gut aus – seine Robe trieft fast vor Blut.

Er mustert dich eindringlich. »Wo kommst du denn her?«

Du erzählst ihm, dass du von der Oberfläche gekommen bist, um diejenigen, die für den Absturz verantwortlich sind, zur Rechenschaft zu ziehen.

Er lacht. Lies weiter bei **272**.

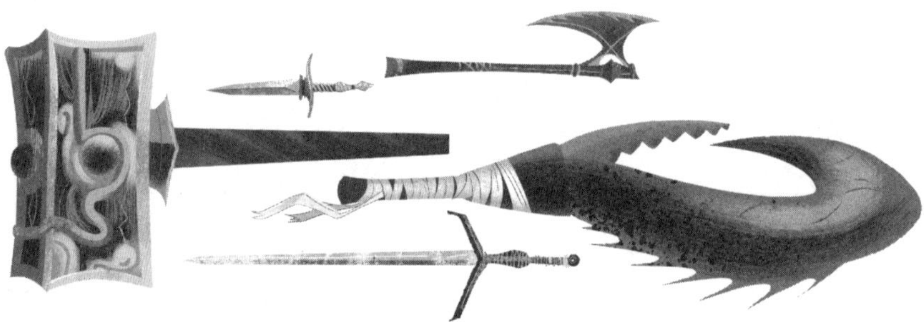

211

Du drückst deinen Sturmkristall gegen die große Scherbe. Ein Energiestoß wirft dich zurück und du knallst mit dem Kopf gegen einen Felsen. (Du verlierst 4 AUSDAUER-Punkte und 1 Punkt GESCHICK.) Offenbar ist der gigantische Kristallsplitter zu instabil, um damit etwas laden zu können.

Nachdem du dich aufgerappelt hast, brichst du vom gesplitterten Rand ein kleines Stück ab. Komischerweise scheint der Kristall innen beschädigt. Du erkennst tiefe Kerben und Brüche auf der Innenseite, während auf der Außenseite merkwürdige schwarze Rückstände zu sehen sind. (Notiere den Sturmkristallsplitter auf deinem Abenteuer-Blatt.)

Vielleicht gelingt es dir, jemanden zu finden, der dir verraten kann, woher der Kristall kam und was ihn zerstört hat. Möglicherweise kannst du dann auch klären, was sich auf Nimbus abgespielt hat.

Möchtest du in den Norden von Cirrus aufbrechen, um einen Weg von der Insel zu suchen, lies weiter bei **255**. Wenn du die Hütte durchsuchen willst, gehe zu **376**. Um zur Inselwache zu laufen, blättere zu **49**.

212

Über die Trümmer in der Küche kletterst du so hoch wie möglich und wagst einen Sprung zum Loch in der Decke.

Stelle dein Geschick auf die Probe. Hast du Erfolg, lies weiter bei **360**. Versagst du, gehe zu **159**.

213

Der arme infizierte Fischer liegt tot zu deinen Füßen. Du redest dir ein, dass es für ihn besser war, durch deine Klinge zu sterben als durch das, was diese Kreatur ihm angetan hätte. Du durchsuchst seine Taschen und findest 2 Goldstücke. (Mache eine Eintragung auf deinem Abenteuer-Blatt.)

Um Richtung Norden zum Haus von Matix aufzubrechen, gehe zu **161**. Willst du zum Schwimmsphären-Schuppen am Ostanleger laufen, lies weiter bei **74**.

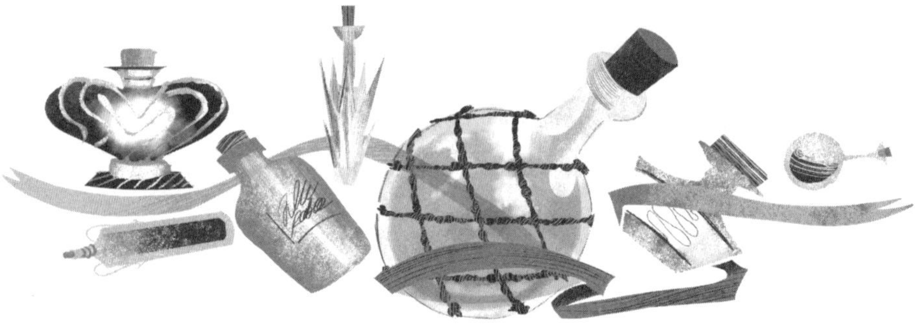

214

Dich beschleicht zunehmend das Gefühl, es wäre besser, einen belebteren Teil der Insel aufzusuchen, anstatt hier alleine umherzuwandern.

Du beschließt, nach Nordosten zu gehen, zurück ins Labyrinth aus Werkstätten und Laboren. Lies weiter bei **111**.

215

Als du dich dem abgetriebenen Boot näherst, bemerkst du, dass es sich um eins der Fischergefährte von Incus handelt. Und es ist nicht verlassen, es sitzt jemand darin – vermutlich ein Fischer aus Incus. Du rufst nach ihm, doch der Mann reagiert nicht. Ist er tot? Du steuerst die Schwimmsphäre näher heran. Jetzt erkennst du, dass seine Brust sich hebt und senkt, er also offensichtlich atmet. Du rufst noch einmal, lauter.

»Hä?«, sagt der Fischer und holt sich aus jedem Ohr ein Büschel Wolle. »Hast du was gesagt?«

Du fragst ihn, warum er sich die Ohren verstopft, und er erklärt, dass sich in der Nähe eine Gruppe Meeresvolk herumtreibt. »Wenn man ihrem Gesang zu lange zuhört, lockt er einen auf die Felsen, wo sie einem das Fleisch von den Knochen reißen.«

Du fragst, warum er mit seinem Boot nicht zurück nach Incus geflogen ist.

»Der Messing-Stromleiter ist vom Dach gefallen, als Nimbus vom Himmel gekracht ist. Ohne das Ding, kann ich die Sturmkristalle nicht aktivieren«, erklärt er. »Als ich es das letzte Mal gesehen habe, hat es sich so ein Riesenfisch mit einem mächtig großen Licht auf dem Kopf geschnappt. Ist einfach damit abgehauen!«

Du fragst, ob du ihm irgendwie helfen kannst.

»Tja, also wenn du den Leiter zurückholen könntest, das wär schon mal ein guter Anfang!«

(Notiere dir auf deinem Abenteuer-Blatt das Schlüsselwort **Rettung**.)

Wenn du ihm helfen willst und mit der *Nauplius* abtauchst, um den Stromleiter zu suchen, gehe zu **22**. Willst du höflich ablehnen und ihm erklären, dass es zunächst einmal wichtiger ist, Nimbus zu finden, mache weiter bei **349**.

216

Vizigg lächelt dich schwach an. »Das war sehr gütig von dir.«

Behutsam stellst du ihn ab, doch er fällt zu Boden. Du versuchst, ihn zu stützen, aber das Unausweichliche scheint seinen Körper schwerer gemacht zu haben.

»Wir haben es geschafft«, sagt er geschwächt. »Mir bleibt nicht mehr viel Zeit. Der Rest ist nun an dir. Wenn ich sterbe, hebt sich der Bann vom Großen Saal. Was auch darin sein mag, du musst dich darum kümmern. Es ist eine zu große Gefahr – für Pangaria und für die Außenwelt –, um weiterexistieren zu dürfen. Verstehst du?«

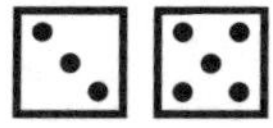

Du nickst und versicherst ihm, dass du alles unternehmen wirst, um Pangaria zu schützen.

Er hält sich an deinem Kragen fest. »Du musst … wissen … der Sturmgeborene … Boreas. Er war dabei … Er ist gefährlich … wahnsinnig … aber nicht so gefährlich wie …«

Seine Stimme versagt und seine Augen werden glasig. Du spürst, wie der kleine Körper des alten Kobolds in deinen Armen erschlafft. Er ist in die nächste Welt hinübergegangen.

Ein lautes *Sirren* ertönt – der Bann um den Großen Saal bricht! Dir bleibt nichts anderes übrig, als dich dem zu stellen, was sich darin befinden mag.

Als du dich der Tür zum Großen Saal näherst, rechnest du halb damit, dass irgendein grauenhaftes Monster sie jeden Moment aufstößt. Stattdessen ist es überall unheimlich still.

Bebend schwebt Nimbus langsam der Meeresoberfläche entgegen.

Du nimmst eine Fackel aus einer der Halterungen an der Wand und betrittst den Großen Saal. Lies weiter bei **224**.

217

Du wühlst in deinen mickrigen Habseligkeiten und stößt auf 2 getrocknete Fische, einen Heilungstrank und 2 Goldstücke.

(Ergänze den Trockenfisch, den Trank und das Gold auf deinem Abenteuer-Blatt. Jeder der getrockneten Fische füllt die AUSDAUER beim Essen um 2 Punkte wieder auf. Der Heilungstrank stellt beim Trinken 4 AUSDAUER-Punkte wieder her.)

Möchtest du nun die unverschlossene Truhe öffnen, lies weiter bei **65**. Willst du nachsehen, worauf Silas gestoßen ist, gehe zu **134**. Um die Inselwache zu verlassen, blättere zu **335**.

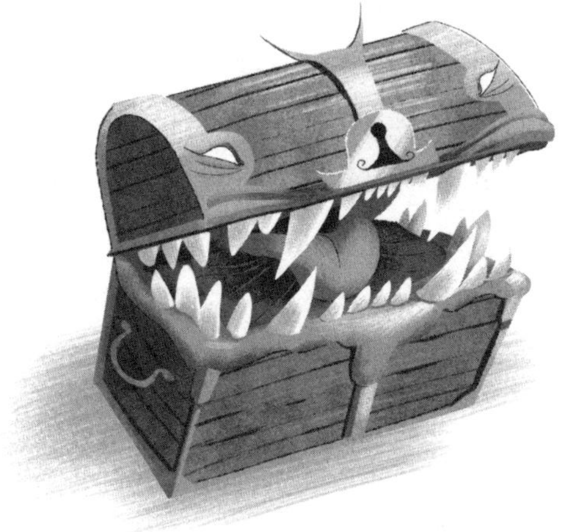

218

Du entzündest die Lampe und hältst das Blatt vor das Glas, bis es warm wird. Nach einer Weile erscheint Schrift.

Vizigg,
Krazic hat den Verstand verloren. Das ist mir nun bewusst. Pox glaubt mir nicht. Er unterstützt den Plan voller Überzeugung. Krazic muss aufgehalten werden. Nur so kann ich meinen Bruder noch retten. Bitte finde einen Weg.
Paxlo

Was Paxlo und Pox auch im Schilde führten, etwas scheint einen Keil zwischen die zwei Brüder getrieben zu haben.

Du verlässt den Turm und läufst nach Nordosten, zurück ins Labyrinth aus Werkstätten und Laboren. Gehe zu **111**.

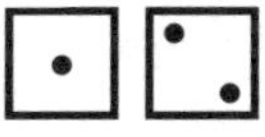

219

Mit deinem Schwert schlitzt du den Bauch des Tieres auf. Du weißt, dass diese Reptilien den Ruf haben, so ziemlich alles zu fressen, was ihnen vors Maul kommt. Mit zugehaltener Nase durchsuchst du den Mageninhalt, wobei du einen Macht-Trank und einen Kupferring findest. (Ergänze beides auf deinem Abenteuer-Blatt. Der Macht-Trank verleiht dir für die Dauer eines Kampfes 2 zusätzliche Punkte Angriffsstärke.)

Dann steigst du wieder ins Wasser und stemmst die Tür zur Bibliothek auf. Lies weiter bei **18**.

220

Du beschließt, zur Landwirtschaftsinsel Cirrus aufzubrechen. Du überprüfst noch einmal deine Gleiter, nimmst Anlauf, springst ab und fliegst los. Unter dir glitzern die Gewässer von Altos.

(Falls Nemi dich begleitet hat, bleibt sie auf Altos zurück, wodurch du die zusätzliche Angriffsstärke und Schadensvorteile verlierst. Mach dir eine Notiz auf deinem Abenteuer-Blatt.) Lies weiter bei **105**.

221

Du erkundigst dich nach Pox und Paxlo.

»Also wenn du sie nicht kennst, dann weiß ich, dass du lügst. Hier hat sie seit Tagen niemand mehr gesehen. Und das sind die Einzigen, die mir so was anhängen würden. Abgesehen von dir natürlich. Verfluchte Himmelsgarde! Hoffe, ihr alle ersauft da unten!«

Wütend stürmt er in seine Werkstatt und knallt die Tür zu. (Du verlierst 1 Punkt GLÜCK.)

Du klopfst an die Tür, erhältst aber keine Antwort.

Was nun? Du bemerkst in der Nähe ein Gerät, mit dem man Sturmkristalle aufladen kann. Dabei fällt dir wieder ein, dass es davon auf ganz Asperitas einige gibt, mit denen du bei Bedarf für 1 Goldstück deine Gleiter aufladen kannst, um nach Incus und zu Matix zurückzukehren.

Wenn du die Tür mit Gewalt aufbrechen willst, gehe zu **21**. Willst du dich lieber auf den Weg nach Westen machen, wo die Wohngebiete von Asperitas liegen, dann lies weiter bei **293**. Oder möchtest du nach Norden, um tiefer in das Labyrinth aus Werkstätten und Laboren einzutauchen (gehe zu **111**)?

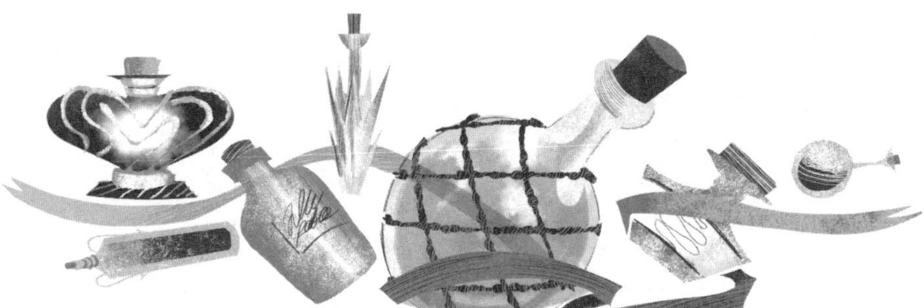

222

Krazic schäumt vor Wut über euren Erfolg. Der Kobold-Kriegergolem schlägt seinen steinernen Knüppel gegen die Wand, sodass es Holz und Steinbrocken auf euch regnet.

Stelle dein Geschick auf die Probe. Hast du Erfolg, gehe zu **155**. Versagst du, lies weiter bei **201**.

223

Die Ranken sinken zu Boden, wo sie sanft zitternd liegen blieben. Auf Zehenspitzen steigst du über sie hinweg und verlässt die Inselwache. Während du überlegst, ob du in den Norden von Cirrus aufbrechen und einen Flieger suchen solltest, der dich zu den anderen Inseln bringen kann, hörst du in der Ferne undeutliche Schreie.

Willst du dem Laut folgen, lies weiter bei **168**. Willst du stattdessen der blaugrünen Rauchwolke nachgehen, blättere zu **137**. Um nach Norden aufzubrechen, gehe zu **255**.

224

Das Erste, was dir im Großen Saal auffällt, ist das viele Geröll überall. Die Hälfte der Decke ist eingebrochen, ebenso wie ein Teil der Wände. Kein einziges Möbelstück ist noch heil. Gelegentlich entdeckst du tote Sturmwächterinnen und -wächter und verfluchst Krazic für seine abscheuliche Schöpfung, was immer sich dahinter verbergen mag.

Von einem der Opfer dringt ein Stöhnen. Schnell rennst du hin, um zu helfen. Es ist eine junge Frau, übel zugerichtet, aber am Leben. Du stützt sie, sodass sie sich aufsetzen kann.

»Ich muss nach Hause«, murmelt sie. »Meine Mutter macht sich bestimmt Sorgen. Die Drachenfrüchte sind bald reif zur Ernte.« Sie wirkt völlig durcheinander.

Du findest ein Stück Stoff, das du in eine Wasserpfütze tunkst, um der Frau das Blut und den Schmutz aus dem Gesicht zu wischen. Durch das kalte Wasser scheint sie wieder zu sich zu kommen.

»Ist es vorbei?«, fragt sie und blickt dich angsterfüllt an. »Ist es fort?«

Du beruhigst die junge Frau, die sich als Malia vorstellt, und versicherst ihr, dass ihr bald wieder in Pangaria seid, da Nimbus nun aufsteigt. Sie hat nichts zu befürchten.

Die Turbulenzen des Steigflugs lassen den Raum erbeben und bringen einige der Schutthaufen in Bewegung. Die Sturmwächterin stößt ein entsetztes Keuchen aus, als unter den Trümmern ein gewaltiges Gesicht aus Metall zum Vorschein kommt, außerdem Teile einer Brust und weiter unten ein Bein und ein riesiger Metallfuß. Es handelt sich um eine Art Metallgiganten, der sich zum Glück nicht regt.

Du schaust ihn dir näher an. Also daran hat Krazic gearbeitet: an einem übergroßen Kriegergolem, den er nach Khul bringen und dort gegen das höchste Gebot an einen Kriegsherrn verkaufen wollte. Es macht dich traurig und wütend, dass die Technomantie Pangarias zu solch kriegerischen Zwecken eingesetzt werden kann.

Dein Blick fällt auf eine hohle Stelle in der Brust, an der sich offenbar der Sturmkristall befand, der diesen Riesen angetrieben hat. Glücklicherweise liegt er nun geborsten daneben. Du willst dir gar nicht ausmalen, welche Verwüstung dieses Monster in Aktion anrichten würde.

Ein Quietschen ertönt. Hoch oben im Gesicht des Giganten öffnet sich eine Klappe. Die Luke ist gerade groß genug, damit ein wütendes Koboldgesicht herausspähen kann. Lies weiter bei **370**.

225

Geschickt duckst du dich und rollst zur Seite, während das Holzscheit an deinem Kopf vorbeisaust.

Wenn Altos deine Heimatinsel ist, lies weiter bei **348**. Andernfalls gehe zu **110**.

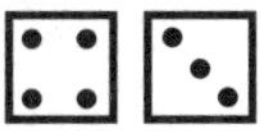

226

Aus der Luft sieht alles anders aus, doch sobald du die Ohren nach Scheppern und Flüchen offen hältst, fällt es dir leicht, deine Gleiter auf Matix' Werkstatt zuzusteuern.

Die Koboldfrau steckt den Kopf heraus und unter dem üblichen Schmutz auf ihrem Gesicht breitet sich ein Lächeln aus.

»Na, was hast du mir Schönes mitgebracht?«

Kannst und willst du Matix das Dingeling geben, gehe zu **125**. Kannst und willst du Matix ein Dingsbums geben, mach weiter bei **375**.

227

Du wählst den Gegenstand, den du kaufen möchtest. (Ziehe die entsprechende Anzahl an Goldstücken von deinem Gesamtvorrat ab und ergänze den Gegenstand auf deinem Abenteuer-Blatt.) Als du dem Koboldhändler die Münzen reichst, erzählst du ihm, dass du herausfinden willst, was sich auf Nimbus abgespielt hat, und fragst, ob er irgendetwas weiß.

»Tja, seit der Explosion geht das Geschäft nicht ganz so gut«, erklärt er. »Alle sind ein bisschen nervös wegen der zusätzlichen Elementarenergie, die durch die Gegend fliegt. Aber ich rühr mich nicht vom Fleck!«

Du erkundigst dich, ob du seiner Meinung nach mit jemand Bestimmtem reden solltest.

Nachdenklich lutscht der Kobold an seinen Zähnen. »Nun ja, es gibt da einen Kobold namens Hazi, der auf der anderen Seite vom

Markt wohnt. Er hat früher in der Zitadelle auf Nimbus gearbeitet. Mag sein, dass er was weiß.«

Sonst noch jemand?

»Natürlich könntest du jederzeit Methedus aufsuchen. Er ist ein Sturmgeborener, der drüben in der Mühle arbeitet. Er könnte das eine oder andere über die Elementarenergie wissen, die freigesetzt wurde.«

Jetzt hast du zwei neue Ansatzpunkte, doch bevor du dich auf den Weg machst, kannst du noch die anderen Gegenstände kaufen, wenn du magst. (Trage die entsprechenden Änderungen auf deinem Abenteuer-Blatt ein.)

»Aber sei vorsichtig da draußen!«, ergänzt der Kobold. »Es geht das Gerücht rum, dass die Explosion ein paar unfreundliche Tiere aufgescheucht hat. Wäre ein Jammer, einen so guten Kunden wie dich zu verlieren!«

Bevor du aufbrichst, fällt dir ein Koboldstand auf, der Glücksspiele anbietet. Das könnte die Gelegenheit sein, dein Gold zu vermehren … oder alles zu verlieren.

Wenn du dein Glück versuchen willst, in der Hoffnung auf einen Gewinn, gehe zu **304**. Möchtest du Hazis Haus auf der anderen Seite des Markts suchen, lies weiter bei **351**. Willst du zu Methedus in die Mühle, blättere zu **261**.

228

Du reichst ihm den Kupferring. Er wirkt hocherfreut. »Ah! Gut gemacht!«

Hast du außerdem einen silbernen Kelch für ihn, lies weiter bei **115**. Willst du ihm die schwarze Kerze geben, gehe zu **6**. Möchtest du die Darunter-Bibliothek verlassen und dich auf die Suche nach diesen Gegenständen machen, blättere zu **26**. Hast du Vizigg bereits alle nötigen Dinge gegeben, lies weiter bei **206**.

229

Unter dem Bersten von Holz gibt die Vordertür schließlich nach und du betrittst vorsichtig das Haus.

Dein Blick fällt auf verstreute Papiere und einen umgestoßenen Kleiderständer. Als du das Innere näher untersuchen willst, hörst du etwas die baufällige Holztreppe *herunterpoltern*, begleitet von *schrillem Gelächter*.

Plötzlich siehst du zwei Wesen, die Ähnlichkeit mit einem Rad haben, aus dessen Rand vier Hände ragen. Mit kleinen Messern bewaffnet, rollen sie mit mordgierigen Blicken auf dich zu.

Erster Radmahr Geschick 6 | Ausdauer 6
Zweiter Radmahr Geschick 6 | Ausdauer 6

Falls du gewinnst, gehe zu **119**.

230

Aus dem Innern der Schwimmsphäre reckt sich ein schmutzbedeckter Koboldkopf mit extrem frustriertem Gesichtsausdruck.

»Du hast nicht rein zufällig ein Dingsbums bei dir, oder?«, fragt sie dich genervt.

Du bist ziemlich sicher, dass du keins bei dir hast, selbst wenn du wüsstest, wovon die Koboldin redet.

»Wie wär's mit einem Dingeling?«

Auch nicht. Du bist wirklich verwirrt.

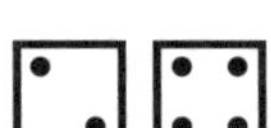

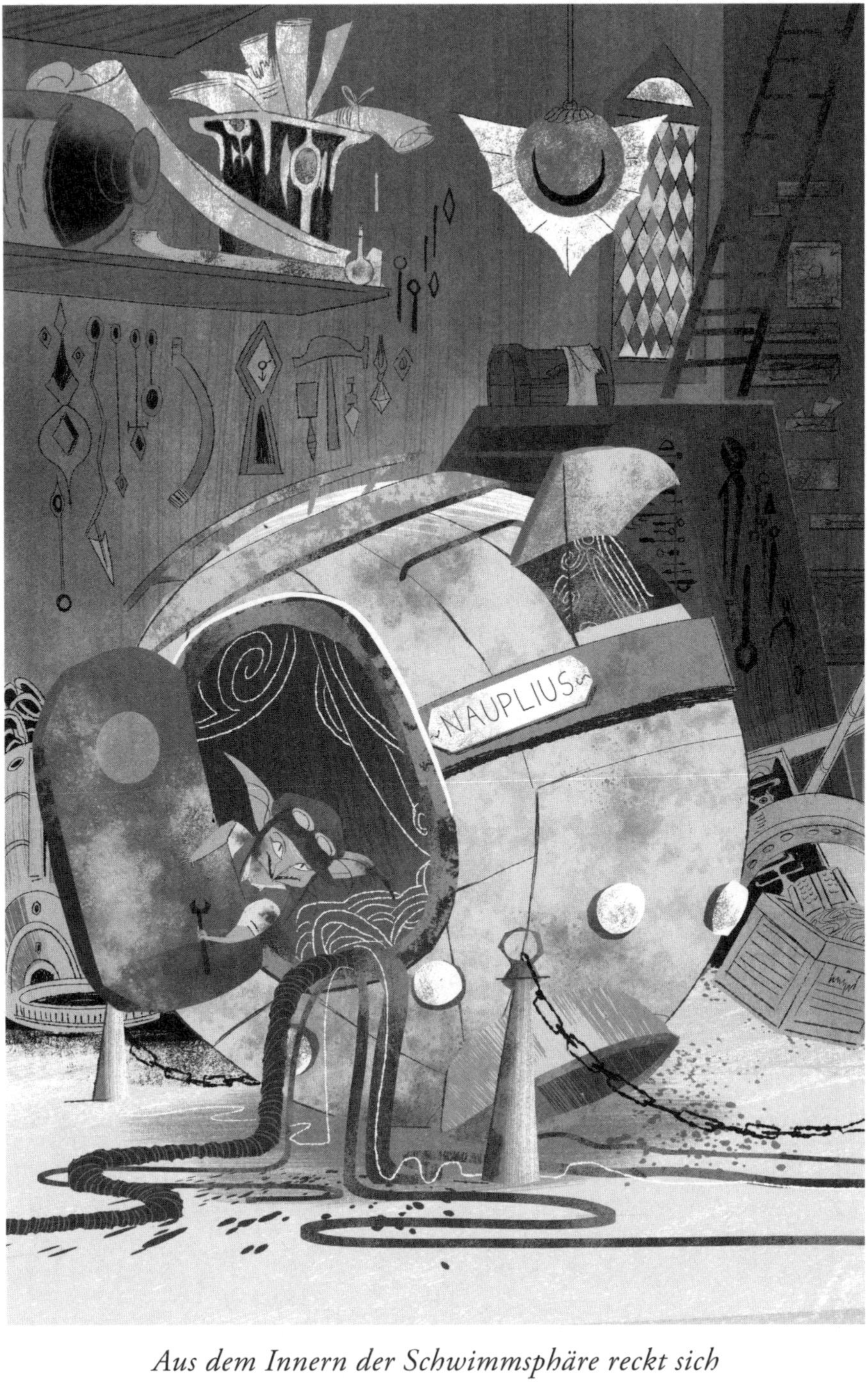

Aus dem Innern der Schwimmsphäre reckt sich ein schmutzbedeckter Koboldkopf.

Du erklärst ihr, dass du keine Ahnung hast, was das sein soll, du im Namen der Himmelsgarde allerdings dringend die *Nauplius* beschlagnahmen musst.

Matix steigt aus der Schwimmsphäre und wischt sich die Hände ab. »Ist das so? Tja, also da das hier die einzige Schwimmsphäre ist, die im Augenblick wenigstens halbwegs funktioniert, oh, Mitglied der Himmelsgarde, musst du wohl ein bisschen mehr leisten, als sie einfach nur zu beschlagnahmen.«

Du entschuldigst dich für dein barsches Vorgehen und erzählst ihr, dass du in der gesamten Inselgruppe derzeit das einzige Mitglied der Himmelsgarde bist, das noch im Dienst ist. Und dass du herausfinden willst, was auf Nimbus vorgefallen ist, wozu du irgendwie hinunter zur Insel gelangen und über die raue See fahren musst.

Matix mustert dich von oben bis unten. »Mir gefällt deine Nase, Himmelsgardemensch. Wenigstens gibt's hier noch jemanden, der etwas unternimmt und nicht nur kopflos durch die Gegend rennt. Ich sag dir was, wenn du mir ein Dingeling besorgst – und entweder ein Dingsda oder ein Dingsbums –, kann ich die *Nauplius* reparieren und dann leihe ich sie dir aus.«

Sie zeigt auf eine kleine Vorrichtung, die aussieht wie die Ladestation auf dem Koboldflieger-Hafen. »Da kannst du deinen Gleiterkristall aufladen«, bietet sie an. Ein Goldstück pro Ladung. Guter Preis, wenn du mich fragst.«

Wenn du den merkwürdigen Metallgegenstand aus der Wache von Cirrus hast, gehe zu **62**. Falls nicht, blättere zu **2**.

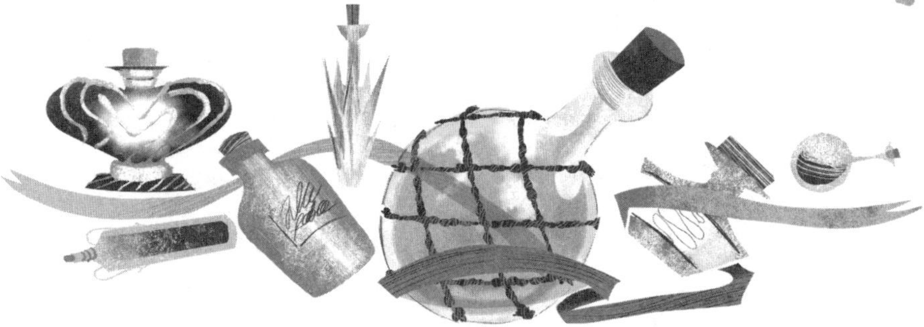

231

Du dringst in den Tunnel zu deiner Linken vor. Plötzlich gehen sämtliche der kleinen leuchtenden Fische um dich herum gleichzeitig in Deckung, was dich in Alarmbereitschaft versetzt. Dann siehst du es. Durch die Düsternis glotzt dich das schlangenähnliche Gesicht eines gewaltigen Zitteraals an, der offensichtlich nicht erfreut darüber ist, dass man ihn in seiner Ruhe stört. Du erkennst die Elementarenergie, die über seine Haut wabert. Er schwimmt näher auf dich zu und beäugt dich neugierig, während er überlegt, ob du die Mühe wert bist.

Willst du gegen den Zitteraal kämpfen, dann gehe zu **41**. Willst du diesen Monsterfisch lieber nicht bekämpfen, dann gehe zu **333**.

232

Da der Weg über die Brücke nun frei ist, gelangst du bald auf die schöne Insel Cirrus, auf der ein Großteil des magisch verbesserten Obsts, Gemüses und Getreides wächst, von denen sich Pangaria ernährt. Du bist etwas besorgt darüber, was die magische Energie, die von Nimbus freigesetzt wurde, mit der Vegetation angestellt haben könnte. Als du dich nachdenklich umsiehst, entdeckst du in der Ferne eine blaugrüne Rauchwolke. Außerdem fällt dir ein, dass die Inselwache von Cirrus nicht allzu weit von hier entfernt liegt. Dort könntest du Vorräte und Ausrüstung finden.

Um die merkwürdige Rauchwolke näher zu untersuchen, lies weiter bei **137**. Willst du zur Inselwache aufbrechen, gehe zu **49**.

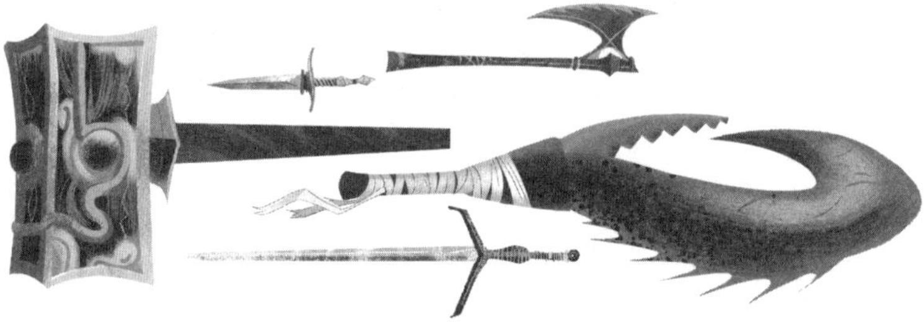

233

Du nimmst deinen Mut zusammen und beschließt, dir die Himmelsbrücke vorzunehmen. (Falls Dav dich begleitet hat, bleibt er auf Cumulus, womit du deine Angriffs- und Schadensvorteile verlierst. Passe dies auf deinem Abenteuer-Blatt entsprechend an.)

Du betrittst die Brücke, die unter dir leicht zu schwanken beginnt. Irgendwie fühlt es sich weniger sicher an, als mit den Gleitern zu fliegen. Du atmest tief durch und gehst los, indem du immer einen Fuß vor den anderen setzt.

Obwohl du das andere Ende der Brücke auf der Cirrus-Seite sehen kannst, ist ein Teil der Konstruktion nahe der Cumulus-Seite vollständig in einer Wolke verborgen. Als du dich dem dichten Nebel näherst, hörst du aus dem Innern ein *Zischen* dringen. Etwas Langes, Schuppiges gleitet durch die weißen Schwaden. Wirst du:

In den Nebel laufen? Gehe zu **327**.

Zu Daxa zurückkehren und einen anderen Weg versuchen? Weiter bei **180**.

234

Endlich schwingt die Tür auf und du betrittst den Turm. Du findest dich in einer recht kargen Steinkammer wieder, in der eine Treppe nach oben führt. Du steigst hinauf. Eine der Stufen *knarrt* bedenklich, als du den Fuß darauf setzt. Ein leises *Klicken* ertönt – plötzlich schießen Pfeile aus der Wand auf dich zu.

Stelle dein Geschick auf die Probe. Hast du Erfolg, gehe zu **309**. Versagst du, blättere zu **173**.

235

Du nimmst den Sturmkristall heraus und betrachtest ihn. Der Schaden an den Innenseiten ist wie eine Miniversion dessen, was du um dich herum siehst. Vielleicht lagst du gar nicht so falsch, als du dachtest, hier sehe es aus, als hätte ein Orkan gewütet.

Wenn du oben nach dem Rechten sehen willst, lies weiter bei **42**. Möchtest du lieber wieder gehen und zum Ostanleger aufbrechen, blättere zu **74**. Willst du das Haus verlassen und zu Matix gehen, lies weiter bei **161**.

236

Du wagst dich in den halb unter Wasser stehenden Gang und erreichst den Kadaver des Salzwasserkrokodils.

Hast du den Magen des Tiers bisher noch nicht aufgeschlitzt, um den Inhalt zu untersuchen, dann blättere zu **183**. Möchtest du in die Nimbische Kammer zurückkehren, gehe wieder zu **194**.

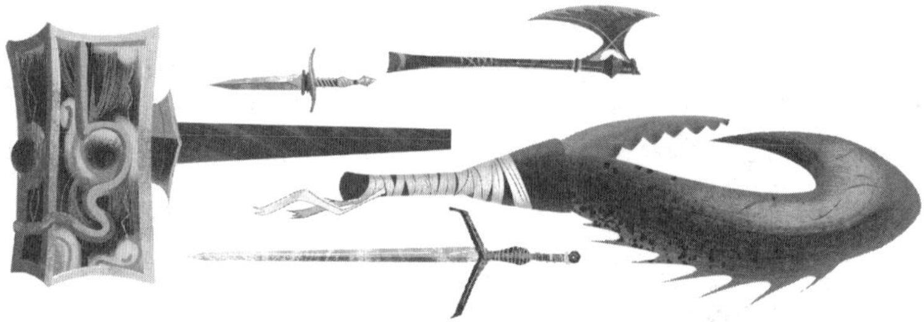

237

Als du langsam in die Höhle schleichst, hörst du ein Geräusch, das abwechselnd an ein *Knurren* und ein *Winseln* erinnert. Aus den Schatten tritt etwas Großes mit leuchtenden Augen.

Wenn Nemi bei dir ist, lies weiter bei **55**. Bist du allein, dann blättere zu **50**.

238

Der Zauber weicht aus der Truhe und der Deckel senkt sich, nun wieder leblos. Im Innern findest du eine Feldflasche Feueröl und ein Blatt Papier. Behutsam faltest du es auf. Es sieht aus wie eine Seite, die man aus dem Kassenbuch von einem der Fischereianleger in Incus gerissen hat. Auf dem Blatt sind mehrere Namen markiert, doch ein Name, *Kommandant Mathias Talliman*, wurde mehrfach eingekreist. Daneben hat jemand gekritzelt: *Wo steckt er?*

Notiere die Seite aus dem Kassenbuch von Incus und das Feueröl auf deinem Abenteuer-Blatt. (Mit dem Feueröl kann man ein einziges Mal ein Feuer entfachen. Oder man kann es einmalig zu Beginn eines Kampfes gegen einen Gegner einsetzen, was ihm automatisch und sofort 3 AUSDAUER-Schadenspunkte zufügt.)

Plötzlich erspähst du dein Spiegelbild in einer Wasserkaraffe aus Messing. Lies weiter bei **177**.

239

Du ziehst *Ein Stachel in der Geschichte: Eine Sammlung unerwarteter Ausgänge* aus dem Regal. Ein *Klick* ertönt und etwas regt sich. Bevor du nachsehen kannst, taucht hinter einem Bücherregal ein Riesenskorpion auf. Mit erhobenem Schwanz und glänzendem Stachel krabbelt er auf dich zu.

Riesenskorpion *Geschick 10* | *Ausdauer 10*

Falls du gewinnst, lies weiter bei **373**.

240

Es gelingt dir, rasch hinter einem hohen Schrank zu verschwinden. Gehe zu **162**.

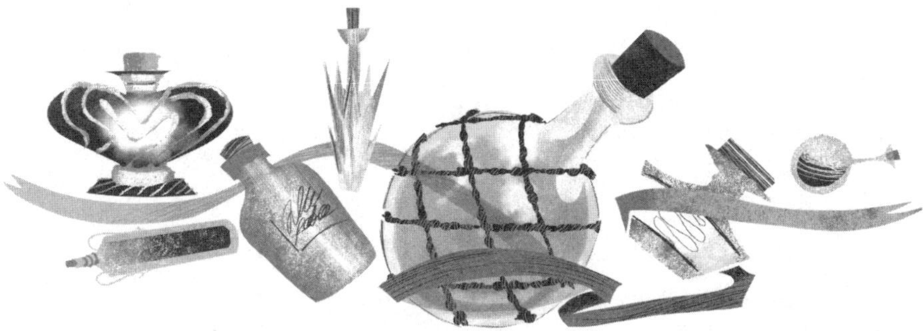

241

Du kehrst auf die Straße zurück.

Um jetzt auf die Dächer zu steigen, gehe zu **117**. Willst du dich noch einmal durch den Schacht zwängen, lies weiter bei **79**. Willst du deinen Münzbeutel aufgeben und lieber zum anderen Ende des Markts aufbrechen, blättere zu **336**.

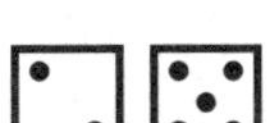

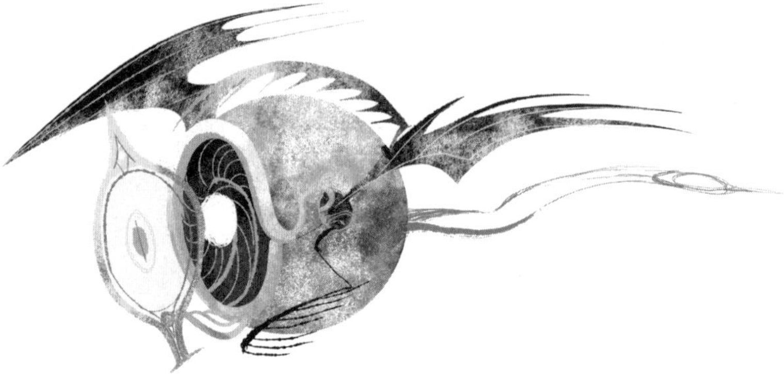

242

In der Hoffnung, Matix zu finden und eine Schwimmsphäre zu ergattern, mit der du zur abgestürtzten Nimbus aufbrechen kannst, machst du dich auf zum Ostkai. Zwar hast du bisher noch keines dieser Tauchboote je gesteuert, doch es wäre nicht das Einzige, was du in den vergangenen Stunden zum ersten Mal in deinem Leben getan hast.

Plötzlich überfällt dich ein Gefühl von Verantwortung und Furcht. In deinem Kopf überschlagen sich die Gedanken, während sich deine Schritte verlangsamen. Du musst dich ausruhen. In der Nähe entdeckst du einen Schuppen, in dem eine leere Hängematte hängt. Du gibst dir Mühe, nicht darüber nachzudenken, was dem Fischer zugestoßen sein mag, der zuletzt darin gelegen hat.

Um dich einige Stunden auszuruhen, lies weiter bei **10**. Willst du deinen Weg zum Ostanleger fortführen, gehe zu **74**.

243

Als du die Inselwache erreichst, fällt dir auf, dass einige der Weinreben des Winzers am Ort näher an das Gebäude heranreichen als du in Erinnerung hast. Du eilst hinein.

Die Leere in dem Gebäude macht dir den Verlust deiner Freunde und Kameraden der Himmelsgarde bewusst. Verzweifelt hoffst du, dass sie noch am Leben sind.

Du steuerst geradewegs die Quartiere an, in der Hoffnung, dass einige Rekruten und Rekrutinnen ihre Truhen nicht verschlossen haben. Vielleicht ließe sich darin etwas finden, das dir auf deiner Mission nützlich ist.

Wenn Cirrus deine Heimatinsel ist, lies weiter bei **15**. Andernfalls gehe zu **123**.

244

Du sagst Tideus, dass du kein Essen für ihn hast. »Buh!«, brüllt er. »Buuh! Buuuuuuuuh!« Dann klatscht er in die Hände und macht sich auf den Ringkampf mit dir bereit.

Hungriger Tideus *Geschick 9* | *Ausdauer 16*

Wenn es dir gelingt, den AUSDAUER-Wert des Meeresriesen auf 6 oder weniger zu reduzieren, lies sofort bei **267** weiter.

245

Leider hat es dich bemerkt und zischt davon. Du rennst hinterher.

Stelle deine Ausdauer auf die Probe. Hast du Erfolg, gehe zu **13**. Versagst du, lies weiter bei **87**.

246

Du schleuderst das Feueröl und triffst den Kriegergolem tatsächlich ausgerechnet an der Stelle, hinter der sich der Kobold verbirgt, der die größte Angst vor Feuer hat – er steuert das linke Bein der Maschine. Der Kobold gerät angesichts der plötzlichen Flammen in Panik und verliert die Kontrolle über das Bein. Das wiederum führt dazu, dass der Golem aus dem Gleichgewicht gerät und auf den Boden kracht. (Ziehe 5 Schadenspunkte vom AUSDAUER-Wert des Kriegergolems ab.)

Doch bevor Tideus ihm den Garaus machen kann, rappelt sich das Maschinenmonster wieder hoch. Lies weiter bei **326**.

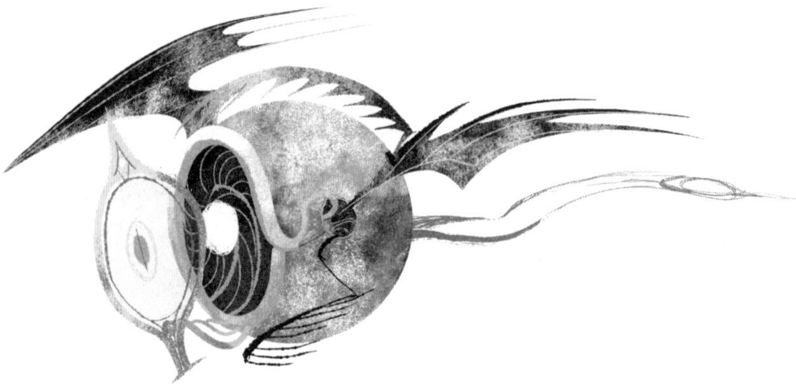

247

»Nicht dein Tag heute, was?«, sagt der Kobold, während er dein Gold einsteckt. »Willst du's noch mal versuchen?«

Du beschließt, dass es das Risiko, noch mehr zu verlieren, nicht wert ist.

Wenn du nun zu Hazi auf der anderen Seite des Markts aufbrechen willst, lies weiter bei **351**. Möchtest du zur Mühle, dann gehe zu **261**. Hast du dich noch nicht an dem anderen Marktstand umgesehen und willst das nachholen, blättere zu **258**.

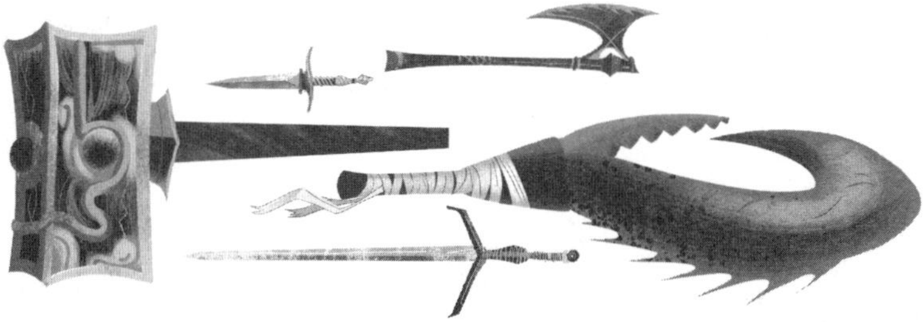

248

Du duckst dich und rollst dich ab, als über deinem Kopf eine Klinge durch die Luft saust. Leider bist du nicht flink genug, sodass die Schneide dir ein Ohr abtrennt. (Verliere 2 AUSDAUER-Punkte.) Du stoppst die Blutung und wunderst dich, welcher Ort innerhalb der Zitadelle eine solche Falle zur Verteidigung nötig hat.

Während dir das durch den Kopf geht, läufst du weiter und wirst leicht von einem Feuerball angesengt, den eine Statue in der Wand auf dich spuckt. (Verliere 1 AUSDAUER-Punkt.)

Keine Falle. Falle*n*.

Extrem vorsichtig setzt du deinen Weg fort. Lies weiter bei **210**.

249

Du hast gut gezielt, sodass dein Stiefel das fliegende Auge genau trifft. Von seiner Seite bricht etwas Metallenes ab. Mit einem schrillen Laut fliegt das Ding durch den Kaminschlot davon und du siehst nach, was es verloren hat. Es ist ein merkwürdiger Metallgegenstand. (Notiere ihn dir auf deiner Ausrüstungsliste.)

Du bist unverletzt, wirst aber das Gefühl nicht los, beobachtet zu werden. Allerdings kannst du dir darüber gerade nicht den Kopf zerbrechen. Hier gibt es für dich nichts mehr auszurichten, also verlässt du die Inselwache. Lies weiter bei **335**.

250

Die Menge macht wie auf Kommando einen Schritt zurück, als Nix das Ladegerät mit dem großen Metallbrocken verbindet und den Hebel betätigt. Ein *summendes* Geräusch wird laut. Er schiebt den Hebel ein Stück höher. Das *Summen* wird lauter.

Plötzlich erhebt sich der Brocken in die Luft. Er scheint zu schweben, doch dann wachsen ihm Beine. Seltsamerweise sind es fünf – der Brocken dreht sich um, und da wird dir klar, womit du es zu tun hast: einer gigantischen Hand aus Metall. Blitzschnell treten die Umstehenden kreischend die Flucht an, ebenso wie Nix.

Du bleibst allein mit der monströsen Metallhand zurück. Wie eine Krabbe huscht sie auf dich zu. Plötzlich stellt sie sich auf – und du begreifst, dass sie dich angreifen wird.

Gigantische Metallhand Geschick 8 | Ausdauer 11

Bei jedem Treffer, den du erfolgreich landest, führt die Gigantenhand ihre Kampfattacke aus und springt dich mit ausgestreckten Fingern an. Für jeden Finger lässt du einen Würfel rollen. Bei 1 oder 2 trifft dich der Finger und du verlierst 1 AUSDAUER-Punkt, doch bei 3 bis 6 wehrst du den Schlag ab und die gigantische Metallhand verliert 1 AUSDAUER-Punkt.

Gewinnst du den Kampf, gehe zu **108**.

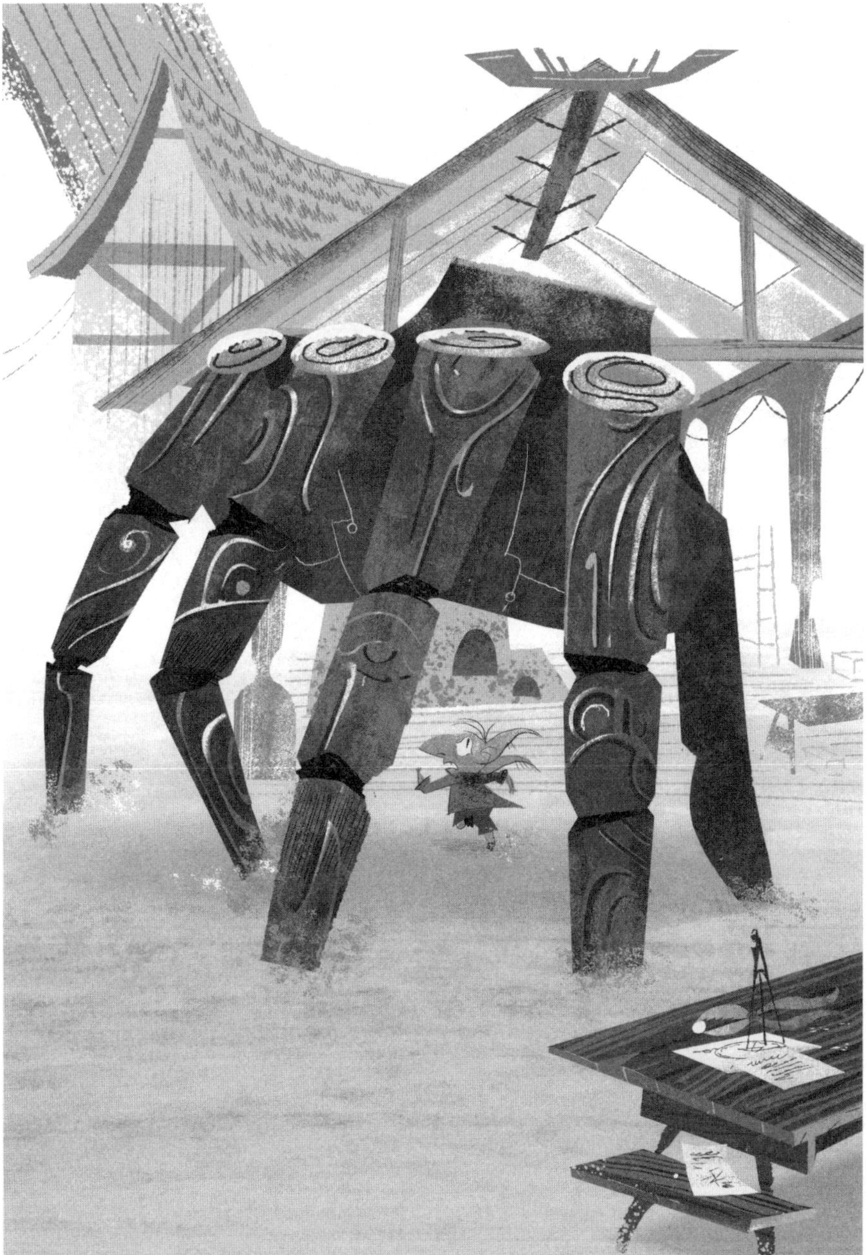

Wie eine Krabbe huscht sie auf dich zu.

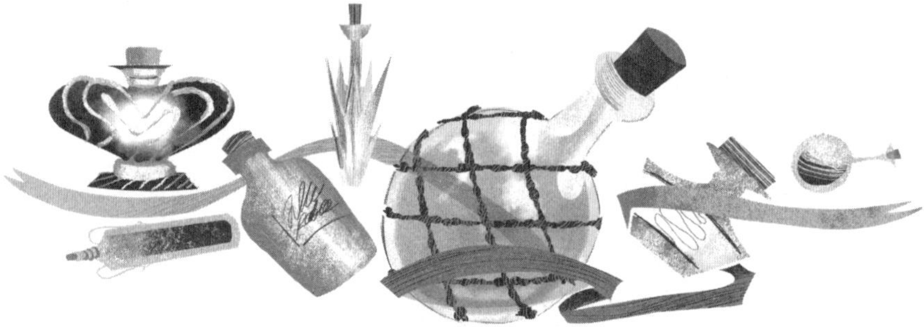

251

Nemi untersucht die Tür. »Allzu stabil wirkt sie nicht. Rammen wir sie mit vereinter Kraft.« Du machst dich bereit. »Eins, zwei, DREI!«, ruft Nemi.

Gemeinsam stürmt ihr die Tür. *RUMMS!* Das Holz um das Schloss herum splittert und die Tür fliegt auf.

Du trittst ein und findest dich in deiner vertrauten Wache wieder, dann folgst du dem *Schnarchen*. Es scheint aus dem kleinen Hinterzimmer neben den Unterkünften zu kommen. Sobald du eintrittst, hörst du ein *sausendes* Geräusch und siehst ein Holzscheit auf dein Gesicht zufliegen.

Stelle dein Geschick auf die Probe. Hast du Erfolg, lies weiter bei **225**. Versagst du, gehe zu **160**.

252

Du fährst mit der *Nauplius* bis direkt an die Stufen und steigst aus. (Ab sofort bist du allein auf dein eigenes GESCHICK und deine eigene AUSDAUER angewiesen, solange du dich außerhalb der Schwimmsphäre aufhältst.) Ein großer Teil von Nimbus ist hier von Luft umschlossen. Wie lange der Sauerstoff ausreicht, lässt sich nicht sagen, doch immerhin ist nicht alles geflutet.

»Hey! Hey du! Hilf uns! Bitte!«

Zwei Wächter der Himmelsgarde kommen auf dich zu. Einer von beiden ist verletzt und stützt sich schwer auf den anderen. Sie werden von hüpfenden runden Wesen verfolgt, deren Körper voller Stacheln ist. Du musst deinen Kameraden von der Himmelsgarde zu Hilfe eilen. Kämpfe immer gegen zwei Stachelamphibien auf einmal.

Erste Stachelamphibie Geschick 7 | Ausdauer 6
Zweite Stachelamphibie Geschick 6 | Ausdauer 7
Dritte Stachelamphibie Geschick 6 | Ausdauer 6

Wirst du von einer Stachelamphibie getroffen, wirf 1 Würfel. Ist das Ergebnis 5 oder 6, verlierst du 2 zusätzliche AUSDAUER-Punkte, da die Stacheln der Kreaturen Gift absondern.

Falls du gewinnst, lies weiter bei **283**.

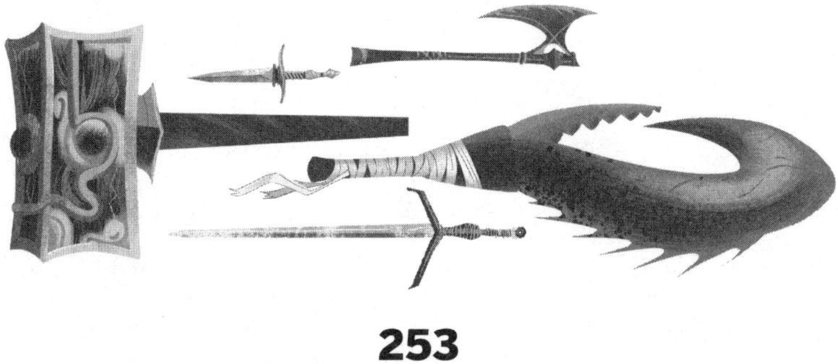

253

Du reibst Zitronensaft auf die Seite. Nichts geschieht.

Wenn du die Lampe entzünden und das Blatt dicht vor das Glas halten möchtest, gehe zu **23**. Willst du den Turm verlassen, um nach Nordosten aufzubrechen, zu dem Labyrinth aus Werkstätten und Laboren, gehe zu **111**.

254

Als würde eine hässliche schwarze Blume erblühen, platzen Tentakel aus Calebs Brust. Auf der Suche nach Beute schlängeln sie über den Boden. Caleb selbst kann nun zum Glück keinen Schmerz mehr fühlen – im Gegensatz zu dir!

Oktobestie Geschick 7 | Ausdauer 6

Falls du gewinnst, gehe zu **47**.

255

Du erreichst den Norden von Cirrus und hältst nach dem Koboldflieger Ausschau, der die Einwohner für gewöhnlich zu den anderen Inseln bringt. Schließlich findest du ihn, nur hängt der Ballon des Luftschiffs schlaff herab und der Koboldpilot wühlt wütend in seiner Werkzeugtasche, während er grimmig vor sich hin schimpft.

Vorsichtig näherst du dich. Lies weiter bei **346**.

256

Du verlässt die Zitadelle in der Schwimmsphäre.

Falls du die Höhlen noch nicht erforscht hast, kannst du das bei **85** nachholen. Möchtest du lieber den Meeresgrund erkunden, lies weiter bei **394**.

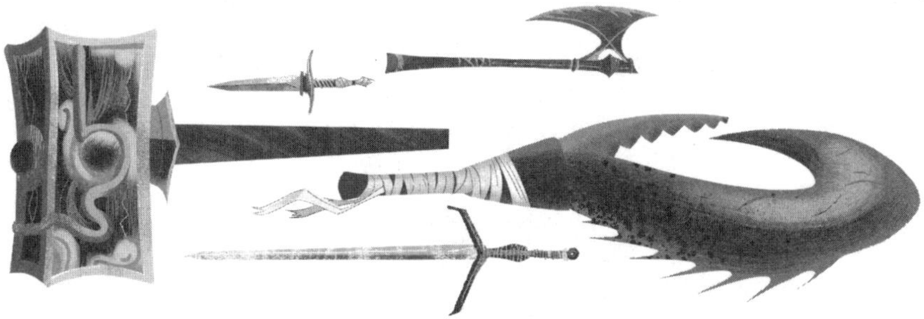

257

Du fragst Yurik, wo du das Heim des Technomantiker-Ältesten Vizigg findest.

»Im Westen, in einem alten Glockenturm. Also, ich muss dann mal wieder. Viel Glück!«

Er greift noch rasch nach einem vollen Fläschchen und reicht es dir. Es handelt sich um einen Machtvolleren Stärkungstrank. (Ergänze den Trank auf deinem Abenteuer-Blatt. Für die Dauer eines Kampfes verstärkt er deine Angriffsstärke um 2 Punkte und füllt außerdem 2 AUSDAUER-Punkte auf. Zusätzlich erhältst du 1 Punkt GLÜCK.) Dann geht er zurück in die Werkstatt.

(Notiere dir auf deinem Abenteuer-Blatt das Schlüsselwort **Vizigg**.)

Du überlegst, wie es weitergehen soll. Auf Asperitas gibt es eine Wohngegend, etwas grüner und ruhiger, und den Inselteil mit den Werkstätten und Laboren, in dem es geschäftiger und gedrängter zugeht.

Außerdem fällt dir ganz in der Nähe ein Gerät auf, mit dem man Sturmkristalle laden kann. Damit kannst du bei Bedarf deine Gleiter auftanken und nach Incus zu Matix zurückkehren.

Willst du nach Westen, wo die Einwohner von Asperitas leben (gehe zu **293**), oder nach Norden, tiefer hinein in das Labyrinth aus Werkstätten und Laboren (gehe zu **111**)?

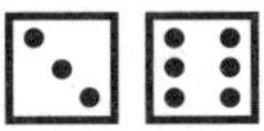

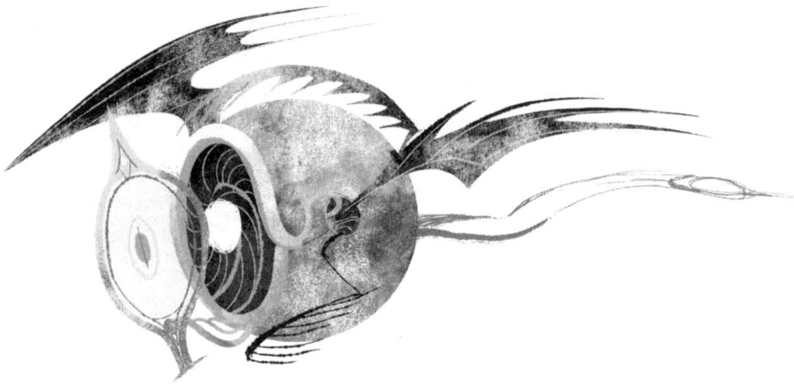

258

Du überfliegst das Angebot eines nahen Stands.

Für 1 Goldstück kannst du etwas Brot kaufen (das 2 AUSDAUER-Punkte wiederherstellt) oder einen Apfelkuchen für 2 Goldstücke (der 3 AUSDAUER-Punkte wiederherstellt). Für 2 Goldstücke kannst du außerdem einen Beruhigungstrank erwerben.

Triff deine Wahl und ziehe die entsprechende Münzenanzahl von deinem Vorrat auf dem Abenteuer-Blatt ab.

Möchtest du nun zu Hazi auf der anderen Seite des Markts aufbrechen, lies weiter bei **351**. Um zur Mühle zu laufen, gehe zu **261**. Möchtest du dich im Glücksspiel versuchen, um mit etwas Glück deinen Goldvorrat zu vermehren, blättere zu **304**.

259

Als der tote Große Weiße Kalmarhai in die Tiefen hinabgleitet, gelingt es dir noch, die Saugröhre an der rechten Schere der *Nauplius* zu aktivieren und dir ein Stück frische Calamares zu fangen. (Ergänze dies auf deiner Proviantliste. Beim Verzehr füllt es 3 AUSDAUER-Punkte auf.)

Auf einmal vibriert das Wasser um dich herum. Du machst dich auf den nächsten Angriff gefasst, doch nichts geschieht und schließlich lässt das Beben nach.

Wenn du weiter die Oberfläche absuchen willst, gehe zu **120**. Willst du tauchen, mache bei **203** weiter.

260

Vor dir siehst du einen Wächter der Himmelsgarde, der seine Kameraden in ihr Unglück hat laufen lassen und dich obendrein töten wollte. Doch bringst *du* es über dich, einen Kameraden zu ermorden? Er nutzt dein kurzes Zögern, um mit seinem Schwert auf dein Bein zu zielen. Schnell weichst du aus, sodass die Klinge dich lediglich streift. (Ziehe 1 AUSDAUER-Punkt ab.) Du lässt dein Schwert nach unten sausen und erledigst den Feigling.

Als du seine Leiche absuchst, findest du 1 Goldstück und einen Beruhigungstrank. (Ergänze beides auf deinem Abenteuer-Blatt.) In seiner Tasche steckt zudem ein zerknitterter Zettel, auf dem steht:

Was du auch tust, flieg heute Morgen auf keinen Fall mit nach Nimbus.

Dein Freund

Paxlo

Du kennst diesen Namen. Es ist ein Kobold, der drüben auf Asperitas arbeitet, der Insel der Technomantie. Außerdem findest du einen Apfel.

(Notiere beides auf deinem Abenteuer-Blatt. Der Apfel stellt bis zu 2 AUSDAUER-Punkte wieder her.)

Du verlässt die Inselwache.

Falls du noch nicht beim Großen Wasserfall warst, kannst du das nun nachholen bei **328**. Möchtest du lieber den nächsten Flieger suchen, um die Insel zu verlassen, lies weiter bei **361**.

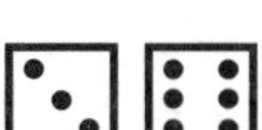

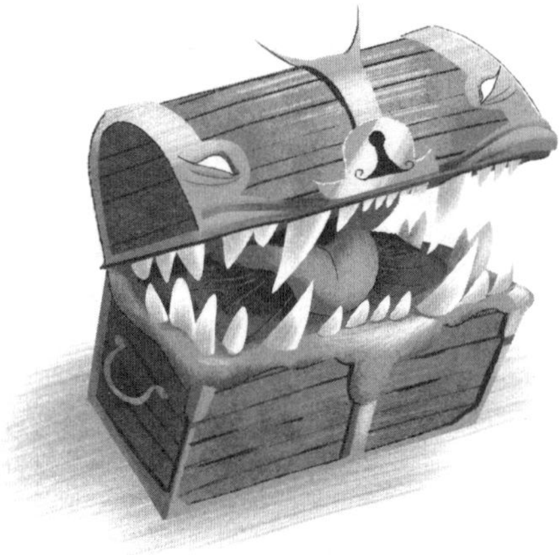

261

Du läufst außen um den Markt herum auf die Mühle zu. Plötzlich erbebt der Boden unter deinen Füßen. Die Marktbesucher suchen nach allen Richtungen Deckung. Noch bevor du jemanden fragen kannst, was der Tumult zu bedeuten hat, brüllt der einzige Händler in der Nähe, der noch da ist: »LAUF !«, und zieht mit einem lauten *Knall* den hölzernen Laden seines Stands zu.

Wenn Dav bei dir ist, lies weiter bei **399**. Andernfalls gehe zu **311**.

262

Du setzt dich gegen den unbekannten Griff zur Wehr und versuchst verzweifelt, die Oberfläche zu erreichen. Als deine Lunge schon aufgeben will, schaffst du es, dich loszureißen (du verlierst 2 AUSDAUER-Punkte) und zum Ufer zu schwimmen. Weiter bei **314**.

263

Du besiegst das Ungeheuer, doch nichts scheint verändert. Du betrachtest das Bücherregal und suchst ein Buch aus, mit dem du dein Glück noch nicht versucht hast:

Zähne und Krallen: Berühmte Kämpfe bis zum Tode? → Gehe zu **45**.
Geflügelte Ungeheuer: Der Tod aus der Luft? → Gehe zu **89**.
Ein Stachel in der Geschichte: Eine Sammlung unerwarteter Ausgänge? → Gehe zu **239**.
Bewohner der Tiefe: Wasserbestien und wie man sie tötet? → Gehe zu **341**.

Willst du keins der Bücher nehmen, gibt es für dich in der Bibliothek nichts mehr zu entdecken und du kehrst zu **92** in die Nimbische Kammer zurück.

264

Du folgst den wunderschönen Stimmen, die ihre packende Melodie in den Sturm hinaussingen. Und plötzlich, inmitten von Wind und Regen, siehst du sie: hinreißende Frauengestalten, die auf den Felsen vor dir sitzen – menschlich bis zur Taille und mit langen farbenfrohen Fischschwänzen, die schillern und leuchten. Die Wesen kämmen sich das Haar, während sie die zauberhafteste Melodie von sich geben, die du je gehört hast. Sie geht dir durch und durch, sodass sich die Härchen auf deiner Haut aufstellen.

Du steuerst die *Nauplius* näher heran. Mit einem widerlichen *metallischen Krachen* rammt die Schwimmsphäre das Riff. Geschwächt öffnest du die Luke und krabbelst hinaus. Während du benebelt auf dem kalten, nassen Boden liegst, wunderst du dich, warum es mitten im Ozean überhaupt Felsen gibt.

Als die Wesen zu dir herübergleiten, um dich lächelnd und lachend anzusehen, denkst du, du bist in Sicherheit. Doch ihr Lächeln verwandelt sich in eine Fratze, während ihre Zähne immer länger werden und ihre Haut sich schwarz verfärbt. Das Letzte, was du im Leben siehst, sind Zähne. So viele Zähne …

Dies ist das Ende deines Abenteuers.

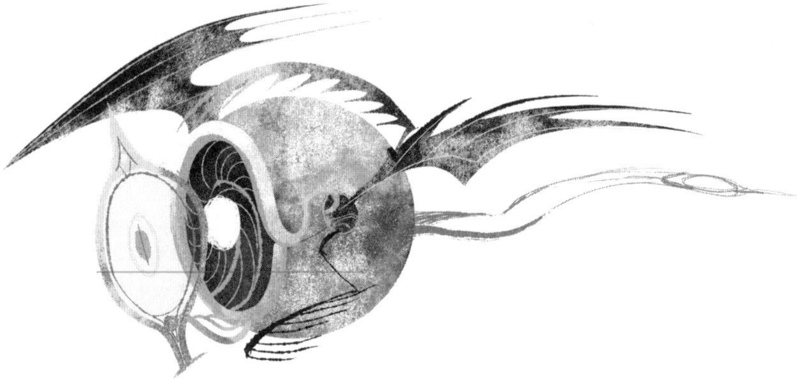

265

Du legst Methedus' Kristall auf den Boden und trittst zurück. Der Kristall erhebt sich in die Luft, wo er anfängt, sich zu drehen und dem Canidoren die unstabile Elementarenergie zu entziehen. Flapps schrumpft. Das Glühen weicht aus seinen Augen und sein Fell hört auf, Funken zu sprühen.

Flapps leckt dir das Gesicht ab, wetzt aus der Höhle und hebt in Richtung des Wolkenlinghofs ab. (Streiche Methedus' Kristall von deinem Abenteuer-Blatt.)

Inmitten von Steinen und Erde findest du im hinteren Teil der Höhle ein Langschwert. (Notiere es auf deinem Abenteuer-Blatt. Setzt du es im Kampf ein, erhöht sich deine Angriffsstärke um 1 Punkt.)

Du verlässt die Höhle.

Möchtest du zum Koboldflieger aufbrechen, dann lies weiter bei **361**. Falls du noch nicht bei der Inselwache warst und das nun nachholen möchtest, blättere zu **40**.

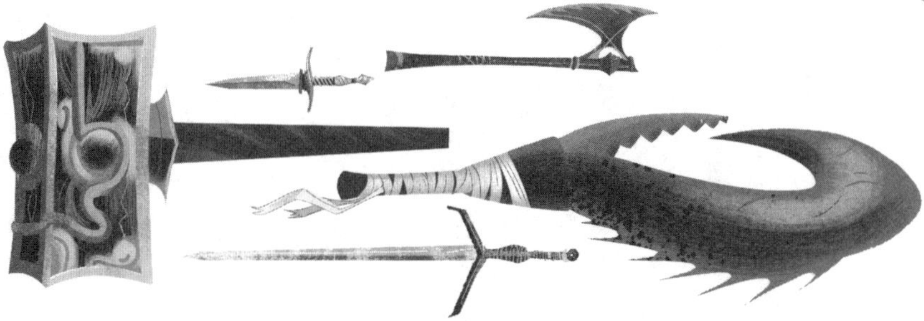

266

Der Oktopus kriecht durch einen Spalt im Boden davon. Der Fischer hustet und spuckt, während er verzweifelt Atem schöpft. Er erzählt dir, dass er Caleb heißt. Du fragst ihn, wie er in diese unschöne Lage geraten ist.

»Ich hab nur mein Boot hochgebracht, nachdem Nimbus vom Himmel gekracht war und das Unwetter aufzog«, keucht Caleb. »Hab gerade den Bug geputzt, da ist mir plötzlich was auf den Kopf geklatscht und … Ab da weiß ich ehrlich gesagt nicht mehr viel. Auch nicht, wie lange ich durch die Gegend gestolpert bin, aber irgendwie hab ich's hierher zurückgeschafft.«

Caleb atmet allmählich gleichmäßiger. Er dankt dir für deine Hilfe und schenkt dir 2 Goldstücke. (Trage sie auf deinem Abenteuer-Blatt ein und erhalte außerdem 2 Punkte GLÜCK.)

»Seit wir dieses Schiffswrack gefunden haben, läuft alles schief«, murmelt er. »Und dann noch dieser Name: *Unheilbringer*. Klingt wie ein böses Omen, oder?«

Um Caleb zu bitten, dir mehr über die *Unheilbringer* zu erzählen, gehe zu **17**. Willst du Caleb in Ruhe lassen, damit er sich ausruhen kann, und zum Ostanleger weiterlaufen, lies bei **74** weiter.

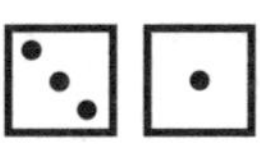

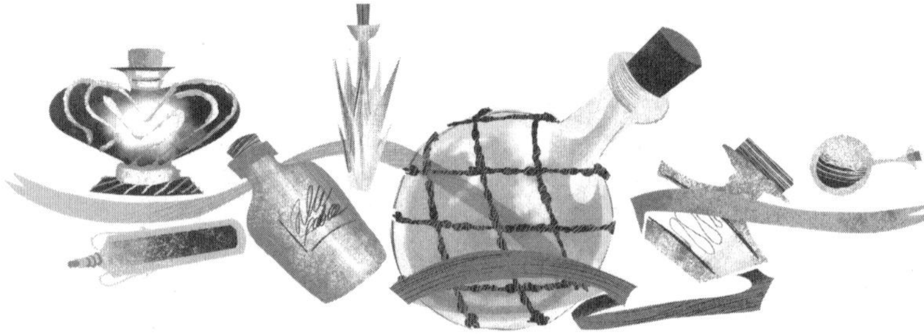

267

»Na gut, na gut. Hast Tideus«, sagt der Meeresriese und hebt die Hände. »Tideus dir und dem Kugeldings Gefallen schuldet.«

Er reicht dir ein Muschelhorn, das du mit einer der mechanischen Scheren der *Nauplius* entgegennimmst. »Blas da rein, wenn Tideus du brauchen tust.«

(Ergänze das Muschelhorn auf deinem Abenteuer-Blatt.)

Der Meeresriese öffnet das Tor zur Zitadelle und gibt dir zu verstehen, dass du durchschwimmen sollst.

»Tideus Nickerchen machen geht, damit wieder fit und muntrig ist für nächsten Kampf!«

Er lässt sich direkt neben dem Tor zu Boden plumpsen und fängt schon bald an laut zu schnarchen. Es klingt wie eine Mischung aus einem Walgesang und einer Unterwasserexplosion. Obwohl er so heftig schnarcht, dass du von den Strömungen ordentlich hin und her geworfen wirst, gelingt es dir, in die Zitadelle zu schwimmen. Gehe zu **377**.

268

Du rammst die Tür im vollen Lauf, doch sie gibt keinen Millimeter nach.

Dir schwant, dass dieses hölzerne Ungetüm mehr aushält als dein Körper. (Die Verletzungen, die du dir bei deinem Einbruchsversuch im Glockenturm zugezogen hast, kosten dich 1 weiteren AUSDAUER-Punkt und 1 Punkt GESCHICK.)

Du beschließt, aufzugeben – was wohl von Anfang an das Beste gewesen wäre. Gehe zu **111**.

269

Als du die Mühle betrittst, siehst du, dass Methedus über einem Kreis schwebt, der mit seltsamen Symbolen bedeckt ist. Du fragst, was genau er da getan hat, und fürchtest, er könnte irgendwie mit dem Absturz von Nimbus zu tun haben.

»Als es zur Explosion kam, war ein Sturmgeborener auf Nimbus«, erklärt er. »Ich habe seine Anwesenheit dort gespürt, genauso wie ich fühlte, dass seine Energie verschwand, als Nimbus abstürzte. Vielleicht war er zufällig dort und ist vor dem Unglück geflohen. Vielleicht ist er auch dort unten gefangen, ich weiß es nicht. Ich wollte Kontakt aufnehmen, habe versucht, seine Energie zu erspüren – doch was ich auch tue, es gelingt mir einfach nicht.«

Er sagt die Wahrheit, das weißt du instinktiv.

Methedus reicht dir einen kleinen Kristall. Er sieht aus wie der in deinen Gleitern, nur leer.

»Möglich, dass du ihn brauchen kannst. Du kommst mir wie die Sorte Mensch vor, die sich gern in Schwierigkeiten bringt. Da draußen wehen gerade eine Menge bösartiger Energien durch die Gegend und das hier holt sie aus einem infizierten Tier wieder heraus – solange es noch nicht zu spät ist. Hat sich das Tier erst vollständig verwandelt, hat der Kristall keine Wirkung mehr. Und leider kann man ihn nur ein einziges Mal verwenden.« (Ergänze Methedus' Kristall auf deinem Abenteuer-Blatt.)

Mehr kannst du hier nicht ausrichten.

Wenn du auf dem Markt nach Hazi suchen möchtest, lies weiter bei **351**.

Möchtest du den Koboldflieger-Hafen der Gegend aufspüren und zu den anderen Inseln aufbrechen, dann gehe zu **27**.

270

Schon etwas sicherer im Umgang mit den Gleitern, fliegst du Asperitas an. Dies ist die Insel der Technomantie, der mechanischen Magie, dank derer ganz Pangaria in der Luft schwebt. Von oben sieht die Insel wie ein großes Wirrwarr an Werkstätten und Laboren aus, von denen ein unglaublicher Lärm aus *Scheppern* und *Schlägen*, *Zischen* und *Blubbern* ausgeht.

Kurz bevor du zur Landung ansetzen willst, hörst du einen durchdringenden *vogelartigen Schrei* und aus dem Himmel stürzen sich zwei Harpyien auf dich. Du hast keine andere Wahl, als beide gleichzeitig zu bekämpfen, bevor du landen kannst.

Erste Harpyie Geschick 7 | Ausdauer 6
Zweite Harpyie Geschick 6 | Ausdauer 6

Gelingt es dir, die erste Harpyie zu töten, bekommst du die Gelegenheit, die zweite auf die Erde zu zerren. Würfle mit 1 Würfel. Bei 1 bis 3 verursachst du sofort 2 SCHADENSPUNKTE, die du von ihrer AUSDAUER abziehst. Bei 4 bis 6 verursachst du 4 AUSDAUER-SCHADENSPUNKTE.

Wenn du gewinnst, gehe zu **156**.

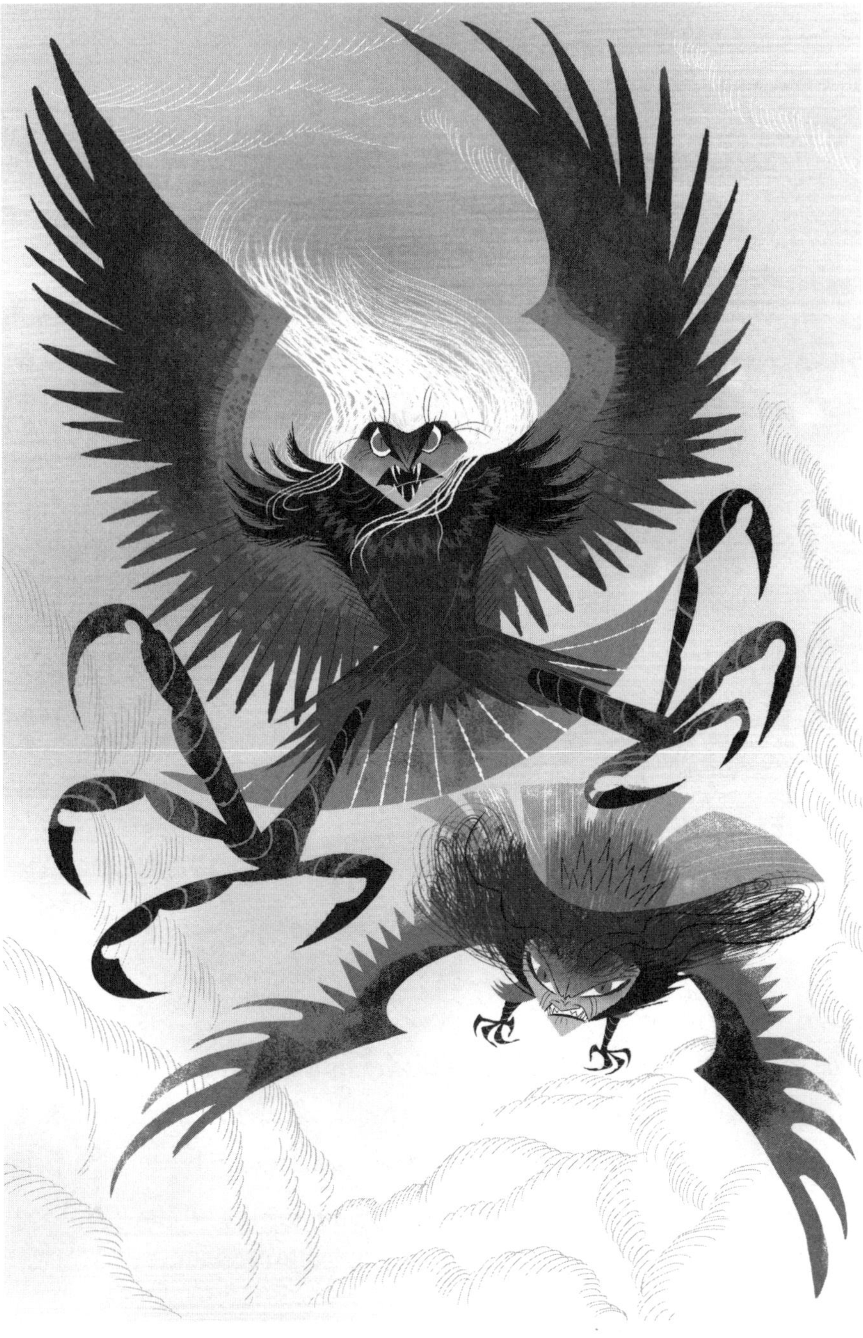

Aus dem Himmel stürzen sich zwei Harpyien auf dich.

271

Die Vogelscheuche explodiert, sodass es überall Stroh und Kohlfetzen regnet. Erleichtert atmest du auf. Du hast einmal gehört, dass Kohlblätter beruhigend wirken, also steckst du für alle Fälle zwei ein. (Notiere dir die Kohlblätter auf deinem Abenteuer-Blatt. Wenn du sie benutzt, stellen sie 2 AUSDAUER-Punkte wieder her.)

Nun erreichst du den kleinen Holzschuppen, in dem du eine handliche Axt und einen Beruhigungstrank findest. (Trage beides auf deinem Abenteuer-Blatt ein.)

Willst du nun in den Norden von Cirrus aufbrechen, um dort nach einem Koboldflieger zu suchen, gehe zu **255**. Möchtest du zur Inselwache laufen (falls noch nicht geschehen), lies weiter bei **49**.

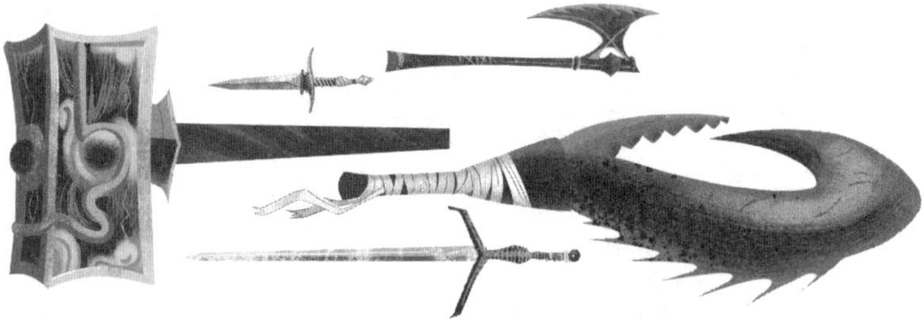

272

Vizigg lacht so ausgelassen, dass er sich setzen muss, um wieder zu Atem zu kommen.

»Tja, die Verantwortlichen hast du gefunden. *Ich* habe Nimbus vom Himmel geholt. Aber glaub mir, hätte ich es nicht getan, stünde es weit schlimmer um Pangaria. Die Mittel, zu denen ich gegriffen habe, mögen etwas extrem gewesen sein. Aber es war notwendig, um die Inselgruppe und die Welt jenseits davon zu beschützen.«

Du fragst, was geschehen ist.

»Du bist ein großes Risiko eingegangen, hier herunterzukommen, und es war gewiss keine leichte Aufgabe, daher will ich annehmen, dass deine Absichten ehrenwert sind. Wie du sicher weißt, habe ich dabei geholfen, die Technomantie zu warten, die Pangaria in der Luft hält. Als ich mich zur Ruhe setzte, behielt ich meinen Ehrentitel, doch Chefingenieur wurde schließlich Krazic, einer meiner klügsten und ehrgeizigsten Lehrlinge. Von da an war er dafür verantwortlich, dass die Technomantie Tag für Tag reibungslos funktioniert.

Irgendwann kam mir zu Ohren, dass Kraciz sich für Kommandant Mathias Talliman interessierte, einen Schiffbrüchigen, den man von einem sinkenden Kriegsschiff Khuls gerettet und nach Incus gebracht hatte. Gemeinsam heckten sie einen Plan aus. Mithilfe der Geheimnisse hinter Pangarias Technomantie wollten sie in Krazics Privatlabor auf Nimbus Kriegswaffen entwickeln.«

Du berichtest ihm, dass du einiges davon im Lauf deiner Ermittlungen auch schon herausgefunden hast.

Vizigg wirkt beeindruckt. »Dann bist du ein besseres Mitglied der Himmelsgarde als die meisten!« Er hantiert an dem Gerät an seinem Handgelenk herum, woraufhin das Netz sich lockert. Schließlich löst es sich und kehrt in die Hülle an seinem Arm zurück, während du dir die Glieder reibst.

Steht auf deinem Abenteuer-Blatt das Schlüsselwort **Boreas**, lies weiter bei **98**. Ansonsten gehe zu **284**.

273

Mürrisch rückt der Kobold deinen Gewinn heraus. Du würdest gerne noch einmal spielen, doch der Kobold scheucht dich davon: »Glaubst du, ich hab einen Goldesel?!«

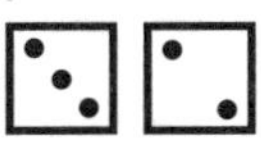

Wenn du nun zu Hazi auf der anderen Seite des Markts aufbrechen willst, lies weiter bei **351**. Möchtest du zur Mühle, gehe zu **261**. Hast du dir das Angebot der anderen Marktstände noch nicht angesehen und möchtest das nun nachholen, blättere zu **258**.

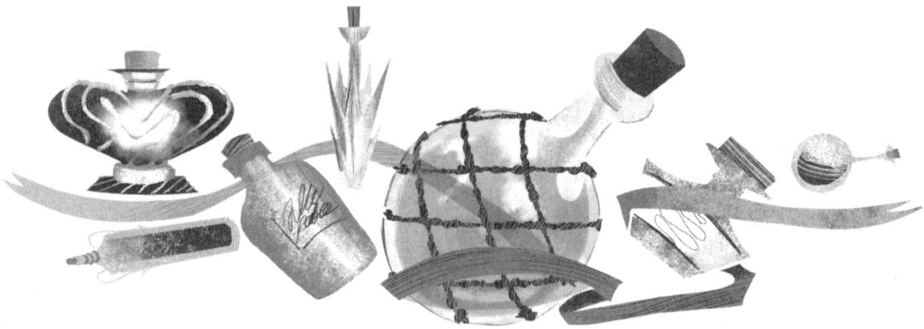

274

Du beschließt, nach Hinweisen zu suchen, die dir verraten könnten, was im Haus der Renards passiert ist. Allerdings stößt du auf nichts, was hilfreich wäre. Bis du einen kleinen, spärlich eingerichteten und überraschend ordentlichen Raum findest. An sich nichts Merkwürdiges, würden im Rest des Hauses nicht Verwüstung und Chaos herrschen.

Wenn du diesen ordentlichen kleinen Raum näher erkunden willst, lies weiter bei **296**. Willst du das Haus verlassen und zu Matix aufbrechen, gehe zu **161**. Willst du das Haus verlassen und zum Schwimmsphären-Schuppen am Ostanleger wandern, gehe zu **74**.

275

Dein Schwert verfehlt sein Ziel und trifft das Rohr, sodass die flüchtende Riesenkakerlake in den Schlamm geschleudert wird. Sie *faucht* dich an, bevor sie ein komisches *schrilles Kreischen* ausstößt. Sofort erscheinen zwei weitere Kakerlaken aus dem Rohr und eilen ihr zu Hilfe. Die Riesenkakerlaken kommen hungrig auf dich zu.

Erste Riesenkakerlake Geschick 5 | Ausdauer 5
Zweite Riesenkakerlake Geschick 6 | Ausdauer 5
Dritte Riesenkakerlake Geschick 6 | Ausdauer 6

Du musst gegen alle drei übergroßen Insekten gleichzeitig kämpfen. Falls du gewinnst, lies weiter bei **367**.

276

Du wirfst das Feueröl, doch es prallt vom Knieschoner des Golems ab und lässt einen Haufen Schutt in Flammen aufgehen, bevor es verlöscht. Lies weiter bei **326**.

277

»Gut gemacht!«, sagt die Wolkenling-Bäuerin, die sich als Nemi vorstellt. »Ich finde es furchtbar, einen Wolkenling ausschalten zu müssen. Aber dieser da war einfach nicht mehr zu retten.«

Du erzählst ihr, dass du herausfinden willst, was sich auf Nimbus zugetragen hat, da außer dir in ganz Pangaria kein Mitglied der Himmelsgarde mehr übrig ist.

»Hmm, vielleicht stimmt das nicht«, meint Nemi nachdenklich. »Kurz vor der Explosion bin ich an der Inselwache vorbeigekommen und da drin hat definitiv jemand geschnarcht.«

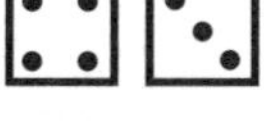

Offenbar hat außer dir noch jemand das Treffen verpasst. Dieser Sache solltest du nachgehen.

»Na schön, also danke für deine Hilfe. Ich mache mich jetzt besser daran, hier aufzuräumen«, sagt Nemi, während sie sich niedergeschlagen umschaut. »Den Wolkenlingstab darfst du gerne behalten. Und könntest du vielleicht nach Flapps Ausschau halten? Er ist mein bester Canidor. Die meisten Canidore sind bei der Explosion weggelaufen und seitdem verschwunden. Ich mache mir wirklich Sorgen um ihn. Hoffentlich versteckt er sich nur irgendwo – oben am Großen Wasserfall hat es ihm immer schon gut gefallen.«

Sie greift in ihre Tasche. »Das hier könnte ebenfalls nützlich sein«, sagt sie und drückt dir eine Birne in die Hand. (Ergänze sie bei deinen Vorräten und notiere dir, dass sie 2 AUSDAUER-Punkte wieder herstellt, wenn man sie isst.)

(Wenn du im Kampf den hölzernen Wolkenlingstab einsetzt, musst du deine Angriffsstärke um 1 Punkt reduzieren, falls dein Gegner kein Wolkenling ist. Der Stab ist nämlich sperriger als dein Kurzschwert. Fürs Erste ergänze ihn einfach auf deiner Waffenliste.)

Willst du nun zur Inselwache von Altos aufbrechen, lies weiter bei **40**. Willst du dich zum Großen Wasserfall aufmachen, blättere zu **328**.

278

Der Feuerball prallt von deinem Schwert ab und knallt auf deinen Stiefel, wo er deinen Fuß in Brand setzt. (Du verlierst 2 AUSDAUER-Punkte.) Bis du es geschafft hast, das Feuer zu löschen, ist der komische Augapfel durch den Kaminschlot verschwunden.

Du wirst das Gefühl nicht los, beobachtet zu werden. Allerdings hast du keine Zeit, dir darüber den Kopf zu zerbrechen – du musst los.

(Notiere das Schlüsselwort **Spionauge** auf deinem Abenteuer-Blatt.)

Überlege, was du noch nicht versucht hast. Wirst du als Nächstes:

Deine Truhe durchsuchen? → Weiter bei **217**.
Nachsehen, was Silas gefunden hat? → Weiter bei **134**.
Die Inselwache verlassen? → Weiter bei **335**.

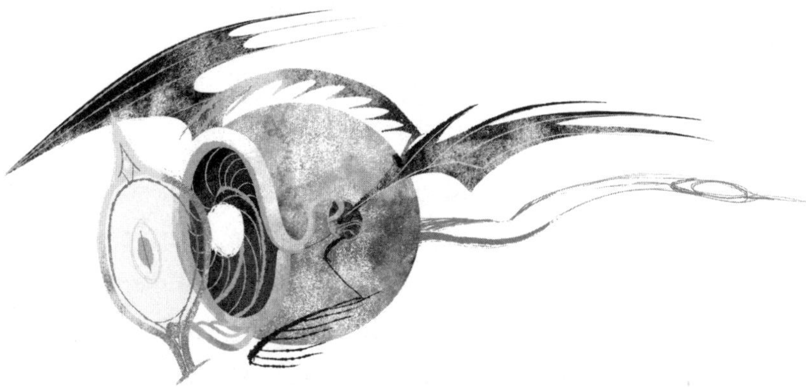

279

Welchen Teil des Renard-Hauses willst du nun untersuchen?

Möchtest du nach oben gehen, lies weiter bei **42**. Möchtest du lieber zum Schwimmsphären-Schuppen am Ostanleger aufbrechen, dann gehe zu **74**. Willst du stattdessen zum Haus von Matix laufen, blättere zu **161**.

280

Du steigst aus der *Nauplius* und läufst zur oberen Tür. Oben angekommen, hältst du ein Ohr dagegen. Von der anderen Seite dringt gedämpftes Stöhnen. Vielleicht noch eine Kreatur? Ein grauenhaftes Monster? Die wandelnden Toten? Auf alle denkbaren Grauen gefasst, stößt du mit Wucht die Tür auf. Lies weiter bei **188**.

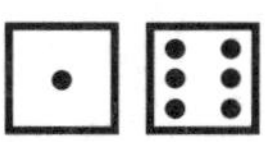

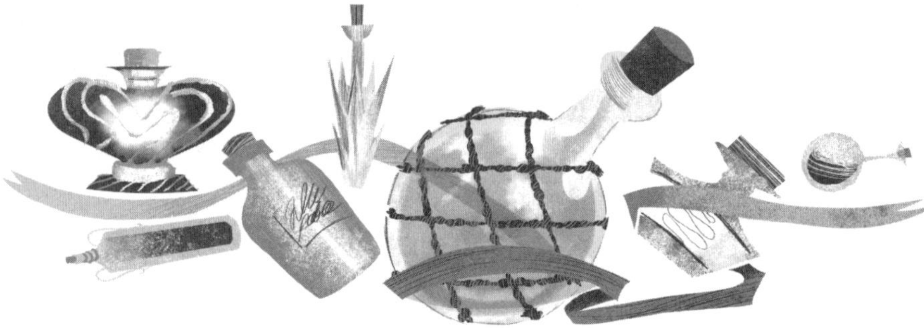

281

Du weißt, dass die Fischer hin und wieder Schiffbrüchige aus den sturmgepeitschten Fluten unter Pangaria retten und, sofern es möglich ist, nach Hause bringen. Doch ganz selten kommt es vor, dass Überlebende nach oben auf die Inselgruppe gebracht werden, weil sie dringend medizinisch versorgt werden müssen. Dann enden sie automatisch als lebenslange Einwohner Pangarias. Du fragst Caleb, ob er Näheres über den Überlebenden weiß.

»War dem Tod ziemlich nah, als wir ihn rausgefischt haben«, erinnert er sich. »Wir mussten ihn mit hochnehmen, sonst hätte er es nicht geschafft.«

Willst du nach dem Namen des Schiffbrüchigen fragen, gehe zu **144**. Möchtest du Caleb bitten, dir mehr über die *Unheilbringer* zu berichten – falls noch nicht geschehen –, lies weiter bei **33**. Um Caleb in Ruhe zu lassen und Richtung Ostanleger zu laufen, um dort nach Matix zu suchen, blättere zu **295**.

282

Du zeigst Hazi den Splitter des Sturmkristalls, den du auf Cirrus gefunden hast. Interessiert untersucht er ihn.

»Von den Nimbus-Sturmkristallen scheint er nicht zu stammen. Aber er gehört eindeutig zu etwas sehr Großem – viel größer, als in den meisten Technomantie-Geräten Pangarias zu finden ist.«

Er schnüffelt an der schwarzen Substanz auf der Außenseite. »Öl!«, ruft er. »Diese Art ist vor allem auf Asperitas beliebt. Wie seltsam.«

Er gibt dir den Splitter zurück. »An deiner Stelle würde ich das Methedus zeigen, drüben in der Mühle. Er kann dir vielleicht mehr darüber erzählen, wo er herkommen könnte.«

Weiter bei **185**.

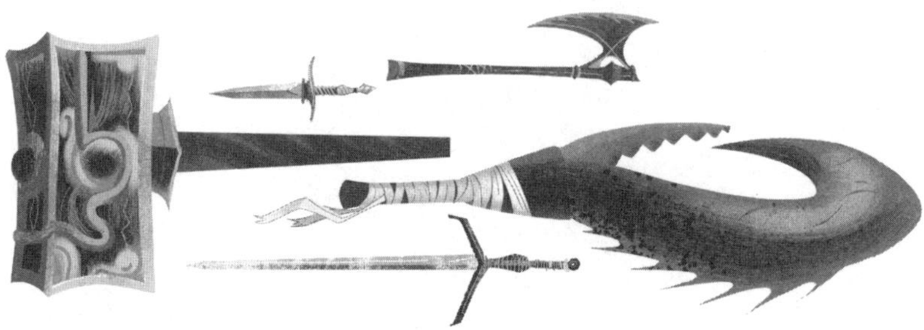

283

Mit einem *quietschenden* Geräusch geht den Stachelamphibien die Luft aus.

»Danke. Wie lange steckst du schon hier fest?«, fragt der unverletzte Wächter, während sein Freund sich setzt, um auszuruhen.

Du erzählst den beiden, dass du gerade erst in einer Schwimmsphäre angekommen bist, um Nimbus zu helfen.

Willst du sie fragen, was sich auf Nimbus abgespielt hat, gehe zu **77**. Um dich danach zu erkundigen, was dem verletzten Wächter zugestoßen ist, lies weiter bei **356**. Möchtest du wissen, ob es noch weitere Überlebende gibt, blättere zu **197**.

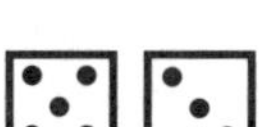

284

Nun hast du die Chance, dem uralten Kobold einige Fragen zu stellen.

Möchtest du wissen, was ihm zugestoßen ist, gehe zu **11**. Willst du erfahren, warum Nimbus abgestürzt ist, lies weiter bei **82**. Möchtest du ihn auf den Bannkreis um den Großen Saal ansprechen, blättere zu **338**. Wenn du fragen willst, was Vizigg mit den geborstenen Sturmkristallen macht, lies weiter bei **59**.

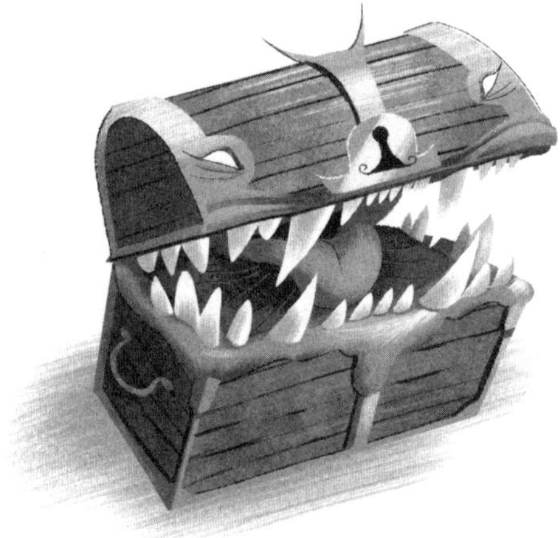

285

Du schleuderst den Beruhigungstrank auf Flapps, der ihn mit den Zähnen auffängt. Die Flasche zerbricht und der Inhalt rinnt in sein Maul. Schnell beginnt das Mittel zu wirken. Flapps schrumpft, das Glühen in seinen Augen verlischt und sein Fell sprüht keine Funken mehr.

Dankbar leckt Flapps dein Gesicht ab, bevor er aus der Höhle stürmt, sich in die Luft schwingt und in Richtung des Wolkenlinghofs davonfliegt. (Du gewinnst 1 Punkt GLÜCK.)

Inmitten von Erde und Steinen findest du im hinteren Teil der Höhle ein Langschwert.

(Trage das Langschwert auf deinem Abenteuer-Blatt ein. Wenn du es im Kampf einsetzt, erhöht sich deine Angriffsstärke um 1 Punkt.)

Du verlässt die Höhle. Möchtest du nun bei dem Koboldflieger vorbeischauen, lies weiter bei **361**. Warst du noch nicht bei der Inselwache und willst das nun nachholen, lies weiter bei **40**.

286

Du stürmst zu dem alten Kobold und hebst ihn hoch, ohne abzubremsen. Es gelingt dir, seinen zerbrechlichen kleinen Körper mit deinem eigenen abzuschirmen, nur wirst du dabei selbst von einigen Trümmern getroffen. (Verliere 2 AUSDAUER-Punkte.) Weiter bei **216**.

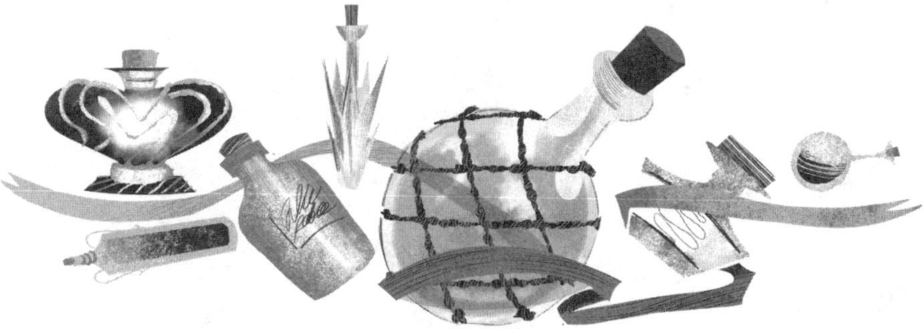

287

Du schleichst dich um das Haus herum zur Rückseite. Die Tür steht einen Spaltbreit offen. Als du sie mit Wucht aufstößt, versetzt du einem verängstigten Kobold um ein Haar einen Herzinfarkt. Er ist gekleidet wie ein typischer Arbeiter von Asperitas, abgesehen von einem auffälligen Gürtel mit einer Messingschnalle, in die ein *P* eingraviert ist. Du sagst ihm, er soll sich nicht vom Fleck rühren, doch er brüllt nur einige unverständliche Worte, entriegelt die Vordertür und stürmt nach draußen.

⚄ ⚁

Etwas rumpelt unter schrillem Gelächter die baufällige Holztreppe herab. Plötzlich siehst du zwei Wesen, die Ähnlichkeit mit einer Scheibe haben, aus deren Rand vier Hände ragen. Mit kleinen Messern bewaffnet, rollen sie mit mordgierigen Blicken auf dich zu.

Erster Radmahr *Geschick 6* | *Ausdauer 6*
Zweiter Radmahr *Geschick 6* | *Ausdauer 6*

Falls du gewinnst, gehe zu **358**.

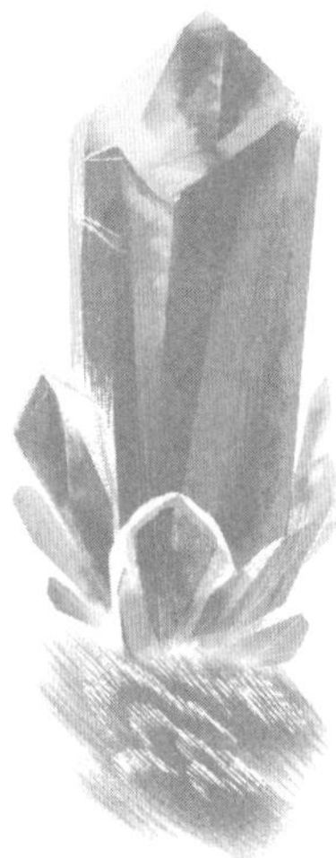

288

Der Gang vor dir kommt dir bekannt vor und dir fällt ein, dass er zur Bibliothek der Zitadelle führt. Vielleicht befinden sich dort weitere Überlebende.

Bis zur Bibliothekstür fällt der Boden leicht ab. Die Tür selbst ist hüfthoch unter Wasser. Als du sie öffnen willst, wirst du von einem Schwanz von den Füßen gefegt.

Du krabbelst zu einer Bank, während unter dir ein dunkler Schatten das Wasser durchschneidet. Es ist ein großes Salzwasserkrokodil. Und ohne das Vieh zu erledigen, wirst du niemals in die Bibliothek kommen.

Wenn du kämpfen willst, gehe zu **398**. Willst du zurück in die Nimbische Kammer, lies weiter bei **48**.

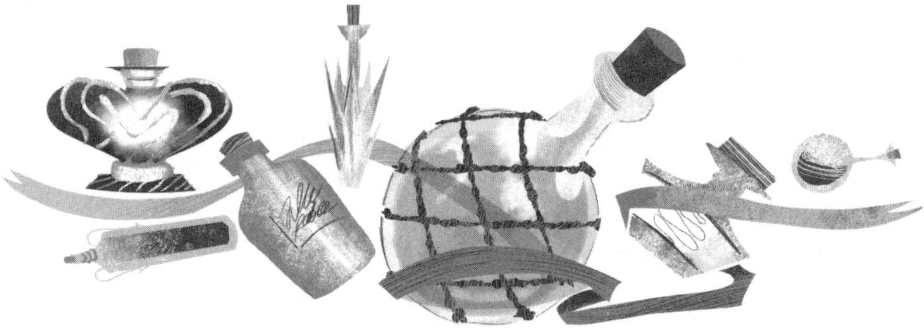

289

Die Bestie wird von einem gewaltigen Krampf erfasst und kracht zu Boden. Langsam wagen sich die Marktbesucher aus ihren Verstecken und stupsen an dem gewaltigen Kadaver herum.

»Gut gemacht!«

»Ob man das wohl grillen kann? Oder vielleicht als Eintopf …?«

»Einen Versuch ist es wert!«

Vorsichtig hebt der Händler den Laden seines Stands wieder an.

»Ich glaub's nicht! Du hast es erledigt! Hier, nimm dir von der getrockneten Stinkefrucht und dem Seidenstoff – geht aufs Haus!«

(Ergänze die Seide und 2 getrocknete Stinkefrüchte auf deinem Abenteuer-Blatt. Die Trockenfrüchte verleihen dir beim Verzehr je 2 AUSDAUER-Punkte.)

Nun läufst du weiter zur Mühle – blättere zu **64**.

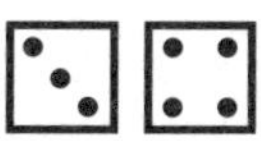

290

Du steuerst dein Tauchboot zum Tor der Zitadelle. Als du in der Schwimmsphäre die Stufen hinaufgleitest, spürst du ein so kräftiges Beben, dass du zurückgeworfen wirst. Als du dich erneut näherst, schieben sich zwei große grüne Beine in dein Blickfeld, groß wie Baumstämme. Du blickst auf und siehst einen mürrisch dreinblickenden Meeresriesen, der sich vor den Eingang zur Zitadelle hockt und deinen Weg blockiert.

Es könnte wesentlich schlimmer sein. Meeresriesen und Pangarianer pflegen seit vielen Generationen einen weitgehend neutralen Umgang. Einige machen sogar Geschäfte mit den Fischern. Trotzdem können sie unberechenbar und angriffslustig sein, daher näherst du dich vorsichtig.

»Warste du das? Rumgepoltert hast und Tideus aus dem Bett geschmiss'n?!«, dröhnt er, als er dich entdeckt. »Schön träumen tu ich und dann – RUMMS! – knallt toter Kalmarhai mitten auf Tideus-Rübe. Und Tideus glaubt, da steck'n du und dein Metallball hinter!«

Du entschuldigst dich bei dem Meeresriesen.

»Tideus dann zwar hatte Frühstück im Bett«, sagt er mit einem Lachen, das die *Nauplius* um ein Haar umschmeißt. »Aber jetzt Tideus-Bäuchlein zwickt wieder.« Er streckt die Arme und spannt die Muskeln an, die so groß wie Fässer sind. »Oder vielleicht Tideus braucht nette kleine Rangelei. Oder vielleicht zu knabbern was und dann Rangelei. Ja, das sein wird's! Du, Tideus und kleines Balldings von dir – los geht's!«

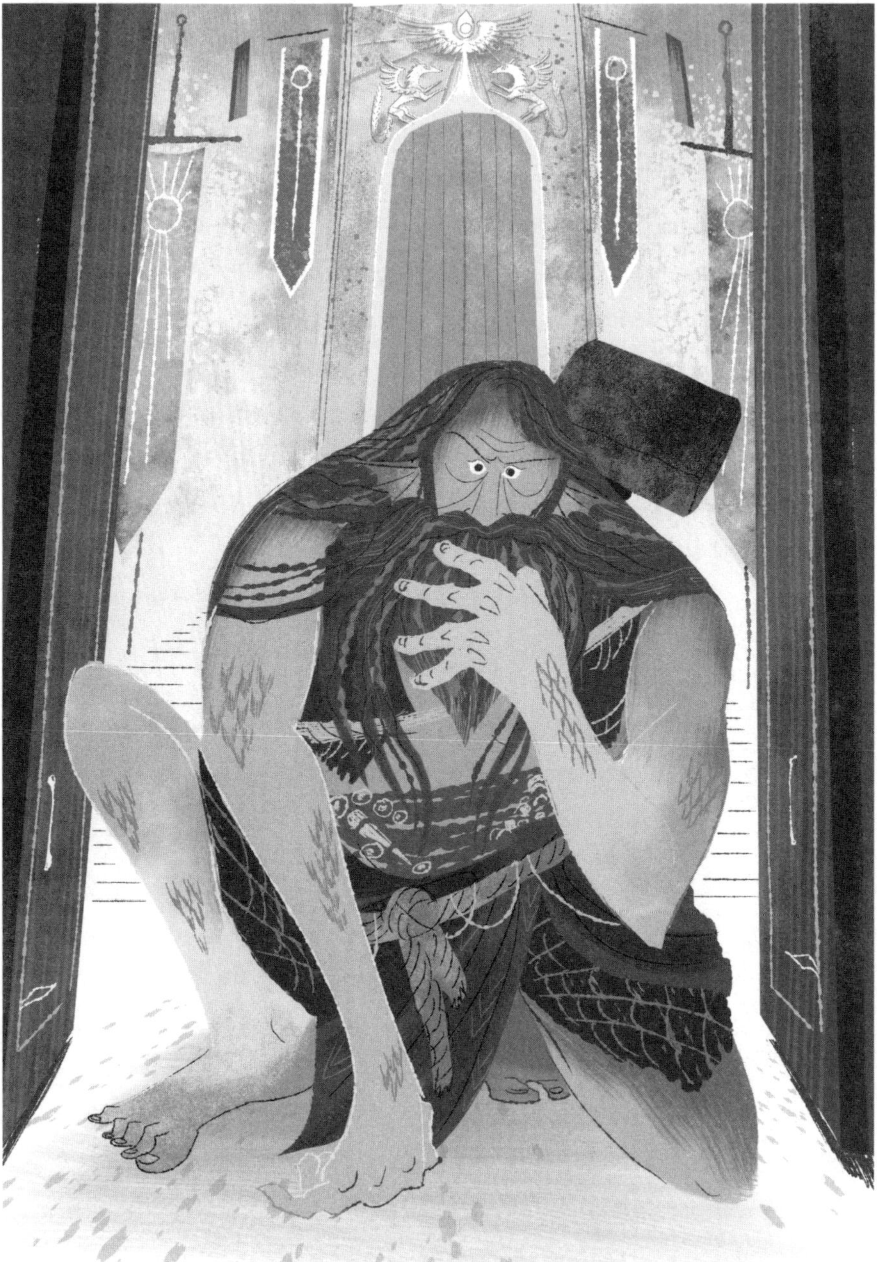

»Tideus knackt deine Metallblase da und hat saftiges Menschlein zum Mittag!«

Du erklärst ihm, dass du normalerweise zu gerne mit ihm rangeln würdest, aber dringend in die Zitadelle musst.

»Und Tideus dringend muss rangeln! Weißte was – wenn rangeln wir tun und du gewinnst, Tideus dir was bin schuldig. Wenn du verlierst, dann Tideus knackt deine Metallblase da und hat saftiges Menschlein zum Mittag! Aber vielleicht du haste ja was kleines Leckerbisschen für Tideus, dann Tideus bisschen weniger springt knackhart um mit dir.«

Der Meeresriese braucht Essen im Wert von 4 AUSDAUER-Punkten. Wenn du das hast und es ihm geben willst, gehe zu **166**. Hast du nichts zu essen oder willst es nicht mit dem Riesen teilen, lies weiter bei **244**.

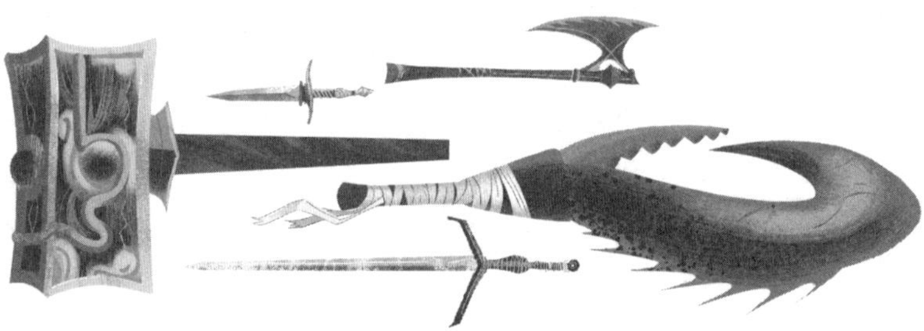

291

Eine Runde im kühlen Nass zu schwimmen, klingt mehr als verlockend.

Wenn Altos deine Heimatinsel ist, gehe zu **31**. Andernfalls lies weiter bei **322**.

292

Du steigst einige Stockwerke in die Tiefe, bis du einen feuchten Tunnel erreichst. Kleine Fackeln beleuchten den Gang. Jemand muss vor Kurzem hier gewesen sein.

Du gehst los. Plötzlich hörst du auf Kopfhöhe ein *Sausen*.

Stelle dein Geschick auf die Probe. Hast du Erfolg, lies weiter bei **34**. Versagst du, gehe zu **248**.

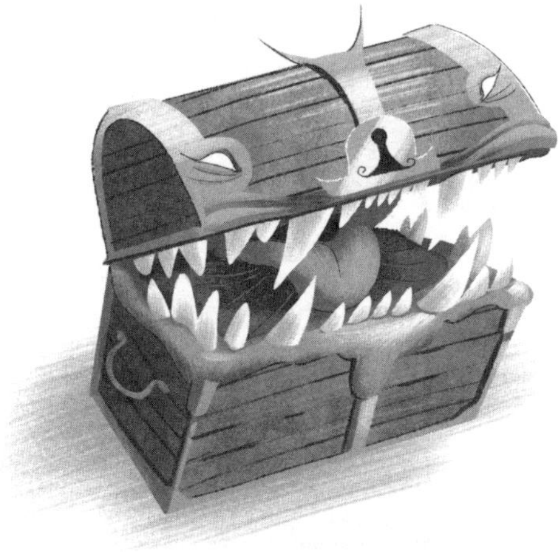

293

Du brichst zu den Wohngebieten im Westen auf. Wohin du auch gehst, triffst du auf Gruppen von Kobolden, Menschen, gelegentlich Sturmgeborenen und anderen Spezies, die darüber diskutieren, was sich auf Nimbus zugetragen haben könnte. Die Kobolde nehmen den Vorfall sehr persönlich, da es den Anschein hat, als habe ihre Technomantie auf irgendeine Art versagt und so den Absturz verursacht.

Als du durch eine Gasse läufst, hörst du ein *Summen*.

Solltest du auf deinem Abenteuer-Blatt das Schlüsselwort **Spionauge** notiert haben, gehe zu **317**. Wenn nicht, mache weiter bei **357**.

294

Du rammst die Tür und sie gibt nach, bricht aber nicht aus den Angeln. (Du verlierst 2 AUSDAUER-Punkte, weil du dir dabei die Schulter geprellt hast.)

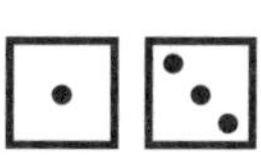

Willst du ein zweites Mal gegen die Tür stürmen, *stelle deine Ausdauer erneut auf die Probe*. Ziehe vom Würfelergebnis 2 ab, solltest du eine Axt oder eine schlägerähnliche Waffe bei dir haben. Bestehst du den Test, gehe zu **234**, doch wenn du versagst, mache weiter bei **268**.

295

Caleb scheint etwas Ruhe brauchen zu können. Als du gerade aufbrechen willst, fängt er an zu husten, als hätte er sich an etwas verschluckt. Du gehst zu ihm, um ihm zu helfen.

Er zerrt sich das Hemd von der Brust – entsetzt seht ihr beide, dass sich unter seiner Haut Tentakel bewegen. Das Wesen muss etwas in ihn injiziert haben!

Er *gurgelt* und *brüllt*, als seine Haut sich hebt und wölbt, während das, was in ihm steckt, nach draußen drängt. In seinen Augen liegt ein Flehen, seinen Qualen ein Ende zu bereiten.

Willst du Caleb von seinem Leid befreien, gehe zu **86**. Möchtest du lieber abwarten, was geschieht, lies weiter bei **254**.

296

Als du das kleine Zimmer untersuchst, fällt dein Blick auf etwas Glitzerndes unter dem Bett. Du krabbelst darunter und entdeckst einen kleinen Messingknopf, der zu einer Art Uniform zu gehören scheint – vielleicht von irgendeiner Armee. Möglich, dass in diesem Raum Kommandant Talliman untergebracht war. (Du kannst den Messingknopf auf deiner Ausrüstungsliste eintragen.)

Während du unter dem Bett hervorkriechst, findest du einen kleinen Zettel, der aus der Fußbodenleiste ragt. Du versuchst, ihn mit den Fingerspitzen herauszuziehen.

Stelle dein Glück auf die Probe. Hast du Glück, gehe zu **153**. Hast du Pech, lies weiter bei **366**.

297

Die Maschine stößt ein schrilles Geräusch aus und schießt einen kleinen Feuerball auf Silas ab. Mit ausgestrecktem Kurzschwert wirfst du dich vor deinen Freund.

Stelle dein Geschick auf die Probe. Hast du Erfolg, lies weiter bei **189**. Versagst du, gehe zu **278**.

298

Noch bevor du Cumulus sehen kannst, riechst du es. Beeindruckende Märkte machen den Großteil der Insel aus, und von den vielen Ständen und Händlern, die dort ihre Ware feilbieten, steigen dir zahlreiche Düfte in die Nase. Der herrlich würzige Geruch von Ingwerplätzchen und Zimtmilchpudding vermischt sich mit dem beißenden Aroma von Stinkefrüchten und brutzelnden Fischsteaks.

Als dich das Aroma deiner Heimat umfängt, musst du eine Träne verdrücken. Deine Gedanken schweifen ab, während du überlegst, ob Cumulus dasselbe Schicksal bevorsteht wie Nimbus. Von hier aus hast du freie Sicht auf die Stelle, an der sich die Insel noch vor Kurzem befunden hat – sie knistert vor merkwürdiger Elementarenergie. Was die Insel auch zum Absturz gebracht hat, muss sehr mächtig gewesen sein.

Ein *Summen* reißt dich aus deinen Gedanken und deine Flügel beginnen zu vibrieren. Du spannst die Schultern an und bewegst den Oberkörper, um einen sicheren und möglichst weichen Landeplatz anzusteuern, bevor dem Sturmkristall deiner Gleiter die Energie ausgeht.

Stelle dein Geschick auf die Probe. Hast du Erfolg, lies weiter bei **12**. Versagst du, gehe zu **138**.

299

Du folgst den Spuren am Ufer. Nach einer Weile werden aus den Abdrücken schlammige undeutliche Pfotenmuster auf den Felsen, die zu einer versteckten Höhle hinter dem Wasserfall führen.

Willst du die Höhle betreten, lies weiter bei **237**. Möchtest du umkehren und stattdessen zum Koboldflieger laufen, gehe zu **361**.

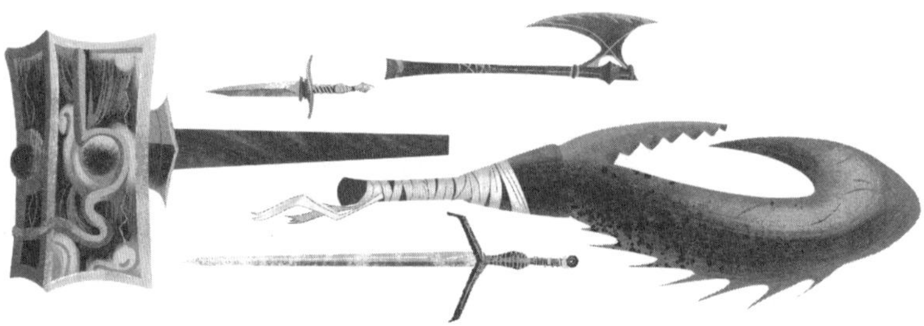

300

Du bringst die Kobolde, die die Beine steuern, durcheinander und schwächst sie, bis der Kriegergolem zu Boden stürzt.

(Halbiere den noch verbliebenen AUSDAUER-Wert des Kriegergolems und runde gegebenenfalls auf.) Lies weiter bei **100**.

301

Du greifst nach der Klinke der Tür zum Großen Saal. Doch der Bannkreis lässt dich abprallen (du verlierst 1 AUSDAUER-Punkt).

Möchtest du noch einmal zum halb gefluteten Bereich nahe der Bibliothek, gehe zu **236**. Möchtest du zur Schwimmsphäre, lies weiter bei **136**. Solltest du die Küche noch nicht durchforstet haben und das nun nachholen wollen, gehe zu **9**. Willst du zu Vizigg zurückkehren, blättere zu **52**.

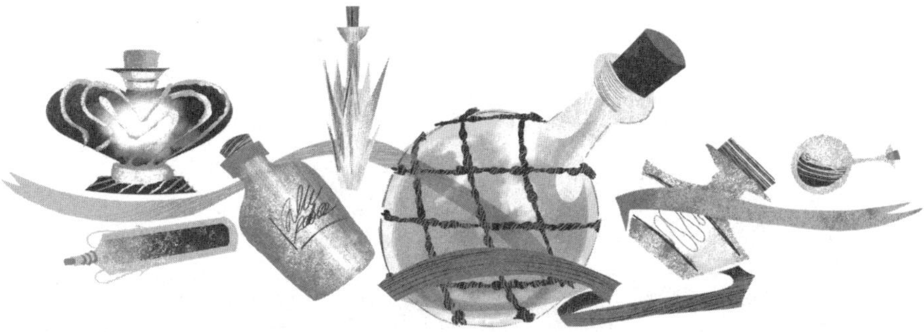

302

Du schaffst es, dich der Heulkatze zu entledigen, wirst aber das Gefühl nicht los, dass jemand sie auf dich angesetzt hat. Du überlegst, wohin du weitergehst.

Solltest du auf deinem Abenteuer-Blatt das Schlüsselwort **Vizigg** notiert haben, blättere zu **126**. Falls nicht, lies weiter bei **214**.

303

Der Drachenfruchtbaum schüttelt seine wenigen verbliebenen Köpfe, gräbt seine Wurzeln wieder in die Erde und erstarrt. Die kleinen Drachenköpfe schließen die Augen und fangen an, leise zu schnarchen. Die alte Frau wirkt erleichtert.

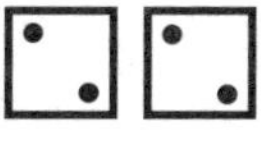

»Danke«, sagt sie und stellt sich als Maude vor – in ihren wilden Jahren auch bekannt als »Haudrauf-Maude«. »Gut, dass du aufgetaucht bist. Wäre wahrscheinlich kein Spaß geworden, den kleinen Biestern mit Kinnhaken zu Leibe zu rücken.« (Du erhältst 1 Punkt *GLÜCK.*)

Maude fragt dich, was auf Nimbus passiert ist. Ihre Tochter ist ebenfalls eine Wächterin der Himmelsgarde und war bei der Großversammlung. Maude macht sich große Sorgen, dass ihr etwas zugestoßen sein könnte.

Willst du ihr die Wahrheit sagen, nämlich dass du es selbst nicht weißt, dann gehe zu **24**. Willst du schwindeln und ihr versichern, dass alles in Ordnung ist, lies weiter bei **329**.

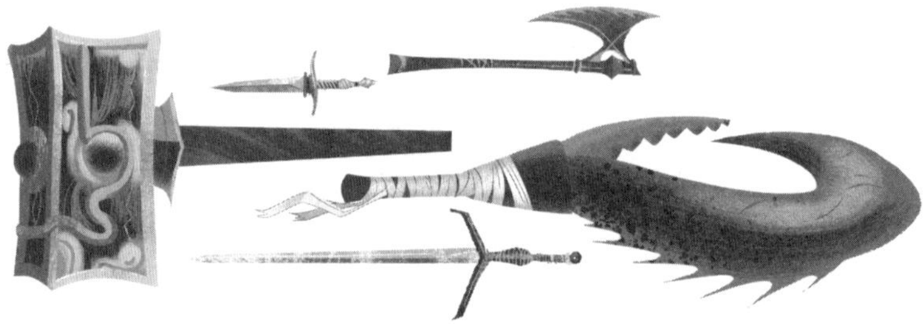

304

Du näherst dich den Glücksspielständen. »Gewinne oder verliere alles mit nur einem Wurf!«, ruft der Kobold, der den Stand führt. »Mit fünf oder sechs gewinnst du! Verdopple deinen Einsatz! Ah, ein Mitglied der Himmelsgarde! Was bist du bereit zu setzen?«

Du kannst 1, 2 oder 3 Goldstücke setzen. Dann würfle mit 1 Würfel. Bei 5 oder 6 gewinnst du und erhältst das Doppelte deines Einsatzes zurück. Bei 1 bis 4 ist dein Einsatz verloren.

Solltest du gewinnen, lies weiter bei **273**. Wenn du verlierst, gehe zu **247**.

305

Du fährst auf das Licht zu. Als du näher kommst, erkennst du das liegen gebliebene Boot. Der Fischer hat eine Laterne entzündet und betätigt immer wieder die Blende – daher der Blinkeffekt.

»Hab gehört, wie du aufgetaucht bist«, sagt er. »Wollte nur sichergehen, dass du mich auch findest. Schon Glück gehabt mit dem Leiter?«

In der Hoffnung, es ist, wonach er gesucht hat, reichst du ihm die Messingstange. Er wirkt zufrieden.

»Danke. Jetzt bin ich mit meinem Boot in null Komma nichts von hier unten verschwunden.«

Er klettert den Mast hinauf und befestigt den Leiter. Sofort zünden die Sturmkristalle und das Boot hebt sich aus dem Wasser. Doch bevor er außer Sicht verschwindet, wirft der Fischer dir noch etwas getrocknetes Krebsfleisch und einen Machttrank zu.

(Das Krebsfleisch reicht, um bei Verzehr bis zu 3 AUSDAUER-Punkte aufzufüllen. Der Machttrank verleiht dir für die Dauer eines Kampfes 2 zusätzliche Punkte Angriffsstärke. Außerdem erhältst du 2 Punkte GLÜCK, weil du dem Fischer geholfen hast. Trage alles auf deinem Abenteuer-Blatt ein.)

Du siehst zu, wie das Boot durchs Gewitter am Himmel verschwindet. Nun ist es an der Zeit, dein eigenes Abenteuer weiterzuverfolgen. Willst du:

Dem Gesang nachgehen? → Weiter bei **264**.
Zurück zu den Höhlen abtauchen, falls du sie noch nicht vollständig erforscht hast? → Weiter bei **85**.
Oder zu dem großen undeutlichen Umriss tauchen? → Weiter bei **191**.

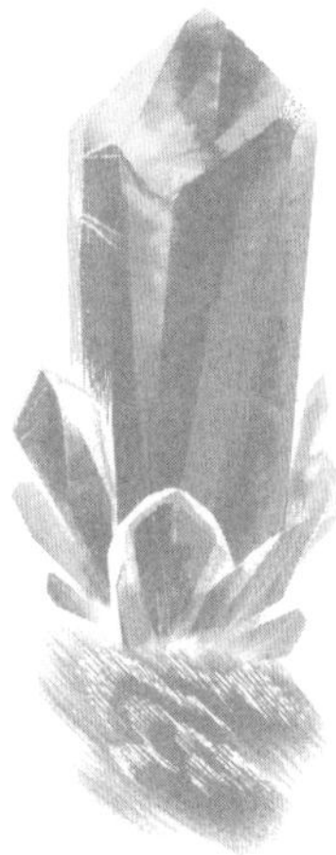

306

Sobald du in der Wache bist, folgst du dem Schnarchen, das aus dem kleinen Hinterraum seitlich der Unterkünfte zu kommen scheint. Als du eintrittst, hörst du ein *sausendes* Geräusch und erspähst ein Holzscheit, das auf dein Gesicht zufliegt.

Stelle dein Geschick auf die Probe. Hast du Erfolg, lies weiter bei **225**. Versagst du, gehe zu **160**.

307

Auf keinen Fall wirst du diesem diebischen Tier deinen Münzbeutel überlassen! Du setzt zur Verfolgung an.

Die Kakerlake flitzt durch eine schmale Nebenstraße. Du folgst ihr, stehst aber auf einmal in einer Sackgasse. Als du dich suchend umsiehst, entdeckst du ein kaputtes Sturmkanalgitter, durch das du dich womöglich zwängen könntest. Außerdem fällt dein Blick auf eine Treppe, die zu den Dächern einiger kleiner Bruchbuden hinaufführt.

Willst du dein Glück am Kanalgitter versuchen, lies weiter bei **171**. Möchtest du zu den Dächern hochklettern, blättere zu **117**.

308

Du zeigst den Fischern die Seite aus dem Kassenbuch, die du auf Cirrus gefunden hast.

»Die ist von hier«, bestätigt einer der Männer, der sie ganz genau betrachtet. »Nur der Name sagt mir nichts. Von Incus ist das jedenfalls niemand. Hat vielleicht was mit diesem Schiff vom Festland zu tun, das vor ein paar Monaten gesunken ist. Viel weiß ich allerdings nicht darüber. Frag doch mal bisschen rum.«

Um am Ostanleger nach Matix zu suchen, gehe zu **242**. Willst du zu Matix' Zuhause im Norden von Incus, lies weiter bei **161**.

309

Du wehrst die Pfeile erfolgreich mit deinem Mantel ab. Glücklicherweise ist er mit feinen, leichten Drähten verstärkt, wodurch er sehr widerstandsfähig ist. Wenig überrascht darüber, dass jemand wie der Technomantiker-Älteste Vizigg sein Zuhause mit Fallen ausgestattet hat, steigst du weiter nach oben. Schließlich erreichst du eine Tür. Blättere zu **83**.

310

Das kalte Wasser macht dir deutlich, was aus Nimbus wird, solltest du bei deiner Mission scheitern: ein nasses Grab! Das Wasser schlägt rings um dich kleine Wellen, doch nichts stört dich beim Schwimmen. Lies weiter bei **73**.

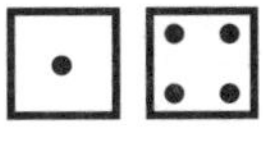

311

Du siehst, wie die Erde sich wölbt und Risse bekommt, als etwas sich durchs Erdreich auf dich zuwühlt, sodass die Marktstände nur so davonfliegen.

Mit bebenden Händen wählst du deine beste Waffe, als auch schon eine riesige wurmähnliche Kreatur aus dem Boden schießt. Augen scheint sie keine zu haben, dafür umso mehr glitzernde Reißzähne in dem gewaltigen aufgerissenen Maul, das geradewegs auf dich zuschnellt.

Tunneller-Bestie *Geschick 8* | *Ausdauer 9*

Falls du gewinnst, lies weiter bei **289.**

312

Du steuerst die *Nauplius* durch die sturmgepeitschte See und suchst nach irgendeiner Spur von Nimbus. Die Wellen werfen dich hin und her, bis du dich gezwungenermaßen in den Kupfereimer übergibst, den Matix freundlicherweise bereitgestellt hat. (Verliere 1 AUSDAUER-Punkt.) Danach geht es dir allmählich wieder besser.

Auf einer Welle vor dir entdeckst du einen kleinen leuchtenden Gegenstand. Als du näher kommst, erkennst du, dass es eine Kobold-Pastete ist, und wunderst dich, was die Kobolde wohl in ihren Teig geben, da ihre Häppchen offensichtlich alles überstehen!

Plötzlich schießt ein Tentakel aus dem Wasser und schnappt sich die Pastete.

Ein gewaltiges Monster erhebt sich aus den Fluten und greift die Schwimmsphäre an. Es hat den Kopf und den Oberkörper eines monströsen Hais und den tentakelbewehrten Unterkörper eines giganti-

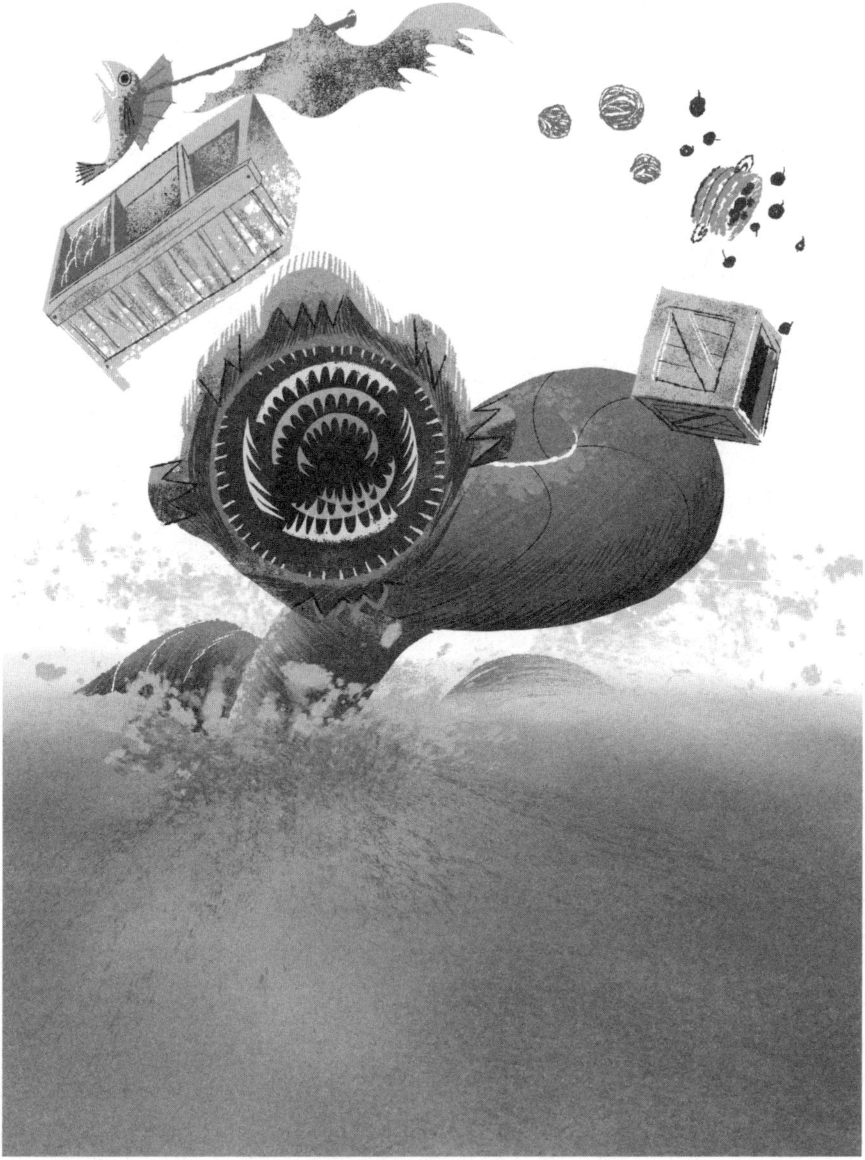

Eine riesige wurmähnliche Kreatur schießt aus dem Boden.

schen Kalmars – du hast es mit dem Großen Weißen Kalmarhai zu tun, der dich zu seiner nächsten Mahlzeit auserkoren hat. Du packst die Kontrollhebel der *Nauplius* fester und machst dich bereit, das Meeresmonster mit den mechanischen Greifzangen der Schwimmsphäre zu bekämpfen.

Großer Weißer Kalmarhai   Geschick 9 | Ausdauer 10

Falls du gewinnst, gehe zu **259**.

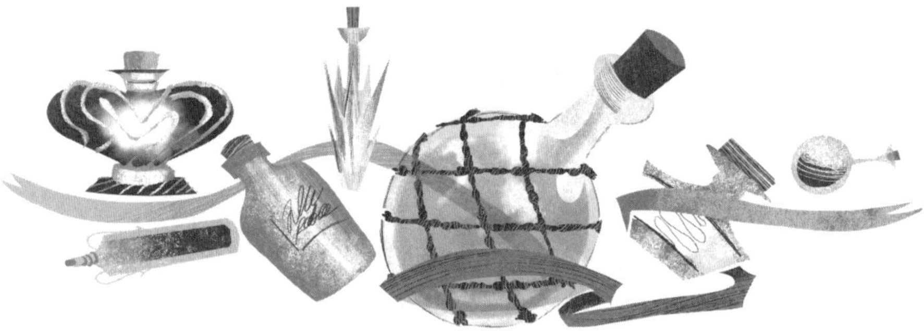

313

Du siehst dich im Labor um. Eigentlich ist es nicht nur ein Zimmer, sondern quasi gleich mehrere, provisorisch voneinander getrennt. Überall stehen verschiedene Werkbänke, Werkzeuge für Metallarbeiten und Ausrüstung herum. Es hat den Anschein, als hätte man die Zwischendecke zu den Räumen darüber entfernt, um eine extrahohe Decke zu schaffen. In der Nähe entdeckst du Metallgerüste und Leitern, die darauf schließen lassen, dass man hier an etwas sehr Großem gearbeitet hat. Außerdem gibt es eine Art große zentrale Plattform, die anscheinend mit einem Hebel auf und ab gefahren werden konnte.

Du machst dich auf die Suche und findest eine schwarze Kerze sowie einen Stärkungstrunk. (Ergänze beides auf deinem Abenteuer-Blatt. Wenn du den Trunk zu dir nimmst, verhindert er für die Dauer eines Kampfes Strafpunkte durch die Waffe deiner Wahl und erhöht deine Angriffsstärke – ebenfalls für die Dauer dieses einen Kampfes – um 2 zusätzliche Punkte.)

Du überlegst, wie du weitermachst.

Willst du zurück zu Halleck in das Zimmer unter dir klettern, gehe zu **43**. Um den Hebel zu betätigen, lies weiter bei **143**.

314

Du erreichst das Ufer und schwörst, nie wieder schwimmen zu gehen!

Wenn du nun am See entlanglaufen willst, um näher zum Großen Wasserfall zu gelangen, lies weiter bei **75**. Willst du stattdessen umkehren und zur Inselwache aufbrechen (sofern du dort noch nicht warst), gehe zu **40**.

315

Du hebst die Skizzen auf und stellst schaudernd fest, dass sie dich darstellen. Auf einem der Blätter, das erst vor Kurzem gemalt worden sein kann, sieht man dich sogar durch Asperitas wandern.

Außerdem entdeckst du Aufzeichnungen, die festhalten, was du bisher auf der Insel getan hast. Wer in diesem Haus auch wohnen mag, scheint sich sehr dafür zu interessieren, was du tust.

Wut steigt in dir auf. Dein Blick fällt auf das Gerät, mit dem die

Spionaugen geladen werden. Offenbar kann man damit auch die Intensität der Ladung regeln, die in die Sturmkristalle fließt.

Willst du die Ladung überhöhen und versuchen, die Spionaugen so zu zerstören (gehe zu **389**), oder möchtest du dich zuerst im Erdgeschoss umsehen, solltest du das nicht schon getan haben (dann gehe zu **182**)? Alternativ kannst du das Haus einfach verlassen und bei **149** weitermachen.

316

Mit einem Ruck reißt du an den Kontrollhebeln und schaffst es, die *Nauplius* aus dem Trümmerregen zu manövrieren. Die Lawine kommt zum Stillstand, doch der Tunnel vor dir ist nun blockiert. Dir bleibt nichts anderes übrig, als umzukehren und anderswo weiterzuforschen.

Solltest du die Abzweigung nach rechts noch nicht erkundet haben, kannst du das nun tun (weiter bei **101**). Um dir den großen verschwommenen Umriss näher anzusehen, gehe zu **191**.

317

Du kennst dieses Geräusch – es ist dasselbe wie in der Inselwache auf Cirrus! Und tatsächlich taucht ein weiteres fliegendes Auge aus Metall und Glas auf, das dich von oben beobachtet. Umgekehrt musterst auch du es aus den Augenwinkeln, bis es davonfliegt. Du beschließt, ihm zu folgen.

Wirf 1 Würfel. Bei 1 oder 2, gehe zu **76**. Bei 3 oder 4, gehe zu **142**. Bei 5 oder 6, gehe zu **339**.

318

Du schleuderst das Feueröl auf den Kobold-Kriegergolem.

Stelle dein Glück auf die Probe. Wenn du Glück hast, lies weiter bei **246**. Hast du Pech, gehe zu **276**.

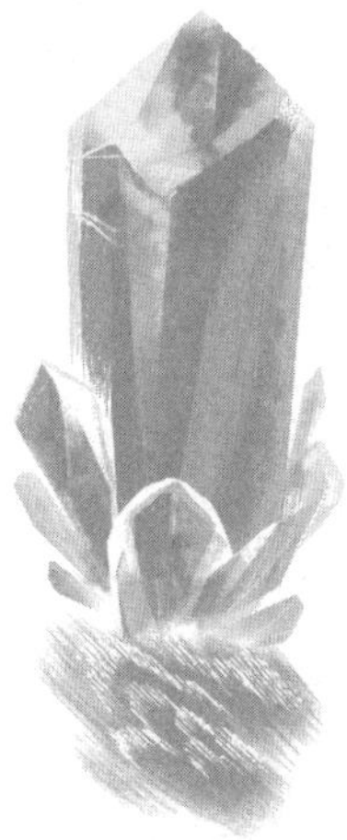

319

Schnell findest du ein brauchbares Versteck und stürzt darauf zu.

Stelle dein Glück auf die Probe. Hast du Glück, gehe zu **240**. Hast du Pech, lies weiter bei **97**.

320

Du beschließt, mit deinen Gleitern zur Landwirtschaftsinsel Cirrus zu fliegen. Daxa lädt sie für dich auf, dann nimmst du Anlauf und erhebst dich mit einem Sprung in die Luft. Schnell bleiben die Märkte von Cumulus hinter dir zurück.

(Falls Dav dich begleitet hat, bleibt er auf Cumulus und du verlierst deine Angriffs- und Schadensvorteile. Passe deine Werte auf dem Abenteuer-Blatt entsprechend an.) Weiter bei **105**.

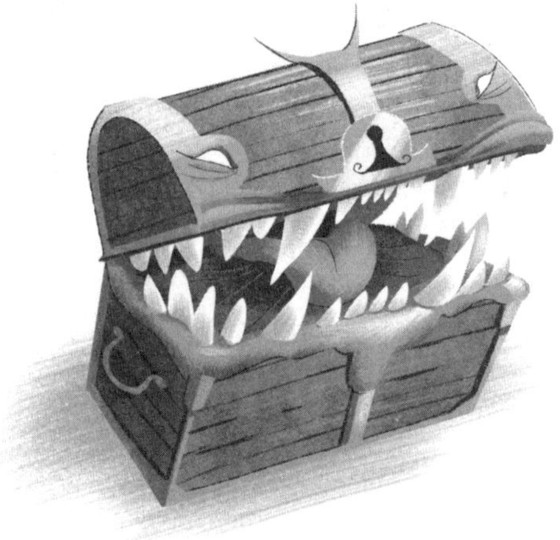

321

»Ich dachte schon, ich seh dich nie wieder!«

Eine vertraute Stimme reißt dich aus deinen Gedanken. Es ist Silas, ein alter Freund von dir und der beste Weinbauer auf ganz Cirrus. »Ich hab die Explosion von hier aus gesehen. Was war denn nur los?« Leider hast du keine Ahnung. Und diejenigen, die Bescheid wissen, sind gerade in den Ozean der Sturmwinde tief unter euch gestürzt.

Traurig berührst du dein Abzeichen, als dir klar wird, dass du womöglich in ganz Pangaria das letzte lebende Mitglied der Himmelsgarde bist. Deine Traurigkeit weicht einer neuen Entschlossenheit. Du wirst herausfinden, was Nimbus zugestoßen ist, bevor der Rest Pangarias auch noch vom Himmel fällt.

Könntest du Hallecks Gleiter wieder mit Energie versorgen, würden sie einen wirklich nützlichen Teil deiner Ausrüstung darstellen. Außerdem hast du seinen Münzbeutel. Und du bist ziemlich sicher, dass er nichts dagegen hätte, ihn dir zu leihen, wenn es darum geht, deine Pflicht zu tun. (Trage auf deinem Abenteuer-Blatt 10 Goldstücke ein.)

Du wirfst einen prüfenden Blick auf deine Taille: Dein treues Kurzschwert ist noch da. Und dich beschleicht das Gefühl, dass du es brauchen wirst. (Ergänze das Kurzschwert auf der Waffenliste deines Abenteuer-Blatts.)

»Ich bewundere deine Entschlossenheit«, sagt Silas und schlägt dir aufmunternd auf den Rücken. »Besser, ich begleite dich gleich und nehme meine beste Heugabel mit. Irgendwas da draußen will eindeutig, dass du am Leben bleibst, und ich hab vor, dabei zu helfen. Zumindest solange du auf Cirrus bist. Was meinst du – sollen wir diese blaugrüne Rauchwolke in Augenschein nehmen, die aus dem Feld dahinten kommt? Die gefällt mir nämlich kein Stück.«

Silas Unterstützung macht dir Mut. Solange er dich begleitet, kannst du deine Angriffstärke um je 2 Punkte erhöhen. Außerdem richtest du jeweils 1 zusätzlichen Schadenspunkt an. Wirst du dagegen selbst verletzt, kannst du den Schaden, den du nimmst, um 1 Punkt verringern. (Notiere dir das auf deinem Abenteuerbatt.)

»Na schön«, sagt Silas. »Wo soll's hingehen?«

Wenn du zur Inselwache aufbrechen willst, um dort nach Proviant zu suchen, lies weiter bei **49**. Möchtest du die blaugrüne Rauchwolke untersuchen, gehe zu **137**.

322

Du tauchst in den See. Für einige Augenblicke fühlt sich das kühle Wasser, das über deinen Kopf schwappt, angenehm erfrischend an. Zumindest, bis du spürst, wie etwas deinen Knöchel packt.

Wirf 1 Würfel. Würfelst du 1 oder 2, gehe zu **154**. Bei 3 oder 4 lies weiter bei **262**. Bei 5 oder 6 blättere zu **359**.

323

Als du den Fliegerhafen endlich erreichst, triffst du auf eine Gruppe verärgerter Inselbewohner von Incus, die hier umherwuseln. Du bahnst dir einen Weg zum Piloten und sprichst ihn an.

»Die Inselverwaltung hat uns gerade Ausflugverbot erteilt«, eklärt er. »Bis auf Weiteres darf kein Luftschiff mehr die Insel verlassen.«

Du erklärst ihm, dass du in offizieller Mission für die Himmelsgarde unterwegs bist.

»Tut mir leid, aber solange du kein offizielles Dokument von deinem Vorgesetzten hast, hebt hier auch für dich kein Flieger ab«, antwortet er und verschränkt resolut die Arme.

Wohl oder übel musst du dich auf deine eigenen Flügel verlassen, also gehst du zur Ladestation, um den Sturmkristall der Gleiter aufzuladen. Du steckst 1 Goldstück in den Schlitz.

Nichts geschieht.

»Tut mir leid, die ist kaputt«, sagt der Pilot.

Du verlangst dein Geld zurück.

»Dafür brauche ich einen schriftlichen Antrag«, meint er nur – eine Spur zu selbstgefällig. »Für technomantische Störungen bin ich nicht zuständig.«

(Falls noch nicht geschehen, ziehe 1 Goldstück von deinem Vorrat ab.)

Offensichtlich musst du einen anderen Weg finden, um diese Insel zu verlassen, also gehst du nach Norden in Richtung von Matix' Zuhause. Lies weiter bei **161**.

324

Du wirfst Tideus den Kräftigungstrank zu. Er fängt ihn mit dem Mund und schluckt ihn direkt hinunter. Dann blickt er auf seine riesigen blauen Hände und ballt aufgeregt die Fäuste.

(Erhöhe Tideus' GESCHICK-Wert um 1 Punkt und seinen AUSDAUER-Wert um 3 Punkte. Notiere beide neuen Werte auf deinem Abenteuer-Blatt.)

»Tideus mehr Kraft fühlt! Was du noch hast?«

Möchtest du Tideus einen Heilungstrunk oder Extrastarken Heilungstrunk geben (und hast es noch nicht getan), gehe zu **99**. Willst du dem Meeresriesen einen Macht-Trank geben (falls noch nicht geschehen), lies weiter bei **114**. Hast du ihm alles gegeben, was du hast, blättere zu **129**.

325

Du machst dich zu der alten Werkstatt auf, weil du vermutest, dass dieses geheimnisvolle Teil, das vom Himmel fiel, von der Explosion auf Nimbus stammen könnte. Es dauert eine Weile, doch dann entdeckst du das rätselhafte Objekt, um das sich ein Grüppchen geschart hat. Es sieht aus wie ein großer Metallbrocken. Ein Kobold versucht gerade, ein Gerät daran zu befestigen. Und dieses Gerät ist mit einem geladenen Sturmkristall bestückt.

Du erkundigst dich bei einem der Umstehenden, was vor sich geht.

»Das Ding ist Technomantie, aber anders als alles, was wir kennen«, erklärt er. »Nix will es aufladen und sehen, was passiert. Seine halbe Werkstatt hat es plattgemacht, daher will er es möglichst schnell loswerden.«

Willst du:

Nix klarmachen, dass dies keine gute Idee ist? → Gehe zu **19**.

Nix den Metallbrocken laden lassen und abwarten, was passiert? → Gehe zu **250**.

326

Tideus und der Kobold-Kriegergolem kämpfen weiter.

Solltet du und Tideus als Erste zwei der nächsten drei Angriffsrunden gewinnen, gehe zu **388**. Gewinnt der Kobold-Kriegergolem zwei der nächsten drei Angriffsrunden, lies weiter bei **167**.

327

Du beschließt, dem geheimnisvollen Wesen im Nebel gegenüberzutreten. Als du weiterläufst, wallt der Nebel auf, während die fauchende Kreatur näher kommt. Sie erhebt sich aus den Schwaden. Über ihren langen, schuppigen Körper zucken Blitze – es ist eine Gewitterschlange ein seltenes und extrem gefährliches Tier.

Und du musst dich jetzt mit ihr herumschlagen.

Gewitterschlange Geschick 9 | Ausdauer 9

Falls dich die Gewitterschlange trifft, wirf 1 Würfel. Bei 4 bis 6 richtet sie doppelten Schaden an, da gezackte Blitze aus ihrem Maul schießen. Solltest du mit einer Waffe aus Metall angreifen und damit einen Treffer landen, wirf 1 Würfel erneut. Wenn du die 5 oder 6 würfelst, erleidest auch du 2 Punkte Schaden, weil du einen elektrischen Schlag abbekommst!

Falls du gewinnst, lies weiter bei **95**.

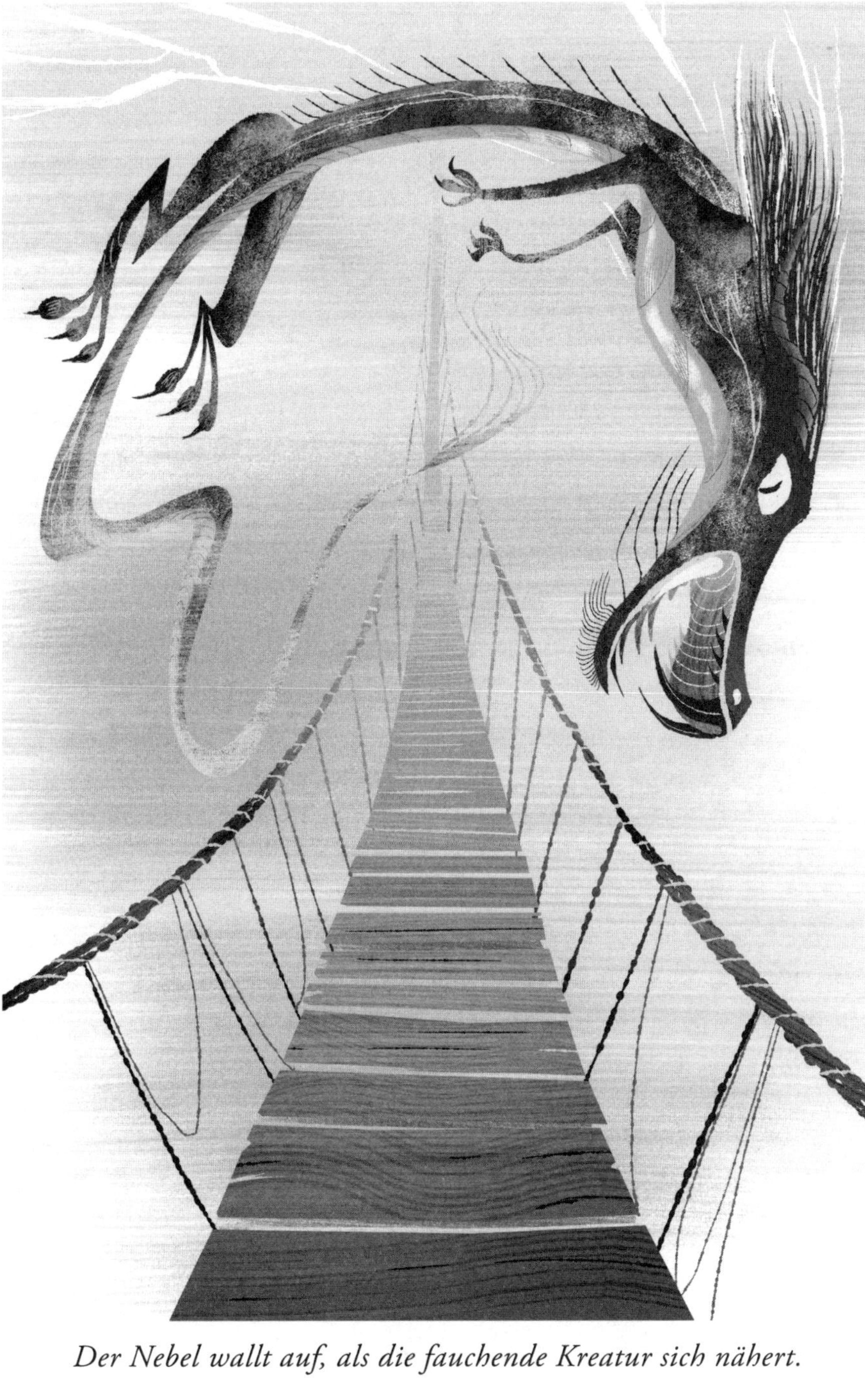

Der Nebel wallt auf, als die fauchende Kreatur sich nähert.

328

Du läufst zum Großen Wasserfall von Altos. Das Wasser hier ist so rein, dass viele Pangarianer glauben, es hätte heilende Kräfte. Jeden Sommer kommen sie, um im azurblauen See am Fuß des Wasserfalls zu baden und so all ihre Krankheiten zu kurieren.

Nachdem du eine Weile geklettert bist, findest du dich auf einem Felsvorsprung wieder, der sich über dem See erstreckt. Das Wasser wirkt tief und merkwürdig trüb. Dir ist heiß und viele Sorgen lasten auf dir. Dein bisheriger Tag war mehr als anstrengend. Eine nette Abkühlung im Wasser wäre jetzt genau das Richtige.

Wenn du eine Runde im See schwimmen möchtest, gehe zu **291**. Willst du am Ufer entlang zum Großen Wasserfall laufen, lies weiter bei **75**. Willst du stattdessen zurück zur Inselwache – solltest du dort noch nicht gewesen sein –, blättere zu **40**.

329

Du erzählst ihr, dass die Behörden gerade an einer Lösung arbeiten und dass sie sich keine Sorgen machen soll. Du bist sicher, dass Nimbus schon bald wieder in Pangaria schwebt. Maude mustert dich eindringlich und wägt deine Antwort ab. Lies weiter bei **364**.

330

Du findest, du hast die Wächter lange genug ausgefragt. Du trägst ihnen auf, dass sie sich an einem sicheren Ort verschanzen sollen, solange du nach weiteren Überlebenden suchst. Mit gezogener Waffe läufst du durch den Gang. Die Luft riecht bereits leicht abgestanden. Lies weiter bei **390**.

331

»An deiner Stelle würde ich das bleiben lassen. Zumindest solange es dermaßen stürmt. Aber wenn es unbedingt sein muss, finde ich, dass du eine unserer Schwimmsphären haben kannst. Das heißt, du musst zu Matix. Normalerweise findet man sie entweder am Hauptschuppen für die Tauchboote am Ostanleger oder zu Hause in der Nähe des nördlichen Fliegerhafens.«

Wenn du die Seite aus dem Kassenbuch von Incus hast, gehe zu **308**. Um Matix am Ostanleger zu suchen, blättere zu **242**. Willst du Matix zu Hause im Norden von Incus suchen, gehe zu **161**.

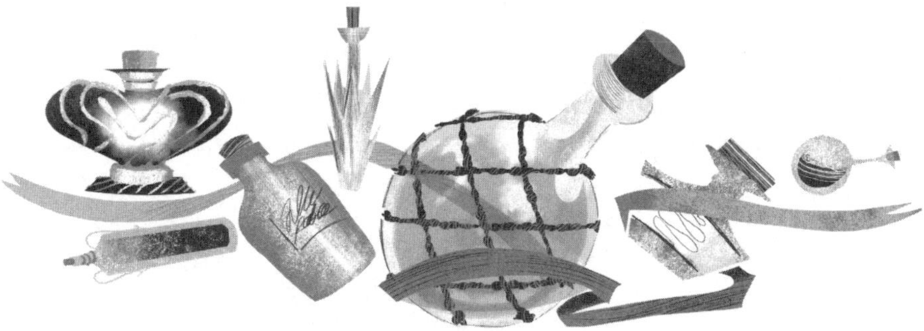

332

Dein Schwert trifft den Flügel der Kreatur. Sie lässt ihre Beute fallen und macht sich bereit, sich auf dich zu stürzen.

Geflügelter Gremlin *Geschick 5* | *Ausdauer 4*

Falls du gewinnst, gehe zu **122**.

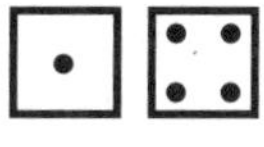

333

Du willst mit der *Nauplius* keine unnötigen Risiken eingehen. Vorsichtig machst du kehrt und verlässt den Tunnel, ohne das Wesen aus den Augen zu lassen.

Hast du den rechten Tunnelarm noch nicht erkundet und willst das nun nachholen, gehe zu **101**. Um zu dem großen undeutlichen Umriss aufzubrechen, lies weiter bei **191**.

334

Nach einem tödlichen Treffer mit der Axt des Kobold-Kriegergolems, die im Kopf des Meeresriesen stecken bleibt, kracht Tideus zu Boden. Der Kobold-Kriegergolem hebt einen seiner gigantischen Metallfüße. Du bist zu verwundet, um dich zu rühren. Der Fuß senkt sich. Kommt näher und näher. Dann wird alles schwarz.

Dein Abenteuer ist vorbei.

335

Du läufst zur Tür der Inselwache. Als du gerade nach draußen treten willst, da – *Wusch! Wusch! Wusch!* – schießen vor deiner Nase kreuz und quer Weinranken über den Eingang und versperren dir den Weg. Einige Weintrauben explodieren, sodass du mit ätzendem Saft bespritzt wirst. (Du verlierst 2 AUSDAUER-Punkte.)

Die übrigen Ranken kriechen über den Boden auf dich zu.

Wenn du einen Beruhigungstrank besitzt und ihn bei der Pflanze anwenden willst, gehe zu **223**. Andernfalls musst du mit dem Wein kämpfen, wenn du hier lebend wieder herauskommen willst.

Trauben des Zorns *Geschick 7* | *Ausdauer 8*

Falls du gewinnst, lies weiter bei **32**.

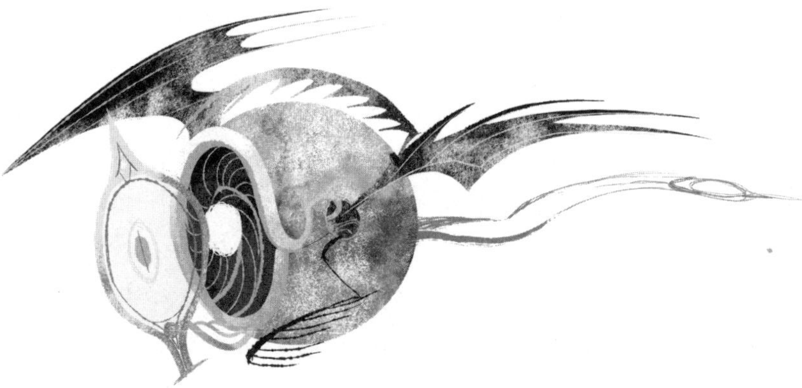

336

Du setzt deinen Weg über den Markt fort, passt diesmal aber besser auf, wer – oder was – dir womöglich folgt. Es dauert nicht lange, da rennt ein junger Kobold mit besorgter Miene auf dich zu.

»Ich hab gehört, du suchst nach mir?«, keucht er und ringt nach Atem.

Ein Sturmgeborener ist er definitiv nicht, also muss es wohl Hazi sein.

»Hast du irgendwelche Nachrichten von ihm? Hat er dich geschickt?«, fragt er.

Verwirrt fragst du, von wem er spricht.

»Natürlich von Vizigg, dem Technomantiker-Ältesten! Dann hat er also keine Botschaft gesandt?«

Du schüttelst den Kopf und erklärst, dass du herausfinden willst, was sich auf Nimbus zugetragen hat. Und dass man dir empfohlen hat, mit ihm zu reden.

Missmutig lässt Hazi sich auf eine Kiste sinken. »Bevor er sich zur Ruhe gesetzt hat, bin ich bei ihm in die Lehre gegangen. Zum Frühstück kommt er immer hierher, nur heute ist er nicht aufgetaucht – ohne Erklärung. Falls du nach Asperitas kommst, könntest du vielleicht bei ihm zu Hause nach dem Rechten sehen? Ich selbst habe nicht genug Münzen für den Flieger.«

Du versicherst ihm, dass du das tun wirst.

»Danke!«, sagt Hazi und wirkt gleich etwas erleichtert.

Du fragst ihn, ob er irgendeine Idee hat, was auf Nimbus passiert sein könnte.

»Ich hab da seit Jahren nicht mehr gearbeitet, trotzdem kann ich mir nicht erklären, wie es abstürzen konnte. Wie alle unsere Inseln wird Nimbus von riesigen Sturmkristallen in der Luft gehalten. Und anders als die Kristalle in euren Gleitern, sind die Inselkristalle so stark, dass ihnen die Energie nie ausgeht. Wenn die Kristalle versagt haben, dann ganz bestimmt nicht von selbst. Ich fürchte, das war kein Unfall.«

Notiere das Schlüsselwort **Hazi** auf deinem Abenteuer-Blatt.

Solltest du die Sturmkristallscherbe von Cirrus dabeihaben, blättere zu **282**. Andernfalls lies weiter bei **185**.

337

Gerade als du ins Zentrum von Incus aufbrechen willst, rennt eine verhüllte Gestalt auf dich zu und drückt dir ein kleines Päckchen in die Hand. »Galen lässt seinen Dank ausrichten«, zischt die Gestalt, bevor sie davonläuft.

Vorsichtig öffnest du das Paket. Darin findest du 2 Goldstücke und einen Stärkungstrunk. Offenbar hat Galen sein Wort, dir zu helfen, gehalten. (Trage beide Gegenstände in dein Abenteuer-Blatt ein. Wenn du den Trunk zu dir nimmst, erfährst du keine Strafpunkte, wenn du die Waffe deiner Wahl verwendest, und kannst deine Angriffsstärke während eines einzigen Kampfes um 2 Punkte erhöhen.) Gehe zu **90**.

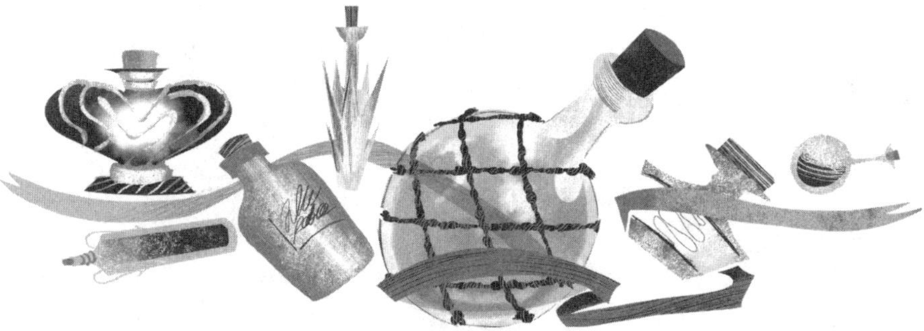

338

Du fragst Vizigg nach dem versiegelten Großen Saal.

»Nach allem, was vorgefallen war, durfte ich kein Risiko eingehen. Sollte darin etwas überlebt haben, darf es auf keinen Fall auf die Welt losgelassen werden. Also habe ich einen Bannkreis um den Saal gelegt, um in Ruhe an einer Lösung zu arbeiten. Der Bann hält jedoch nur noch so lange, wie ich aushalte, und meine Kräfte schwinden rasch.«

Hast du ihn noch nicht gefragt, warum Nimbus abgestürzt ist, und willst das jetzt nachholen, gehe zu **82**. Möchtest du Vizigg fragen, was er mit den zerbrochenen Sturmkristallen tut, und hast es noch nicht getan, lies weiter bei **59**. Hast du noch nicht erfahren, was ihm zugestoßen ist, und willst nun fragen, gehe zu **11**. Hast du keine weiteren Fragen an ihn, blättere zu **170**.

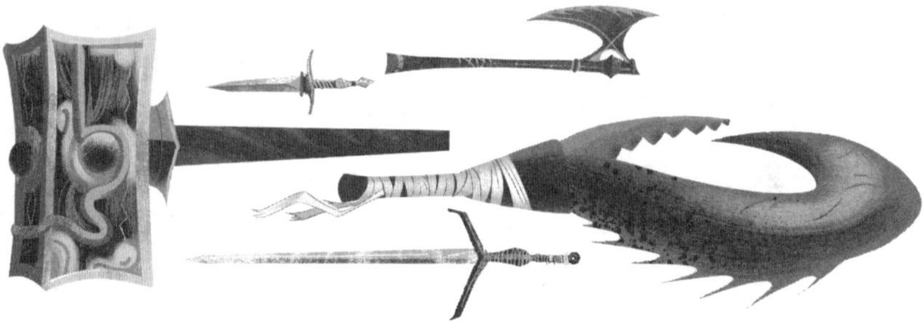

339

Du versuchst, das fliegende Auge durch die Straßen von Asperitas zu verfolgen. Es gelingt dir, ihm heimlich bis zu einer Ansammlung von Häusern in den Außenbezirken der Wohngegend nachzuspüren. Gehe zu **38**.

340

Du wühlst in deinem Rucksack, bis du etwas findest, das als Kleber herhalten könnte, und reichst es Grax. (Streiche es von deinem Abenteuer-Blatt.)

»Perfekt!«, sagt er erfreut. »Gib mir ein paar Minuten, dann sind wir flugbereit. Allerdings gilt meine Lizenz nur für Incus. Falls du nach Asperitas willst, musst du zur Nordseite von Incus und dort einen anderen Koboldflieger nehmen. Bis Altos oder Cumulus kommst du mit deinen Gleitern. Sag einfach Bescheid, wo du hinwillst.«

Willst du für 1 Goldstück deine Gleiter aufladen und nach Altos oder Cumulus fliegen, gehe zu **80**.

Möchtest du mit dem Luftschiff zur Fischereiinsel Incus aufbrechen, lies weiter bei **8**. (Falls Silas dich begleitet hat, bleibt er auf Cirrus zurück und du verlierst die Angriffs- und Schadensvorteile, die du durch ihn hattest. Trage dir das auf deinem Abenteuer-Blatt ein.)

341

Du holst *Bewohner der Tiefe: Wasserbestien und wie man sie tötet* aus dem Regal. Aus den Seiten strömt Wasser und ergießt sich auf den Boden. Aus der entstandenen Pfütze erhebt sich ein Meerestroll. Verwirrt und wütend auf dich, weil er dir die Schuld an seiner plötzlichen misslichen Lage gibt, greift er an.

Meerestroll Geschick 8 | Ausdauer 9

Falls du gewinnst, lies weiter bei **263**.

342

Du beschließt, die Wasserinsel Altos aufzusuchen. Daxa lädt deine Gleiter auf und mit einem Startsprint hebst du ab, um die Märkte von Cumulus hinter dir zu lassen.

(Falls Dav dich begleitet hat, bleibt er nun auf Cumulus. Damit verlierst du deine Angriffs- und Schadensvorteile. Ändere das entsprechend auf deinem Abenteuer-Blatt.) Lies weiter bei **103**.

343

Gefasst bleibst du stehen, als das rätselhafte geflügelte Wesen die Asche abschüttelt. Da begreifst du, dass es ein geflügelter Gremlin ist – besonders fiese kleine Kreaturen. Als er dich sieht, stürzt er sich *kreischend* auf dich.

Geflügelter Gremlin Geschick 5 | Ausdauer 4

Falls du gewinnst, gehe zu **122**.

344

Du lenkst die *Nauplius* in den rechten Gang hinein, der noch immer komplett unter Wasser steht. Hier gibt es weniger Tote, allerdings fällt dir auf, dass diese wenigen schrecklich zugerichtet und zerfleischt sind. Vorsichtig fährst du weiter.

Plötzlich ertönt ein lautes *KLONK!* und die Schwimmsphäre wirbelt unkontrolliert durchs Wasser.

Weil du vermutest, etwas gerammt zu haben, bringst du das Tauchboot erst einmal unter Kontrolle, bevor du wendest. Da wird dir klar, dass *du* gerammt wurdest, und zwar vom Dreizack eines wütenden Hailings. (Ziehe 2 Punkte vom AUSDAUER-Wert der *Nauplius* ab.) Diese furchtbare Bestie hat den Kopf und die leblosen schwarzen Augen eines Hais. Auf dem Rücken wächst ihr eine große Flosse, doch die Beine sind menschenähnlich und die Hände brutale Klauen.

Hailing Geschick 9 | Ausdauer 9

Sobald der Hailing einen Treffer landet, versetzt er der Schwimmsphäre mit einem Schlag seines Dreizacks einen wilden Drall. Für die nächste Angriffsrunde musst du deine Angriffsstärke um 1 Punkt reduzieren, weil du die Orientierung verloren hast. Falls du gewinnst, gehe zu **365**.

345

Der Name »Boreas« kommt dir bekannt vor. Du erinnerst dich: Methedus hat erzählt, dass der Sturmgeborene Boreas den Sturmkristall, der in Cirrus gelandet ist, erschaffen hat. Und dass er beim Absturz von Nimbus dessen Anwesenheit auf der Insel spürte. Möglich, dass Boreas für Krazics geheime Machenschaften Sturmkristalle herstellt.

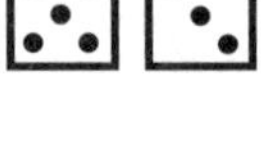

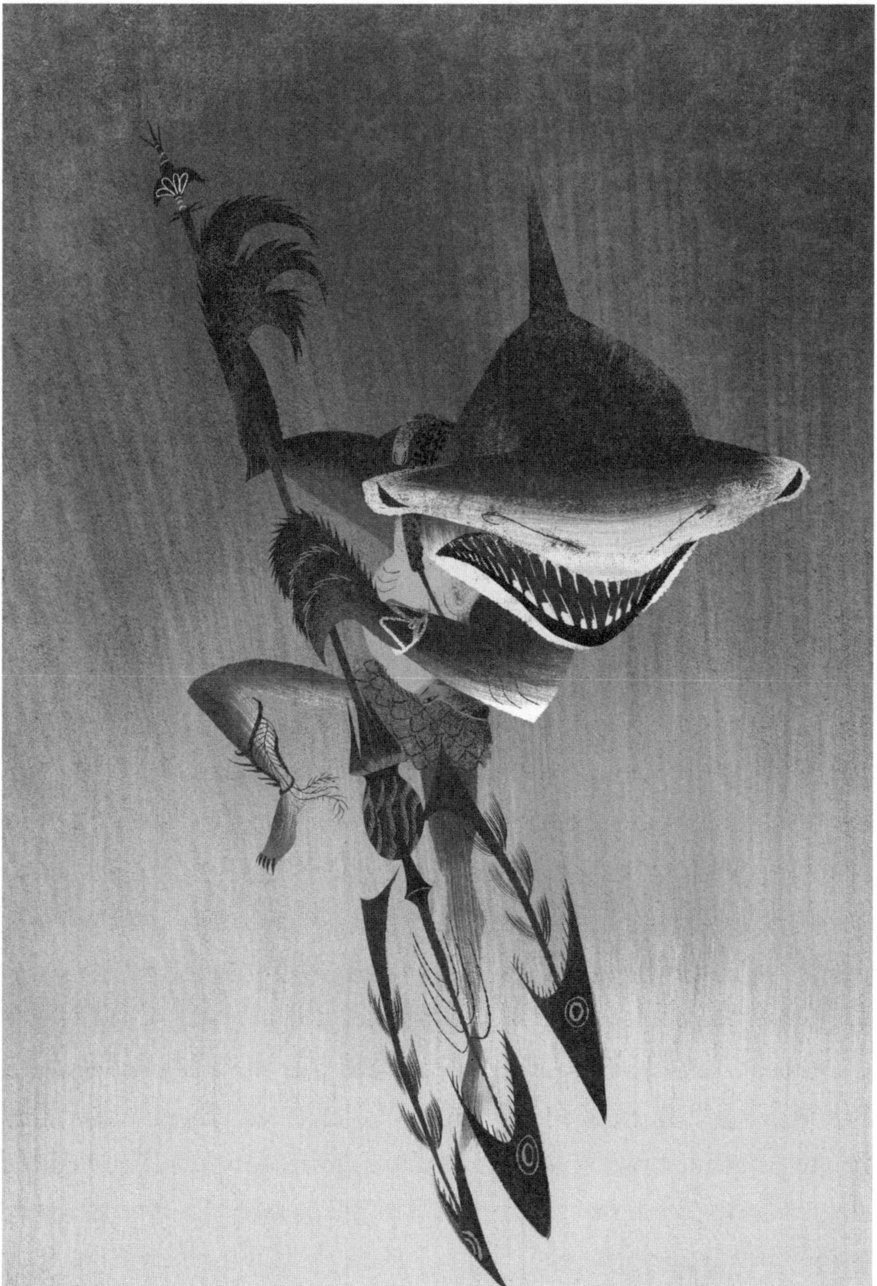

Diese furchtbare Kreatur hat den Kopf und die leblosen schwarzen Augen eines Hais.

Du verlässt das Zimmer, betrachtest das Chaos im Haus und die tiefen Furchen in den Wänden. Da du nun weißt, wie tief einer der Sturmgeborenen in die Sache verwickelt ist, drängt sich der Gedanke auf, Boreas könnte an dieser Verwüstung hier schuld sein. Du gehst von einem Verbrechen aus, auch wenn es keine konkreten Beweise dafür gibt. Leider lässt der Tagebucheintrag vermuten, dass Pangaria weit Schlimmeres erst noch bevorsteht.

Dir bleibt nichts anderes übrig, als weiterzuforschen.

Um das Haus zu verlassen und zu Matix aufzubrechen, gehe zu **161**. Um zum Schwimmsphären-Schuppen am Ostanleger zu laufen, lies weiter bei **74**.

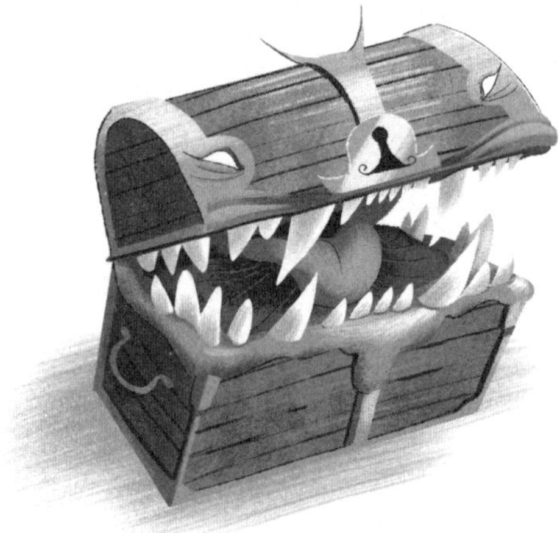

346

»Jetzt schau dir das an!«, schimpft er und deutet auf seinen kaputten Ballon, als er dich sieht. »Ich war nur schnell einen Happen essen und denke an nichts Böses – plötzlich war da dieser laute Knall und ein riesiger Brocken Stein saust auf mein altes Mädchen. Hat dieses elendig große Loch in die Seite gerissen! Vor Schreck ist mir glatt meine beste Pastete über den Rand der Insel gefallen!«

Traurig streichelt er über den platten Ballon. »Das wird schon wieder, altes Mädchen«, murmelt er sanft. »Sobald Grax für dich einen Flicken und Kleber auftreibt, wirst du wie neu!«

Du fragst, ob du irgendwie helfen kannst.

»Danke«, antwortet Grax und wirkt gleich etwas fröhlicher. »Falls du etwas findest, aus dem ich einen Flicken machen kann, wäre das wirklich super. Wenn du Münzen bei dir hast, kannst du deinen Gleiterkristall aufladen. Zu den weiter entfernten Inseln schaffst du's damit nicht, aber bis Altos oder Cumulus reicht es. Normalerweise könntest du Cumulus auch über die Himmelsbrücke erreichen, aber weil auf der Cumulus-Seite gerade irgendwelche seltsamen Energien Probleme machen, ist sie geschlossen. Wenn du hier wegwillst, musst du dich wohl auf deine Gleiter und meinen Flieger verlassen.«

Solltest du ein Kohlblatt oder ein Seidentuch bei dir haben, blättere zu **200**. Andernfalls bleibt dir nichts anderes übrig, als dafür zu zahlen, deine Gleiter aufzuladen – lies weiter bei **80**. Solltest du keine Goldstücke mehr haben, sitzt du fest und dein Abenteuer endet hier.

347

Du befindest dich wieder in dem Vorraum.

Steht auf deinem Abenteuer-Blatt das Schlüsselwort **Nimbi**, gehe zu **92**.

Andernfalls kannst du zu den Stufen vor dir fahren, solltest du das noch nicht getan haben (lies weiter bei **252**). Möchtest du die Zitadelle verlassen, blättere zu **256**.

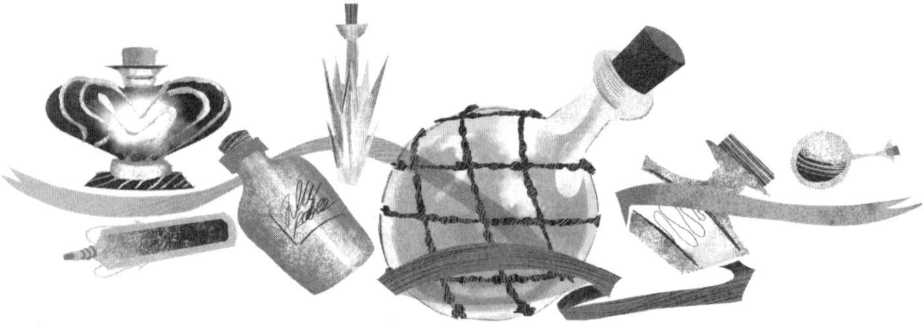

348

Als du dich aufrichtest, entdeckst du Galen Hillcroft, einen Kameraden von der Inselwache Altos. Er wirkt verwirrt und hält ein brennendes Holzscheit aus dem Kamin in der Hand.

»Du bist es!«, ruft Galen. »Aber wie hast du es aus der Zitad…?!«

Er verstummt. Und du spürst die Wut in dir aufsteigen. Wusste er etwa, was geschehen würde? Bevor er reagieren kann, hast du ihn schon gepackt und an die Wand gedrückt, um ihm dein Schwert an den Hals zu legen. Du verlangst zu erfahren, was er weiß.

»Gar nichts, das schwöre ich! Ich habe nur eine Botschaft bekommen, in der stand, dass ich heute Morgen nicht zu dem Treffen auf Nimbus gehen soll. Warum stand nicht drin. Als ich sah, was passiert ist, habe ich beschlossen, mich hier zu verschanzen. Und dann muss ich wohl eingenickt sein.«

Du fragst ihn, wer ihm die Botschaft geschickt hat. Er zögert, und obwohl es dir widerstrebt, einen Kameraden der Himmelsgarde zu bedrohen, ist das nun wirklich nicht die Zeit für Geheimniskrämerei. Du drückst deine Klinge gegen seinen Hals.

»Jetzt mal halblang, wir kennen uns doch! Ich würde so was nie machen, oder?«

Das stimmt. Es fällt dir wirklich schwer zu glauben, dass Galen für den Absturz von Nimbus verantwortlich sein könnte – schon allein, weil er für so etwas viel zu faul ist. Du lockerst deinen Griff und lässt dein Schwert sinken.

Galen ergreift die Gelegenheit und versetzt dir einen kräftigen Stoß. Als du dein Gleichgewicht wiederfindest, hat er sich ebenfalls ein Schwert geschnappt.

»Nur einer von uns verlässt diese Wache lebend. Und eins sag ich dir, du bist es nicht.«

Sturmwächter Geschick 7 | Ausdauer 7

Wenn es dir gelingt, die AUSDAUER deines Gegners auf 3 oder weniger zu reduzieren, blättere sofort zu **374**.

349

Du erklärst ihm, dass du erst einmal Nimbus finden musst, dann aber sofort Hilfe für ihn organisierst. Der Fischer wirkt wenig überzeugt und stopft sich die Wolle wieder ins Ohr. (Verliere 1 Punkt GLÜCK.)

Du dringst weiter in den Sturm vor. Gehe zu **93**.

350

Als du die Holztreppe hochsteigst, hörst du ein *rhythmisches metallisches Raspeln*. Oben im Zimmer entdeckst du zwei Betten. Beide sind weder gemacht noch besetzt. Nahe dem hinteren Zimmerende gibt es eine Klappe, an die ein kleiner Käfig angebracht ist. Und in diesem Käfig findest du drei der metallenen Spionaugen-Dinger, die wie Vögel auf einer Stange hocken. Sie scheinen zu schlafen, wobei sie leise schnarchen, als würden sie träumen … von was auch immer große Augäpfel aus Metall so träumen.

Nicht weit davon steht eine große Kristallkugel, umgeben von unzähligen Blättern, Notizzetteln und Skizzen.

Als du dir die Spionaugen genauer ansiehst, erkennst du in ihrem Innern winzige Sturmkristalle. Außerdem stellst du fest, dass die Stange, auf der sie hocken, aus Metall und Drähten besteht, die mit einem schachtelförmigen Gerät mit einem großen Hebel verbunden sind. Die Spionaugen sitzen auf kleinen Nestern, die vermutlich eine Art Ladestation sind.

Steht auf deinem Abenteuer-Blatt das Schlüsselwort **Spionauge**, gehe zu **29**. Hast du das Schlüsselwort nicht auf deinem Abenteuer-Blatt, lies weiter bei **315**.

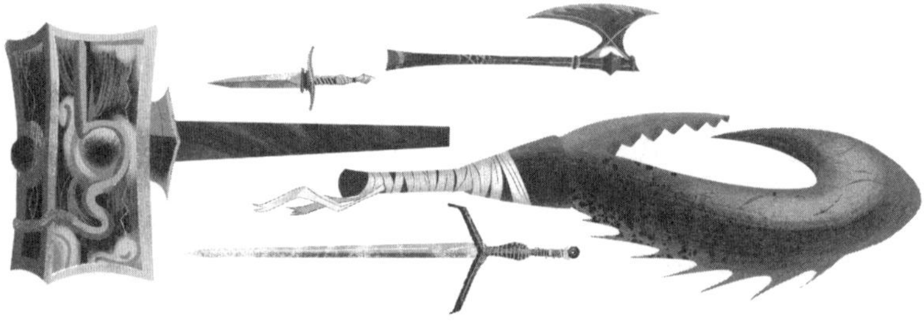

351

Du setzt deinen Weg über den Markt fort. Einige andere Besucher fragen dich nervös, was los ist und ob sie in Gefahr sind. Du sagst ihnen, dass du die Angelegenheit gerade näher untersuchst und sie zwar achtsam bleiben, ansonsten aber ihrem Alltag nachgehen sollen, bis sie weitere Informationen erhalten. Insgeheim hast du keinen Schimmer, was das für Informationen sein werden – oder ob überhaupt noch jemand in Sicherheit ist. Doch noch mehr Panik zu schüren, hat keinen Sinn.

Du läufst weiter und lässt die Anblicke, Geräusche und Gerüche des Marktlebens auf dich wirken. Plötzlich spürst du, wie etwas sanft an deinem Gürtel zieht. Als du dich umdrehst, siehst du ein Tier, das Ähnlichkeit mit einer Kakerlake hat, allerdings von der Größe eines Hundes. Mit deinem Münzbeutel im Maul wetzt es davon.

Sollte dein Münzbeutel leer sein, gehe zu **336**. Hast du noch Geld darin, lies weiter bei **355**.

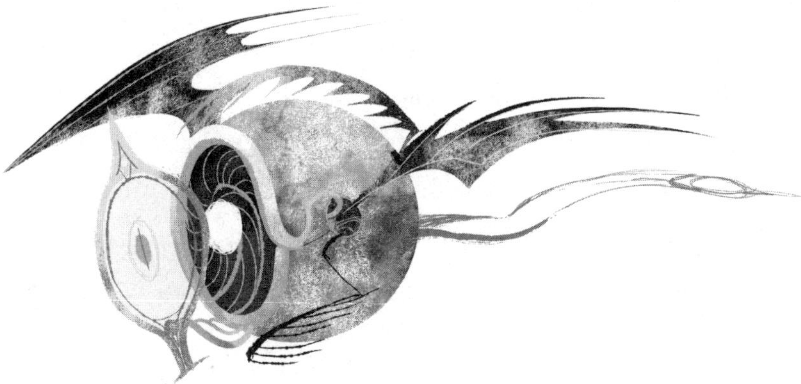

352

Du begibst dich auf den Weg zum Glockenturm. Immerhin hast du Hazi versprochen, nach dem Technomantiker-Ältesten Vizigg zu sehen. Es dauert eine Weile, den Turm zu erreichen, doch zum Glück gerätst du unterwegs in keinen weiteren Hinterhalt.

Du läutest die Messingglocke an der Tür, doch niemand antwortet. Entweder ist Vizigg nicht zu Hause oder ihm ist tatsächlich etwas zugestoßen. Als du prüfend gegen die Tür drückst, stellst du fest, dass sie abgeschlossen ist. Sie wirkt robust, trotzdem lässt du es drauf ankommen.

Stelle deine Ausdauer auf die Probe und ziehe vom Würfelergebnis 2 ab, solltest du eine Axt oder eine schlägerähnliche Waffe dabeihaben. Bestehst du die Prüfung, gehe zu **234**. Versagst du, lies weiter bei **294**.

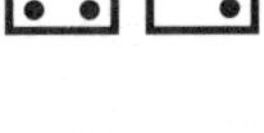

353

Mit einem letzten Donnerschlag löst sich der Sturmling in Luft auf.

Die Wolkenling-Bäuerin ist deine Freundin Nemi, die nun ihre Arme um dich schlingt. »Ich hab mir ja solche Sorgen um dich gemacht!«, ruft sie. »Sie haben erzählt, dass auf Nimbus etwas ganz Schreckliches passiert ist. Aber dann sind die Wolkenlinge Sturm gelaufen und hier war auf einmal die Hölle los. Die meisten Arbeiter sind geflohen, aber ich wollte meinen Hof nicht so einfach aufgeben!«

Du erzählst Nemi, dass du Nachforschungen anstellst, um herauszufinden, was genau auf Nimbus geschehen ist, da die Himmelsgarde Pangarias nur noch aus dir besteht.

»Hmmm«, meint Nemi nachdenklich. »Vielleicht auch nicht. Weißt du, kurz vor der Explosion bin ich an der Wache vorbeigekommen – und da drin hat eindeutig jemand geschnarcht.«

Offensichtlich hat noch jemand das Treffen versäumt. Klingt ganz danach, als solltest du der Sache nachgehen.

»Na gut, also fürs Erste ist mein Hof sicher. Wie wäre es, wenn du den Wolkenlingstab behältst und ich dich auf deiner Reise begleite? Also zumindest solange du auf Altos unterwegs bist. Wenn es zum Kampf kommt, kann ich dir Rückendeckung geben. Außerdem will ich herausfinden, was aus Flapps geworden ist – er ist mein bester Canidor. Die meisten Canidore sind während der Explosion weggelaufen und seitdem verschwunden. Ich mache mir wirklich Sorgen um ihn. Hoffentlich versteckt er sich nur irgendwo. Oben am Großen Wasserfall hat er sich immer gerne aufgehalten. Ach, und das hier nimmst du wohl besser auch.« Sie reicht dir einen Heilungstrank. (Sobald man ihn trinkt, stellt er bis zu 4 AUSDAUER-Punkte wieder her.)

Solange du Nemi bei dir hast, kannst du deine Angriffsstärke um 2 Punkte erhöhen. Jeder Schaden, den du verursachst, fällt um 1 Punkt verheerender aus, dafür nimmst du selbst bei jedem Treffer 1 Punkt Schaden weniger. (Notiere dir das auf deinem Abenteuer-Blatt.)

(Wenn du im Kampf als Waffe den hölzernen Wolkenlingstab einsetzt, musst du deine Angriffsstärke gegen Gegner, die keine Wolkenlinge sind, um 1 Punkt reduzieren, weil der Stab unhandlicher ist als dein Kurzschwert. Fürs Erste ergänze den Stab einfach auf deinem Abenteuer-Blatt.)

Nun musst du entscheiden, wohin du und Nemi als Nächstes aufbrecht. Willst du zur Inselwache von Altos, lies weiter bei **40**. Möchtest du zum Großen Wasserfall, dann blättere zu **328**.

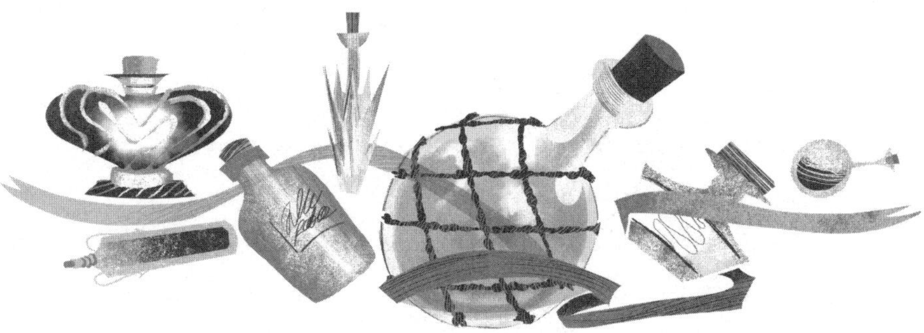

354

Du springst aus dem Weg, als Teile der Decke direkt über dir einstürzen, bist aber nicht schnell genug. Auf ihrem Weg nach unten treffen dich einige der kaputten Bodenbretter. (Ziehe 3 AUSDAUER-Punkte und 1 Punkt GESCHICK ab.)

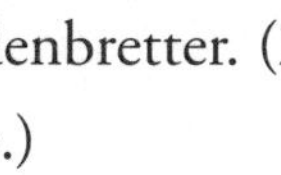

Von dem Schreck musst du dich erst einmal erholen. Erst jetzt bemerkst du die seltsamen Abdrücke an den Hauswänden. Sie sehen aus wie Rillen oder lange Kratzer. Hier muss etwas höchst Merkwürdiges vorgefallen sein.

Hast du den Sturmkristall aus Cirrus bei dir, lies weiter bei **235**. Andernfalls gehe zu **279**.

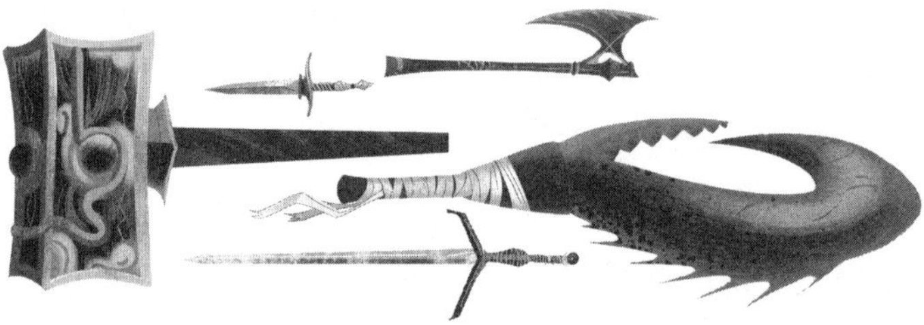

355

Leere deinen Goldvorrat auf deinem Abenteuer-Blatt.

Wenn Dav dich begleitet, lies weiter bei **141**. Ist er nicht dabei, gehe zu **307**.

356

Du fragst den Wächter, was seinem Freund zugestoßen ist.

»Hey! Ich bin nicht tot, du kannst gerne mit mir persönlich reden!«, beschwert sich der verletzte Wächter mürrisch und stellt sich als Bal vor.

»Eins dieser hüpfenden Biester hat mir eine Ladung Stachel ins Bein geschossen. Du hast nicht zufällig einen Heilungstrank dabei, oder?«

Falls du einen Heilungstrank bei dir hast und ihn Bal geben möchtest, lies weiter bei **107**. Willst du die beiden fragen, was Nimbus zugestoßen ist, gehe zu **77**. Möchtest du wissen, ob es noch andere Überlebende gibt, blättere zu **197**. Hast du alle deine Fragen gestellt, lies weiter bei **330**.

357

Du starrst auf das Ding, von dem das *Summen* kommt. Es sieht aus wie ein metallisches Auge: etwa so groß wie eine Grapefruit, doch anstelle einer Iris hat das Gerät aus Metall eine große Linse. In der Luft gehalten wird es von kleinen Flügeln, die entfernt an deine Gleiter erinnern. Das Auge zischt umher und blinzelt dich an. Dich beschleicht das beunruhigende Gefühl, ausspioniert zu werden. Mit einem Mal fliegt es davon.

Du beschließt, ihm zu folgen.

Wirf mit 1 Würfel. Bei 1 oder 2 gehe zu **76**. Bei 3 oder 4, gehe zu **142**. Bei 5 oder 6, gehe zu **339**.

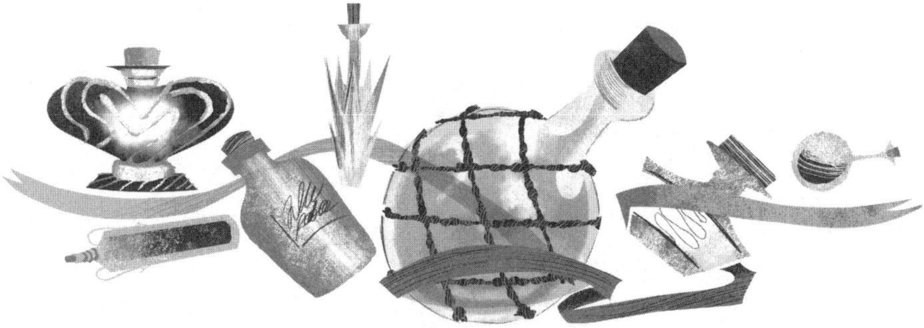

358

Die Radmahre fallen krachend zu Boden, schaukeln noch eine Weile hin und her und bleiben dann reglos liegen. Was sie wohl bewacht haben?

Das Erdgeschoss des Hauses ist dermaßen vollgestopft mit gehorteten Gegenständen, dass sich nur schwer sagen lässt, was für deine Nachforschungen wichtig sein könnte. Du kommst zu dem Schluss, dass mindestens zwei (unordentliche) Personen hier leben. Dann fällt dein Blick auf einen Lederbeutel, der von einem Haken hängt. Der

Kobold hatte es so eilig, vor dir zu flüchten, dass er ihn vergessen haben muss. Auf dem Beutel steht »Paxlo«.

Du durchsuchst Paxlos Sachen und findest eine Flasche Feueröl, ein Stück Trockenobst und 2 Goldstücke. Immerhin eine kleine Wiedergutmachung für den Angriff der Radmahre. Notiere alles auf deinem Abenteuer-Blatt.

(Mit dem Feueröl kann man Feuer machen, doch man kann es auch zu Beginn einer Angriffsrunde gegen einen Gegner einsetzen, wodurch es automatisch 3 Punkte Schaden anrichtet. Mit dem Trockenobst lässt sich die AUSDAUER um 3 Punkte wieder auffüllen.)

Wenn du jetzt das Obergeschoss erkunden willst, gehe zu **350**. Möchtest du das Grundstück verlassen, mache weiter bei **149**.

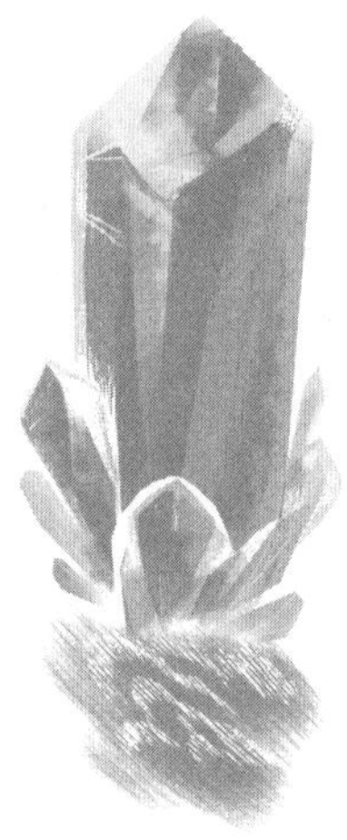

359

Du wehrst dich gegen den unbekannten Griff und trittst mit beiden Füßen um dich. Mit so viel Kampfgeist hat dein Angreifer offensichtlich nicht gerechnet – er lässt dich los. Schnell tauchst du auf und schwimmst zum Ufer. Lies weiter bei **314**.

360

Dir gelingt der Sprung und mit Leichtigkeit ziehst du dich in den Raum über dir. Lies weiter bei **313**.

361

Als du ankommst, dümpelt der Koboldflieger in der lauen Brise. Sein Pilot jedoch sitzt mit dem Kopf in die Hände gestützt daneben und *stöhnt* leise. Du kennst den Kobold (er heißt Kritsch) und fragst, was los ist.

»So 'n Stück Geröll ist mir an den Schädel geknallt«, antwortet Kritsch. »Solange das nicht verheilt ist, flieg ich nirgends nicht hin. Aber wenn du nur deine Gleiter aufladen willst – die Maschine steht gleich da drüben.«

Hast du zufällig ein Kohlblatt oder Heilenden Honig bei dir und möchtest ihm davon etwas abgeben, lies weiter bei **20**. Wenn du deine Gleiter für 1 Goldstück aufladen möchtest, gehe zu **96**. Hast du keine Goldstücke, steckst du fest und dein Abenteuer ist vorbei.

362

Du bist im Umgang mit der Steuerung einfach noch nicht ausreichend geübt. Große Felsbrocken hinterlassen mehrere Dellen in der Oberseite der *Nauplius*. (Das Tauchboot verliert 2 AUSDAUER-Punkte – trage das auf deinem Abenteuer-Blatt ein.) Das Beben lässt nach, ebenso wie die Geröllawine. Da der Tunnel vor dir nun blockiert ist, bleibt dir nichts anderes übrig, als umzukehren und anderswo weiterzuforschen.

Hast du den linken Höhlenarm noch nicht erkundet und willst das nun nachholen, gehe zu **101**. Um zu dem großen verschwommenen Umriss aufzubrechen, lies weiter bei **191**.

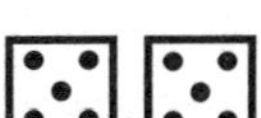

363

Dein Schwert durchbohrt das Wesen und tötet es auf Anhieb. Es lässt seine Beute fallen und bricht mausetot zusammen. Gehe zu **122**.

364

»Nun, da wirst du Hilfe brauchen«, sagt Maude, verschwindet in ihrem kleinen Häuschen und kommt mit einem Streithammer und einem Heilungstrank zurück. »Nutze sie gut und weise. Ich werde ein paar extra Wolkenlinge von Altos bestellen – nur für den Fall, dass diese Bäume wieder anfangen, Feuer zu spucken.«

(Wenn du Maudes Streithammer einsetzt, erhöht sich jeder Schaden, den du einem Gegner zufügst, um 1 Punkt. Der Heilungstrank verleiht beim Trinken 4 AUSDAUER-Punkte. Trage den Streithammer und den Heilungstrank auf deinem Abenteuer-Blatt ein.)

Willst du nun nachsehen, was es mit der blaugrünen Rauchwolke auf sich hat, lies weiter bei **137**. Willst du Richtung Norden laufen, gehe zu **255**.

365

Der leblose Hailing treibt von dir fort, doch sein Dreizack scheint noch gut erhalten. Mit dem Saugrohr der *Nauplius* holst du ihn an Bord. (Ergänze den Dreizack auf deinem Abenteuer-Blatt. Wenn du ihn im Kampf einsetzt, musst du deine Angriffsstärke um 1 Punkt reduzieren, dafür darfst du bei einem erfolgreichen Treffer erneut mit 1

Würfel werfen: Bei 4 bis 6 richtet die Waffe 3 AUSDAUER-Schadenspunkte an statt der üblichen 2.)

Du steuerst die *Nauplius* weiter durch den Gang. Vor dir liegt eine versperrte Tür, aber auch einige Stufen, die zu einer Tür auf einer höheren Ebene führen.

Willst du zurück in den Vorraum, lies weiter bei **347**. Um das Tauchboot an die Stufen heranzufahren, auszusteigen und zur höher gelegenen Tür zu laufen, gehe zu **280**.

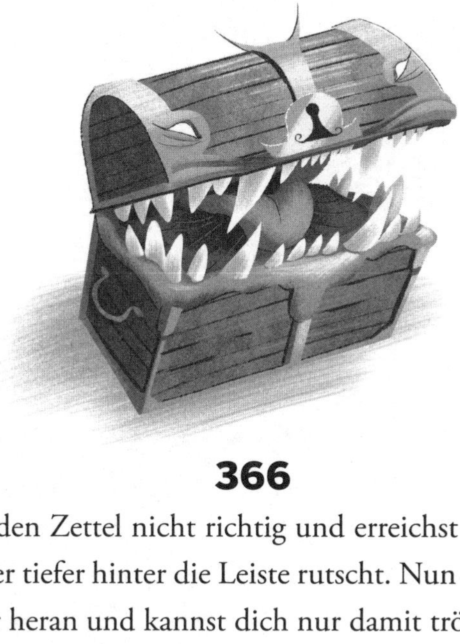

366

Du erwischst den Zettel nicht richtig und erreichst mit deinem Fuchteln nur, dass er tiefer hinter die Leiste rutscht. Nun kommst du definitiv nicht mehr heran und kannst dich nur damit trösten, dass es wahrscheinlich nichts Wichtiges war.

Hier kannst du nichts weiter ausrichten, also beschließt du, deine Nachforschungen anderswo weiterzuverfolgen.

Willst du das Haus verlassen und zu Matix aufbrechen, gehe zu **161**. Willst du lieber zum Schwimmsphären-Schuppen am Ostanleger, dann lies weiter bei **74**.

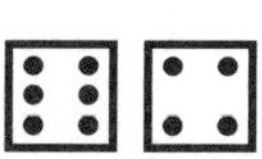

367

Sobald die Kreaturen erschlagen sind, holst du dir deinen Münzbeutel zurück. Dein Blick wird von einem Glitzern in dem Rohr angezogen. Als du vorsichtig hineinfasst, findest du 2 Goldstücke. (Ergänze sie im Gold-Kästchen auf deinem Abenteuer-Blatt.) Lies weiter bei **336**.

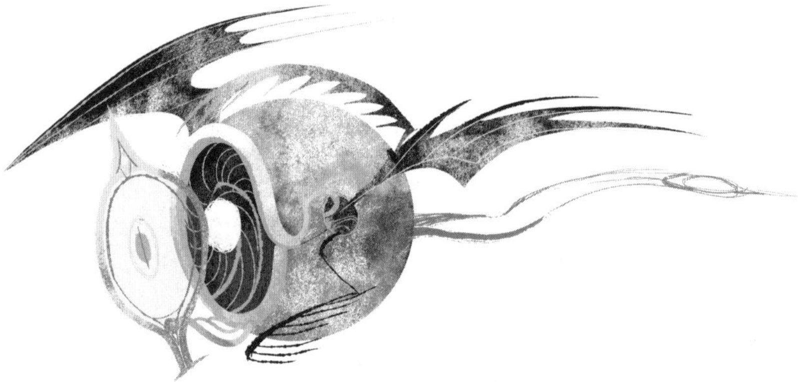

368

Tot liegt das Tier zu deinen Füßen. Inmitten der Steine und der Erde in der Höhle stößt du auf ein Langschwert.

(Notiere das Langschwert auf deinem Abenteuer-Blatt. Wenn du es im Kampf einsetzt, erhöht sich deine Angriffsstärke um 1 Punkt.)

Wenn du nun zum Koboldflieger laufen willst, gehe zu **361**. Warst du noch nicht bei der Inselwache und willst das nachholen, lies weiter bei **40**.

369

Du willst nach dem großen Eisenriegel an der Tür zum Großen Saal greifen, als dich eine Energiewoge zurückdrängt. (Ziehe 1 AUSDAUER-Punkt ab.) Die Tür scheint von einem Bannkreis umgeben, der verhindert, dass jemand eindringt. Du fragst dich, wer sich in der Zitadelle noch aufhalten könnte, der die Fähigkeit hat, einen solchen Bann heraufzubeschwören. Dieser Weg ist dir fürs Erste versperrt. Du wägst deine Möglichkeiten ab.

Willst du in den halb gefluteten Gang aufbrechen, gehe zu **127**. Möchtest du nachsehen, ob in der Küche noch etwas Nützliches zu finden ist, lies weiter bei **9**.

370

Jetzt erst fällt dir auf, dass dieses gewaltige Gesicht keinem Menschen ähnelt. Es ist ein gigantischer Metallkobold. Offenbar sind Kobolde trotz ihrer Begabung für Technomantie nicht besonders einfallsreich.

Das kleine Koboldgesicht kreischt aus dem großen heraus: »Holt mich hier raus! Wisst ihr denn nicht, wer ich bin?«

Es ist der Chefingenieur Krazic. Nun, da der Golem keine Energiequelle mehr hat, ist er für Krazic zu einem Gefängnis geworden. Genau genommen … Als du dir die verschiedenen Teile der Metallbestie näher ansiehst, bemerkst du weitere blinzelnde Augen. In dem Golem stecken mehrere Kobolde. Und alle sind sie gefangen.

Du rufst Krazic zu, dass du genau weißt, was er getan hat, und dass er dafür zur Rechenschaft gezogen wird, sobald Nimbus Pangaria erreicht. Das macht den Kobold ordentlich wütend. »Niemals! Wir Kobolde wurden schon viel zu lange von Pangarias sogenannter Gerechtigkeit eingeengt, von all diesen stumpfsinnigen Regeln! Unsere Fähigkeiten sollten nicht geheim gehalten werden. Die ganze Welt sollte darüber staunen!«

Da Krazic dir im Augenblick absolut nichts anhaben kann, erscheint sein Wutausbruch im Gefängnis seiner eigenen Schöpfung fast schon komisch.

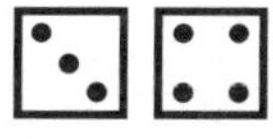

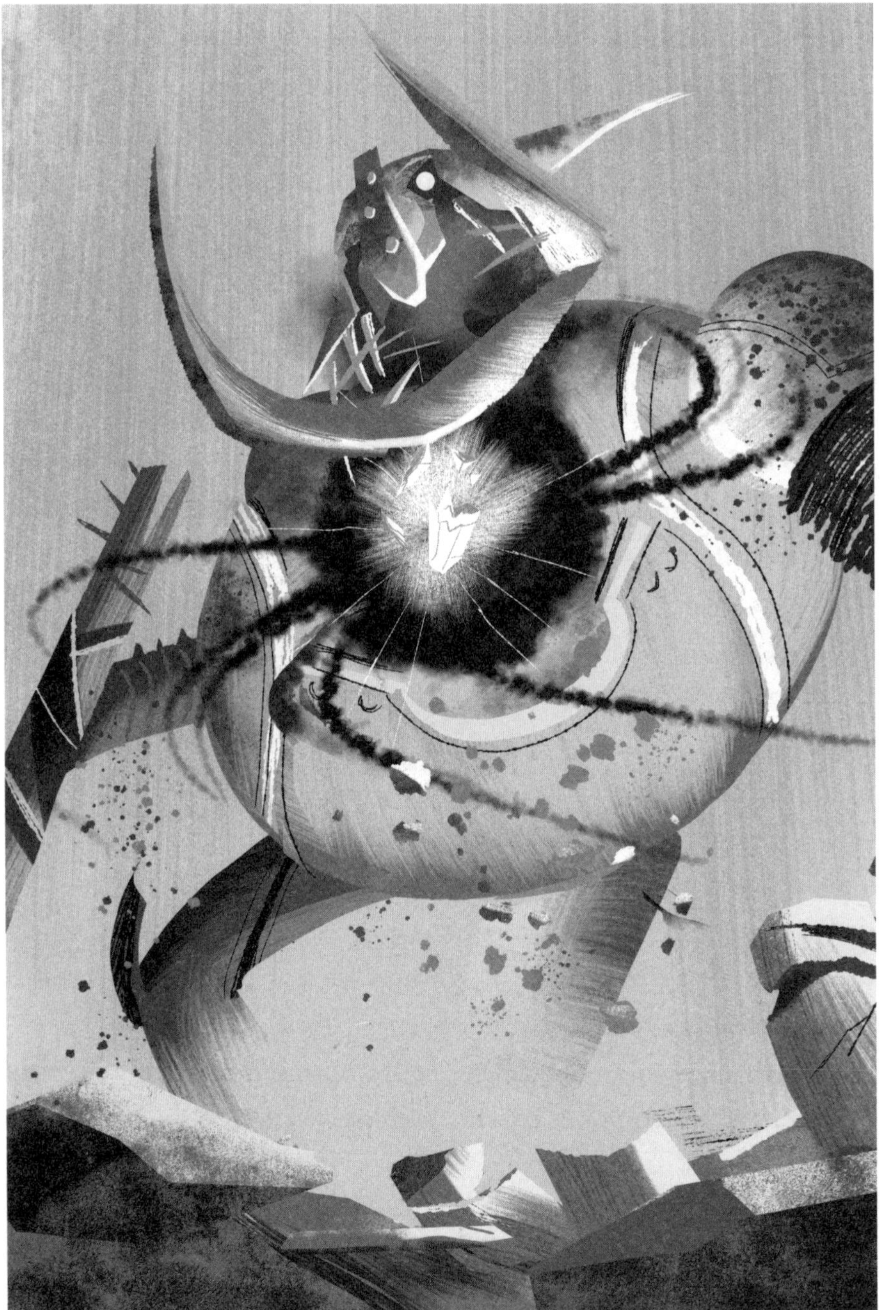

»Er kommt! Er kommt! Jetzt steckst du in Schwierigkeiten!«

Dieses Gefühl ändert sich rasch, als du eine Brise wahrnimmst. Merkwürdig, wenn man bedenkt, wo ihr seid und dass die Insel noch lange nicht aus dem Wasser ist. Der Wind nimmt zu. Krazic brüllt aufgeregt: »Er kommt! Er kommt! Jetzt steckst du in Schwierigkeiten!«

Gemeinsam mit Malia gehst du hinter einem Haufen Schutt in Deckung. Im Zentrum des Sturmwinds erscheint eine durchscheinende Gestalt – es ist Boreas, der Sturmgeborene, und er ist extrem sauer.

Er beschwört eine Windhose herauf, mit der er Geröllbrocken zu sich holt. Diese tödliche Mischung schleudert er in eure Richtung.

Stelle dein Geschick auf die Probe. Hast du Erfolg, lies weiter bei **165**. Versagst du, gehe zu **128**.

371

Kurz überlegst du, warum diese Truhe nicht verschlossen ist, doch als du den Deckel anhebst, bekommst du deine Antwort. Die Truhe beißt dir in die Hand (du verlierst 2 AUSDAUER-Punkte und 1 Punkt GESCHICK) und bellt und knurrt dich an. Angriffslustig klappert sie mit dem Deckel.

Falls du einen Beruhigungstrank bei dir hast und ihn einsetzen willst, streiche ihn von deinem Abenteuer-Blatt und lies weiter bei **130**. Andernfalls musst du gegen die Truhenbestie kämpfen.

Truhenbestie Geschick 5 | Ausdauer 6

Falls du gewinnst, lies weiter bei **130**.

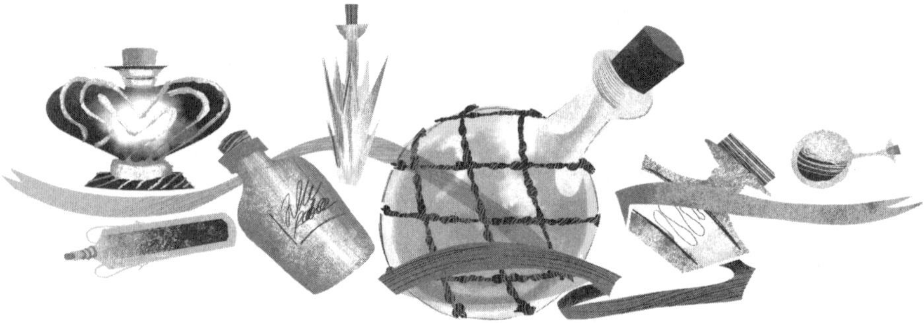

372

Du behauptest zu wissen, dass Yurik damit zu tun hatte.

»Das ist gelogen, weil es einfach nicht stimmt! *Ich war's nicht!* Hat Pox das gesagt? Oder Paxlo? Haben die das erzählt?«

Wenn du Yurik fragen willst, wer Pox und Paxlo sind, gehe zu **221**. Willst du Yurik sagen, dass Pox ihn verraten hat, blättere zu **53**.

373

Bebend rollt sich der Riesenskorpion ein und stirbt. Du schneidest seinen Stachel ab und verstaust ihn vorsichtig in deinem Rucksack. (Ergänze den Stachel auf deiner Ausrüstungsliste. Für die Dauer eines Kampfes kannst du damit die Waffe deiner Wahl mit Gift benetzen. Während dieses Kampfes fügt deine Waffe mit jedem erfolgreichen Treffer 1 zusätzlichen Schadenspunkt zu.)

Jetzt kannst du dem *klickenden* Geräusch nachgehen, das du gehört hast, bevor das Ungeheuer auftauchte. Als du das Bücherregal noch einmal untersuchst, stellst du fest, dass ein Teil nun nach hinten schwingt. Dahinter kommt eine hölzerne Wendeltreppe zum Vorschein, die in die Tiefe führt.

Behutsam gehst du hinab. Lies weiter bei **292**.

374

Du hebst dein Schwert, um ihm den tödlichen letzten Hieb zu versetzen.

»Nein! Bitte, bitte nicht!«, fleht er. »Tu es nicht. Wenn du mich am Leben lässt, mache ich bestimmt keinen Ärger und werde dir irgendwie helfen, das schwöre ich!«

Wenn du ihn leben lassen willst, gehe zu **81**. Findest du, er muss sterben, lies weiter bei **260**.

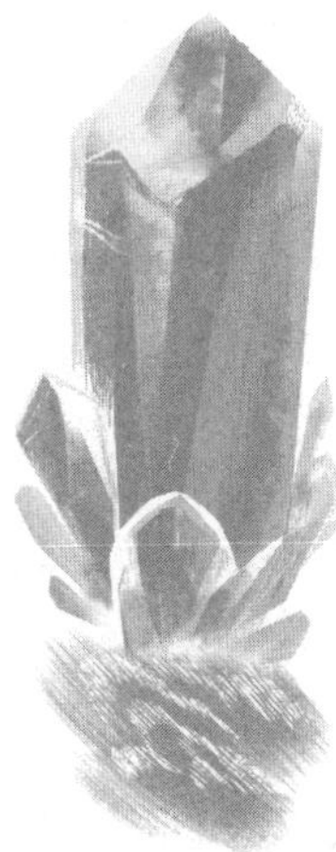

375

Du reichst Matix, worum sie gebeten hatte, und sie hält es beinahe ehrfürchtig in den Händen. »Wow, das ist eins der Besten, die ich je gesehen habe. Das wird definitiv funktionieren!«

Hast du ein Dingeling und Matix bisher noch keins gebracht, kannst du das nun bei **125** nachholen. Hast du Matix bereits alles gegeben, worum sie dich gebeten hat, gehe zu **187**. Hast du Matix noch nicht alles Nötige geben können, weil du es nicht hast, musst du deine Gleiter aufladen und zurück nach Asperitas reisen, um danach zu suchen – gehe dafür zu **396**.

376

Auf dem Weg zum Schuppen läufst du an einem leeren Holzgestänge vorbei. Eine Krähe hockt darauf und putzt ihr Gefieder. Als ein großer Kohlkopf auf sie zuschnellt, fliegt sie auf und *krächzt* zornig. Hinter dem Schuppen schlurft eine mit Stroh gefüllte Gestalt hervor. Es handelt sich um den früheren Bewohner des Holzgestänges, eine vor Wut schäumende Vogelscheuche. Die Gestalt pflückt zwei Kohlköpfe, die aussehen, als wären sie sehr schwer. Grimmig zielt sie damit auf deinen Kopf.

Vogelscheuche Geschick 6 | Ausdauer 5

Falls du gewinnst, gehe zu **271**.

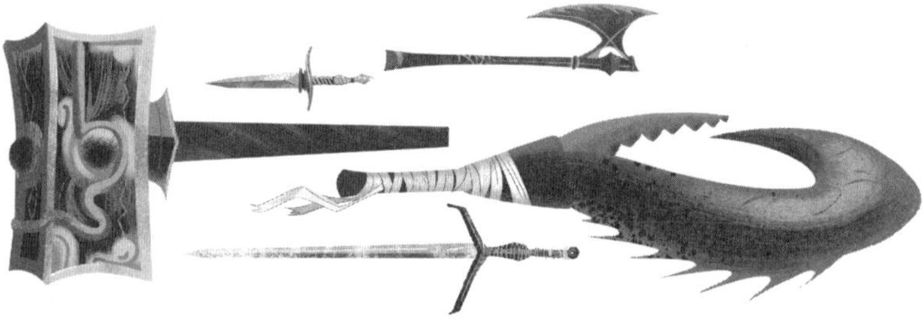

377

Du steuerst die *Nauplius* durch den gefluteten Hauptgang. Hin und wieder siehst du Tote an dir vorbeitreiben. Allerdings bringst du es nicht über dich, sie anzusehen, aus Angst, jemanden wiederzuerkennen. Im Augenblick wäre das nämlich zu viel für dich und schließlich hast du dich auf eine Aufgabe zu konzentrieren.

Allmählich sinkt der Wasserpegel und du begreifst, dass du in eine große Luftblase eindringst. Kurz schwimmt die *Nauplius* nur noch zur

Hälfte im Wasser, bevor du einen Vorraum erreichst. Hier entdeckst du eine weitere Treppe und rechts von dir einen komplett gefluteten Tunnel.

Um die *Nauplius* bis an die Treppe zu fahren, gehe zu **252**. Willst du den gefluteten Gang rechts von dir erkunden, lies weiter bei **344**.

378

Nachdem du dich versichert hast, dass Halleck es bequem hat, teilst du ihm mit, dass du den Rest der Zitadelle erkunden willst.

»Gute Arbeit!«, sagt er und salutiert vor dir.

Du verlässt die Küche durch den Hauptzugang.

Steht auf deinem Abenteuer-Blatt das Schlüsselwort **Nimbi**, lies weiter bei **92**. Andernfalls gehe zu **390**.

379

Du erreichst die nächstgelegene Ladestation. Sie zu benutzen, kostet 1 Goldstück.

Hast du kein Gold, kannst du zum vorherigen Kapitel zurückkehren und Asperitas weiter erkunden, bis du welches findest.

Hast du bereits alles erforscht und noch immer kein Gold, ist dein Abenteuer nun beendet.

Um zu Matix auf Incus zu fliegen, ziehe 1 Goldstück von deinem Abenteuer-Blatt ab und gehe zu **226**.

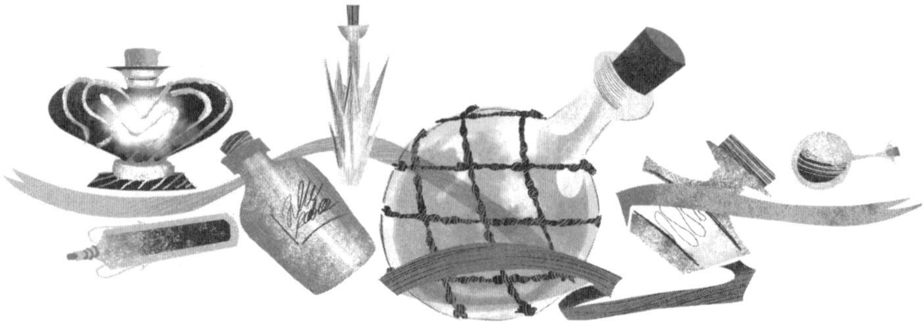

380

Vorsichtig nimmst du die ätzenden Trauben aus ihrem Beutel. Mit deinem Stab zerdrückst du sie am Schloss der Tür zur Wache und mit einem zufriedenstellenden *Zischen* frisst sich der Saft durchs Metall. Wenig später zerbricht das Schloss und du trittst ein, um dem Ursprung des Schnarchens nachzugehen. Lies weiter bei **306**.

381

Du rammst die Tür. Sie gibt nach, bricht aber nicht. (Ziehe 2 AUSDAUER-Punkte ab, weil du dir bei deinem Versuch, gewaltsam einzudringen, die Schulter prellst.)

Willst du ein zweites Mal die Tür stürmen, gehe zu **229**. Wenn du meinst, es wäre besser, einfach weiterzuziehen, gehe zu **149**.

382

Es gelingt dir, dich zur Seite zu rollen und dem Metallfuß des Giganten auszuweichen. Wuchtig gräbt er sich neben dir in den Boden und du schlägst mit deiner Waffe zu.

(Ziehe dem Kriegergolem 2 AUSDAUER-Punkte ab.) Weiter bei **100**.

383

Dein Kurzschwert durchbohrt die Kreatur, als wäre es für nichts anderes gemacht. Sie *kreischt*, erzittert und erschlafft. Sobald du deinen Münzbeutel und deine Waffe wieder an dich genommen hast, säuberst du beides gründlich.

Im Rohr glitzert etwas. Als du hineingreifst, findest du 2 Goldstücke. (Ergänze sie und die Anzahl an Münzen, die sich in deinem Beutel befanden, als er dir gestohlen wurde, im Gold-Kästchen auf deinem Abenteuer-Blatt.) Lies weiter bei **336**.

384

Widerwillig gibst du Matix 1 Goldstück und bittest sie, deine Gleiter aufzuladen, damit du nach Asperitas fliegen kannst.

»Klare Sache! Leg deinen Sturmkristall in das Fach da, dann tank ich das Schätzchen auf!«

Sobald dein Sturmkristall die volle Ladekapazität erreicht hat, erteilt Matix dir letzte Anweisungen.

»Also, sobald du ein Dingeling gefunden hast – und außerdem ein Dingsda oder ein Dingsbums –, komm wieder her und bring sie mir. Auf den anderen Inseln solltest du mehrfach die Möglichkeit haben, deine Gleiter aufzuladen.«

Du schnallst die Gleiter fest und brichst nach Asperitas auf, Insel der Technomantie. Gehe zu **270**.

385

Als der tote Große Weiße Kalmarhai in die Tiefen hinabgleitet, gelingt es dir noch, die Saugröhre an der rechten Schere der *Nauplius* zu aktivieren und dir ein Stück frische Calamares zu fangen. (Ergänze dies auf deiner Proviantliste. Beim Verzehr füllt es 3 AUSDAUER-Punkte auf.)

Auf einmal vibriert das Wasser um dich herum. Du machst dich auf den nächsten Angriff gefasst, doch nichts geschieht und schließlich lässt das Beben nach.

Du schaust dich in der Tiefe um. In der Ferne liegt ein großer undeutlicher Umriss. Es könnte eine Felsformation sein – oder aber das versunkene Nimbus. Außerdem befinden sich unter dir einige Höhlen, die interessant wirken und einen Abstecher lohnen könnten.

Willst du die Höhlen erkunden, gehe zu **85**. Um dich dem großen undeutlichen Umriss zu nähern, lies weiter bei **191**.

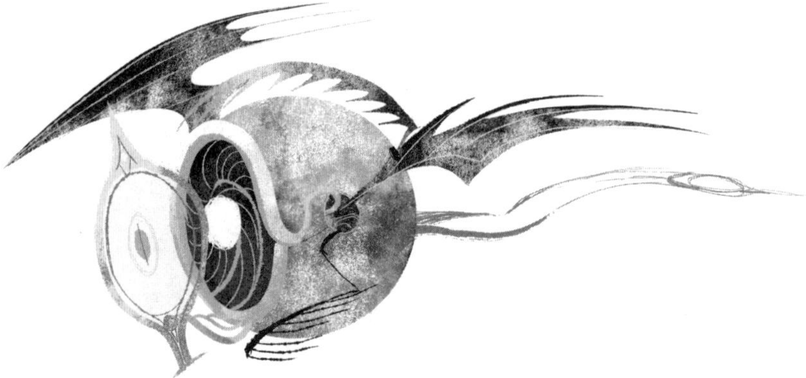

386

Leicht ist diese Aufgabe nicht, außerdem verhebst du dir dabei den Rücken, doch schließlich räumst du das letzte Stück beiseite und befreist Kapitän Halleck. (Verliere 1 AUSDAUER-Punkt und 1 Punkt GESCHICK.)

Hallecks Beine sind so schwer verletzt, dass er kaum laufen kann, also suchst du für ihn einen bequemeren Platz, wo er sich ausruhen kann. Gehe zu **148**.

387

Gut gezielt knallt der Stiefel auf das fliegende Auge. Von seiner Seite bricht etwas Metallenes ab und die Maschine stößt ein *schrilles* Geräusch aus, bevor sie durch den Kaminschlot der Inselwache davonfliegt.

Du siehst dir an, was sie verloren hat. Es ist ein merkwürdiger Metallgegenstand. (Ergänze ihn auf deiner Ausrüstungsliste.)

Du bist unverletzt, wirst aber das Gefühl nicht los, beobachtet zu werden. Allerdings hast du gerade keine Zeit, dir deswegen den Kopf zu zerbrechen – du musst dich in Bewegung setzen!

(Schreibe das Schlüsselwort **Spionauge** auf dein Abenteuer-Blatt.)

Was hast du noch nicht versucht? Willst du:

Deine Truhe durchsuchen? → Weiter bei **217**.
Nachsehen, worauf Silas vorhin gestoßen ist? → Weiter bei **134**.
Die Inselwache verlassen? → Weiter bei **335**.

388

Ihr habt den Kampf schon beinahe für euch entschieden, das spürst du. Den Kobolden, die die Beine des Golems steuern, geht zusehends die Kraft aus. Du springst von Tideus' Schulter und rennst immer wieder im Kreis um die Füße der Maschine, um sie mit deiner Waffe zu bearbeiten.

Stelle deine Ausdauer auf die Probe. Hast du Erfolg, lies weiter bei **300**. Versagst du, gehe zu **192**.

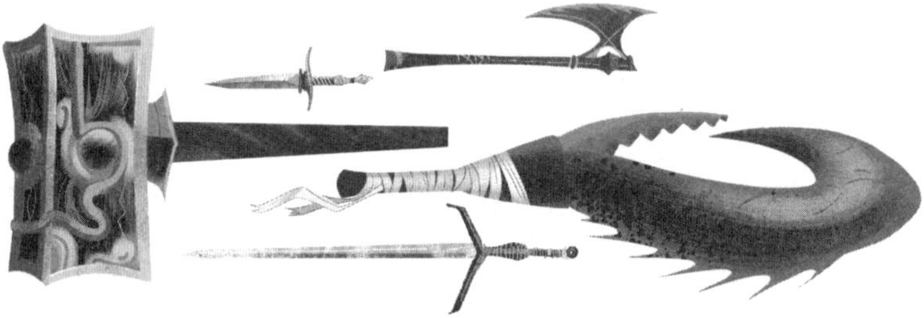

389

Du ziehst an dem Hebel. Ein *Surren* und ein *Pochen* werden laut, dann geben alle drei Spionaugen ein *durchdringendes Kreischen* von sich und explodieren, wobei du mit Metall- und Drahtstücken übergossen wirst.

(Wirf 1 Würfel, teile das Ergebnis durch 2 und runde gegebenenfalls auf – ziehe so viele Punkte von deiner AUSDAUER ab.)

Aus dem Gerät nimmst du ein interessantes Teil, das offenbar heil geblieben ist. Möglicherweise handelt es sich um ein Dingsbums. (Notiere das Dingsbums auf deinem Abenteuer-Blatt.)

Falls du das Erdgeschoss noch nicht untersucht hast, kannst du nun zu **182** gehen. Oder aber du beschließt, das Grundstück zu verlassen und machst bei **149** weiter.

Alternativ kannst du die nächstgelegene Sturmkristall-Ladestation aufsuchen. Solltest du dich dafür entscheiden, notiere dir dieses Kapitel, da du bei deinem nächsten Besuch auf Asperitas direkt hierher zurückkehren kannst. Anschließend lies weiter bei **379**.

390

Du stehst in einem offenen Raum, der Nimbischen Halle, einer der Knotenpunkte der Zitadelle. Vor dir befindet sich eine große Tür, die zum Großen Saal führt.

Du spähst in den Gang rechts von dir. Zwar ist er teilweise eingebrochen und geflutet, aber du glaubst, durchwaten zu können. Der Flur zur Linken führt ziemlich sicher in die Küche der Zitadelle. Beim Gedanken an Essen knurrt dein Magen.

(Ergänze das Schlüsselwort **Nimbi** auf deinem Abenteuer-Blatt.)

Falls du den halb gefluteten Gang noch nicht erkundet hast, kannst du das nun nachholen und weiterlesen bei **127**. Gewinnt dein Magen die Oberhand und du möchtest die Küche nach Essbarem durchsuchen, gehe zu **9**. Wenn du die Tür zum Großen Saal öffnen möchtest, blättere zu **369**.

391

Zwei krallenbewehrte Hände mit Schwimmhäuten erscheinen am Rand des Tümpels und eine Schlammkralle hopst heraus. Du siehst Boreas an, dass er mit etwas Beeindruckenderem gerechnet hatte – oder zumindest einem ganzen Rudel Schlammkrallen. Das hier ist kaum eine Herausforderung, trotzdem beeilst du dich besser, falls doch noch mehr von den Biestern auftauchen.

Schlammkralle Geschick 5 | Ausdauer 4

Falls du gewinnst, lies weiter bei **392**.

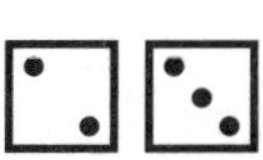

392

Nachdem du den tödlichen Schlag ausgeführt hast, betrachtet Boreas dich voller Zorn.

»Offensichtlich bleibt mir nur noch ein Ausweg«, sagt er in einem Tonfall, der dich erschaudern lässt.

Der Sturmgeborene hechtet in die Brust des Golems und verbindet sich mit den Überresten des geborstenen Kristalls. Er verwandelt sich in einen lebendigen Sturmkristall und seine Energie strömt in die Schöpfung.

Du spürst, wie der Mut dich verlässt und das Blut in deinen Adern gefriert, als der Kriegergolem ungelenk zu Leben erwacht und sich aus den Trümmern hievt. Du weißt, dass du ihn allein niemals besiegen kannst. Zum Glück ist dir jemand noch einen Gefallen schuldig.

Während der Golem sich aufrichtet, bringst du schnell Malia in Sicherheit und trägst ihr auf, in die Küche zu rennen.

So ungern du einen schlafenden Meeresriesen ein zweites Mal weckst, hast du keine Wahl. Du hebst das Muschelhorn an die Lippen und bläst hinein.

Ein langer, trauriger Laut hallt durch die Zitadelle. In der Ferne hörst du *Donnern* und *Krachen*. Dann klopft es an der Tür zum Großen Saal. Es dauert einen Moment, bis du begreifst, dass es das Geräusch von *Tritten* ist. Du sprintest los, um die Tür zu öffnen, doch Tideus, der nicht viel von Höflichkeit hält, beschließt stattdessen, einfach durch die Wand neben der Tür zu brechen.

Er beäugt den Golem. »Ho! Ho! Ho! Hübsch große Rangelei für Tideus? Menschlein Tideus verwöhnen tut! Tideus wünschte nur, er ganz bei Kräften wäre.«

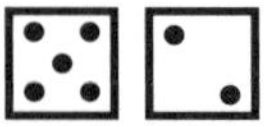

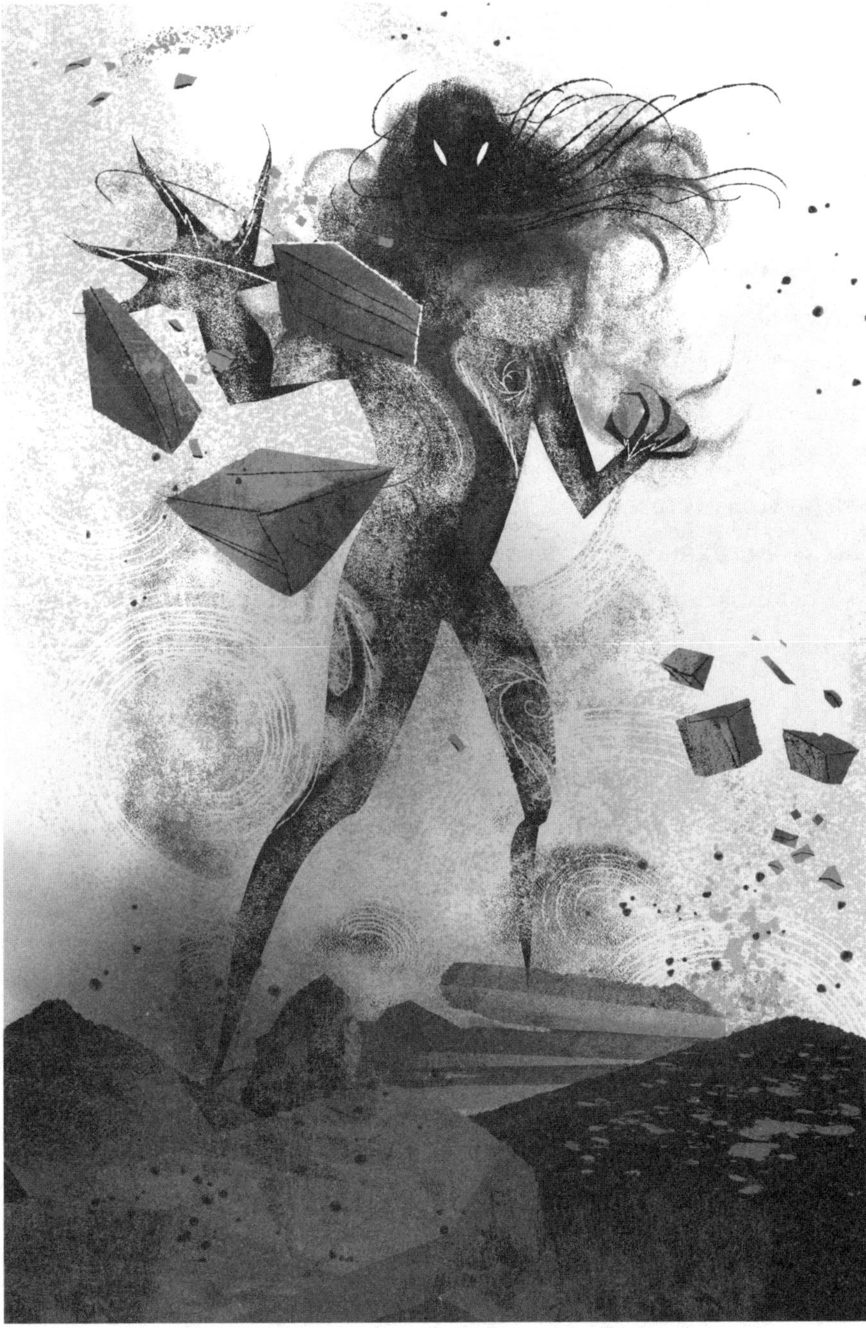

*Du spürst, wie der Mut dich verlässt und
das Blut in deinen Adern gefriert.*

Tideus Geschick 9 | Ausdauer 10

Notiere dir die derzeitigen Werte von Tideus auf deinem Abenteuer-Blatt. Offenbar hat er sich noch immer nicht ganz von seinem Kampf mit dir erholt. Da fällt dir ein, dass viele Tränke unabhängig von der Größe des Lebewesens wirken, das sie zu sich nimmt. Möglicherweise hast du ja das eine oder andere bei dir, das Tideus für den bevorstehenden Kampf zusätzlich stärken könnte.

Möchtest du Tideus einen Heilungstrunk oder einen Extrastarken Heilungstrunk geben, lies weiter bei **99**. Wenn du Tideus einen Macht-Trank verabreichen willst, gehe zu **114**. Willst du Tideus einen Kräftigungstrank geben, blättere zu **324**.

Hast du keinen dieser Tränke oder willst sie dem Meeresriesen nicht überlassen, gehe zu **129**.

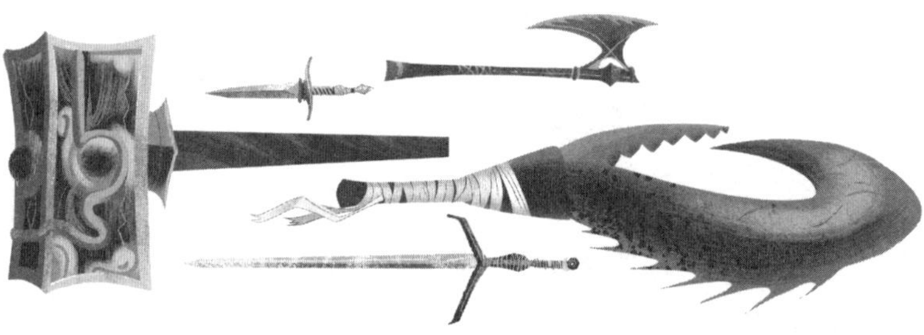

393

Du fährst dicht an die *Barrakuda* heran. Der Riss in ihrer Seite ist enorm und erinnert dich daran, wie verletzlich du in deinem kleinen Tauchboot eigentlich bist. Plötzlich taucht vor deinen Augen ein totes aufgedunsenes Gesicht auf, halb aufgefressen von Krebsen. Es handelt sich um den früheren Piloten der *Barrakuda*. Von Grauen gepackt stößt du die Krebse mit den Scheren deines Tauchboots von dem Toten herunter. Wahrscheinlich kehren sie ohnehin wieder zurück, trotzdem kannst du nicht einfach zusehen, wie sie den armen Mann auffressen.

Im Innern des Wracks erspähst du einige wasserfeste Zündhölzer und einen Extrastarken Heilungstrank. Mit dem Saugrohr kannst du beides einsammeln. (Ergänze es auf deinem Abenteuer-Blatt. Der Trank füllt beim Trinken 5 AUSDAUER-Punkte auf.)

Nun bleibt dir nur noch, dich zur Zitadelle aufzumachen. Lies weiter bei **290**.

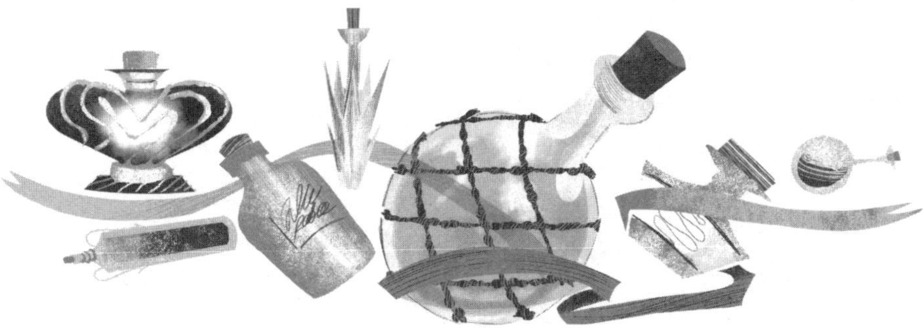

394

Eine Weile fährst du den Meeresboden ab, findest aber nichts, was dir bei deiner Mission helfen könnte, also kehrst du in den Vorraum der Zitadelle zurück. Allerdings wird der Sauerstoff in der *Nauplius* langsam knapp und dir wird etwas schwindelig. (Ziehe 1 Punkt von deinem GESCHICK-Wert ab.) Kehre zurück zu **347**.

395

Silas zieht noch einmal an deinem Arm und flüstert: »Hey! Hey! Hörst du das?«

Ein seltsames *Summen* dringt an dein Ohr, kaum wahrnehmbar, fast wie das schnelle Schlagen winziger Flügel.

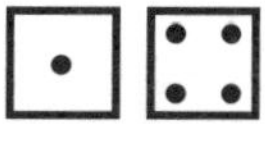

Als du in das Zwielicht spähst, entdeckst du etwas, das aussieht wie ein Auge aus Metall. Es ist etwa so groß wie eine Grapefruit und statt einer Iris hat diese Maschine eine große Linse. Gehalten wird sie von kleinen Flügeln, die entfernt an deine Gleiter erinnern.

»Was ist das?«, fragt Silas besorgt, obwohl das seltsame Ding keine Gefahr darzustellen scheint. Trotzdem hast du keine Ahnung. Das Auge saust umher, während es dich und Silas blinzelnd anschaut.

Silas wirft seinen Stiefel danach.

Wirf 1 Würfel. Bei 1 oder 2 gehe zu **297**. Bei 3 oder 4 gehe zu **71**. Bei 5 oder 6 lies weiter bei **387**.

396

Du teilst Matix mit, dass du noch einen Gegenstand besorgen musst.

Wenn du noch mindestens 1 Goldstück bei dir hast, drückst du es ihr in die offene Hand und sie lädt für dich den Kristall in deinen Gleitern auf – ändere den Eintrag auf deinem Abenteuer-Blatt entsprechend ab und gehe zu **270**.

Solltest du keine Goldstücke mehr haben, kannst du nicht fortfahren und dein Abenteuer endet hier.

397

Die Schleimkugel trifft deinen Arm, sodass er am nächsten Baum kleben bleibt. Noch dazu ist der Glibber leicht ätzend und verbrennt dir die Haut. (Du verlierst 3 AUSDAUER-Punkte.)

Eine Riesenkröte watschelt aus dem Sumpf und verstellt dir den Weg. Sie macht sich bereit, das nächste klebrige Geschoss auf dich abzufeuern. Die Verzweiflung verleiht dir ungeahnte Kräfte, sodass du dich von dem Baum losreißen kannst.

Um gegen die Kreatur zu kämpfen, gehe zu **44**. Hast du einen Beruhigungstrank und willst ihn einsetzen, lies weiter bei **204**.

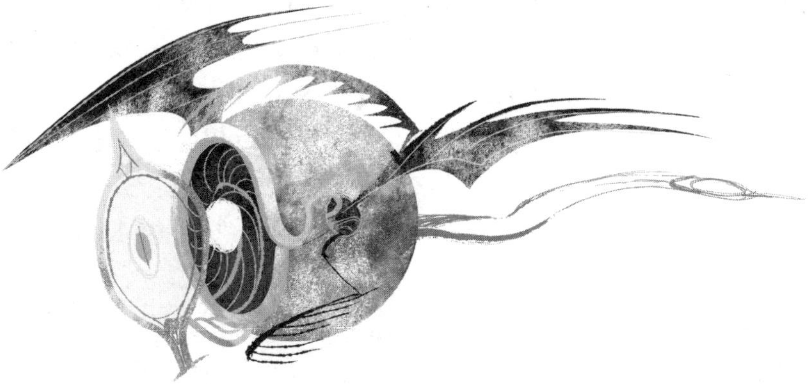

398

Du bewaffnest dich mit einer Waffe deiner Wahl und stellst dich dem schuppigen Tier entgegen.

Salzwasserkrokodil Geschick 8 | Ausdauer 8

Sobald du den AUSDAUER-Wert des Krokodils auf 4 oder weniger reduziert hast, zieht es sich etwas zurück, sodass du den Kampf aus dem Wasser aufs Trockene verlagern kannst. Ab sofort sinkt die Angriffsstärke des Krokodils um 2 Punkte.

Falls du gewinnst, lies weiter bei **66**.

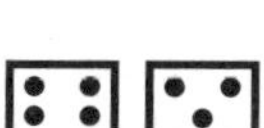

399

»Oh-oh!«, stößt Dav hervor, als der Boden unter euch zittert. »Da kommt was auf uns zu – und es ist GROSS! Riecht nach einem Kampf!« Er greift in den kleinen Beutel an seiner Taille und wirft dir ein Fläschchen mit einer lilafarbenen Flüssigkeit zu.

»Trink das. Das verleiht dir eine Extraportion Wumms!«

Du starrst auf die Erde, die sich wölbt und Risse bekommt, als etwas sich durchs Erdreich auf euch zuwühlt, sodass die Marktstände nur so davonfliegen.

Mit bebenden Händen leerst du das Fläschchen. Ein warmes Kribbeln stellt sich ein und erfüllt deinen Körper bis hinein in die Fingerspitzen. Du spürst, wie deine Kraft wächst. (Erhöhe deine AUSDAUER um 3 Punkte, selbst wenn dein *Ausgangs*wert dabei übertroffen wird, und füge deiner Angriffsstärke 1 weiteren Punkt hinzu – beides gilt nur für die Dauer dieses Kampfes.)

Während sich dieses neue Gefühl in dir ausbreitet, schießt eine riesige wurmähnliche Kreatur aus dem Boden. Augen scheint sie keine zu haben, dafür hat sie umso mehr glitzernde Reißzähne in ihrem gewaltigen aufgerissenen Maul, das geradewegs auf euch zuschnellt.

»Machen wir dem Vieh die Hölle heiß!«, ruft Dav.

Tunneller-Bestie *Geschick 8* | *Ausdauer 9*

Falls ihr gewinnt, lies weiter bei **289**.

400

Die Sonne geht auf, während Nimbus seinen angestammten Platz im Zentrum der Inselgruppe von Pangaria einnimmt. Von den Nachbarinseln dringt entfernter Jubel und die Koboldflieger kommen euch entgegen, um euch zu begrüßen. Der Friede ist wiederhergestellt.

Der Rest der Welt wird vielleicht niemals erfahren, wie knapp er der Katastrophe entkommen ist und was du getan hast, um ihn zu retten. Doch auf Pangaria wissen viele Bescheid. Über dich wird man Lieder schreiben und Gedichte verfassen. Deine Heldentaten werden nicht in Vergessenheit geraten.

Doch da Kommandant Mathias Talliman noch immer auf freiem Fuß ist, irgendwo in Khul, den Kopf voller Wissen über die Technomantie Pangarias, erteilt dir Kapitän Halleck den Auftrag, dorthin zu reisen und den Schurken zur Rechenschaft zu ziehen.

Dieses Abenteuer mag sein Ende gefunden haben, doch viele weitere stehen dir erst noch bevor …

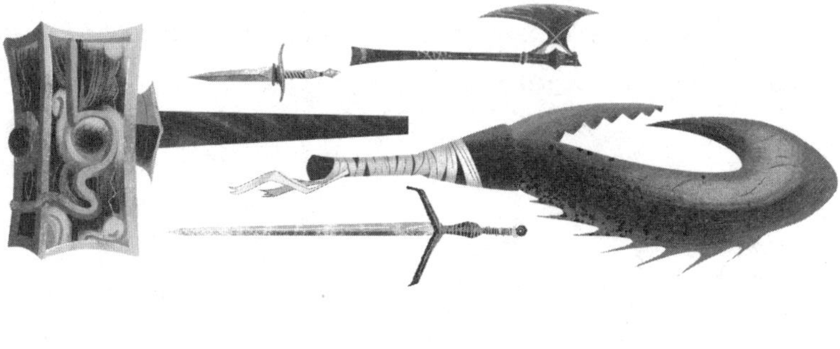

REGELN UND AUSRÜSTUNG

Bevor du in dein Abenteuer aufbrichst, musst du erst einmal deine Stärken und Schwächen festlegen. Mit Würfeln bestimmst du deine *Anfangswerte*. Auf den Seiten 282/284 findest du jeweils ein *Abenteuer-Blatt*, auf dem du die Details jedes Abenteuers festhältst. Darauf befinden sich verschiedene Kästchen, in denen du u. a. die Werte für GESCHICK, AUSDAUER und GLÜCK notierst.

Es empfiehlt sich, die Werte auf dem *Abenteuer-Blatt* entweder mit Bleistift einzutragen oder das Blatt für zukünftige Abenteuer zu kopieren. Alternativ kannst du das Abenteuer-Blatt auch selbst auf ein leeres Blatt Papier aufmalen oder die Seiten online von der Verlags-Website herunterladen (zu finden unter www.ueberreuter.de/produkt/waechter-der-luefte).

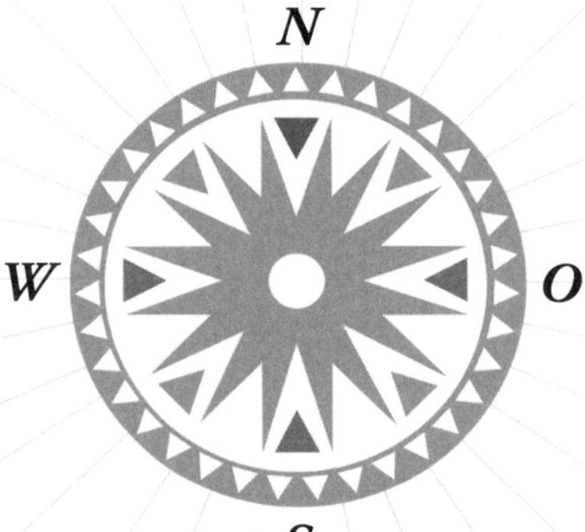

Geschick, Ausdauer und Glück

So bestimmst du deine *Anfangswerte* für GESCHICK, AUSDAUER und GLÜCK:

- Wirf 1 Würfel. Zähle zum Ergebnis 6 hinzu und trage den Gesamtwert auf dem *Abenteuer-Blatt* im Kästchen für GESCHICK ein.
- Wirf 2 Würfel. Zähle zum Ergebnis 12 hinzu und trage den Gesamtwert im Kästchen für AUSDAUER ein.
- Wirf 1 Würfel. Zähle zum Ergebnis 6 hinzu und trage das Gesamtergebnis im Kästchen für GLÜCK ein.

GESCHICK stellt dein Können in der Schwertkunst und im Kämpfen dar – je höher, desto besser. AUSDAUER steht für deine Kraft – je höher deine AUSDAUER, desto länger kannst du überleben. GLÜCK zeigt an, wie viel Glück du im Leben hast. Genau wie Magie ist GLÜCK in der fantastischen Welt, die du gleich erkunden wirst, absolut real.

Die Werte von GESCHICK, AUSDAUER und GLÜCK ändern sich im Laufe deines Abenteuers, also halte einen Radiergummi bereit. Diese Werte musst du gewissenhaft auf dem aktuellen Stand halten. Radiere aber niemals deine *Anfangswerte* aus. Obwohl du zusätzliche Punkte für GESCHICK, AUSDAUER und GLÜCK erhalten kannst, darf dein jeweiliger *Anfangswert* dabei nie überschritten werden – abgesehen von sehr seltenen Gelegenheiten, in denen es ausdrücklich erwähnt wird.

Kämpfe

Du wirst in diesem Buch oft auf Kapitel stoßen, in denen du aufgefordert wirst, gegen Wesen aller Art zu kämpfen. Dabei kann es die Möglichkeit zur Flucht geben, aber falls nicht – oder falls du nicht flüchten willst –, musst du dich dem Kampf stellen, und zwar so:

Zuerst notierst du die GESCHICK- und AUSDAUER-Werte deines Gegners im ersten leeren Duell-Kästchen deines *Abenteuer-Blatts*. Wann immer es zu einer Auseinandersetzung kommt, werden diese Werte angegeben.

Der Kampf läuft folgendermaßen ab:

1. Wirf für deinen Gegner 2 Würfel. Addiere zum Ergebnis dessen GESCHICK-Wert. Das Gesamtergebnis ist die Angriffsstärke deines Gegners.
2. Wirf für dich selbst 2 Würfel. Addiere zum Ergebnis deinen aktuellen GESCHICK-Wert. Das Gesamtergebnis ist deine Angriffsstärke.
3. Ist deine Angriffsstärke höher als die deines Gegners, hast du ihn verwundet: Gehe zu Schritt 4.
   Ist die Angriffsstärke deines Gegners höher als deine, hat er dich verwundet: Fahre fort mit Schritt 5.
   Sind beide Angriffsstärken punktgleich, seid ihr beide ausgewichen: Beginnt die nächste Angriffsrunde, indem ihr erneut bei Schritt 1 anfangt.
4. Du hast deinen Gegner verwundet, also ziehe von seinem AUSDAUER-Wert 2 Punkte ab. Du kannst womöglich dein GLÜCK einsetzen, um ihm zusätzlich Schaden zuzufügen (Erklärung folgt).

5. Dein Gegner hat dich verwundet, also ziehe von deinem AUSDAUER-Wert 2 Punkte ab. Auch hier kannst du eventuell dein GLÜCK einsetzen (Erklärung folgt).
6. Trage entweder die Änderung am AUSDAUER-Wert deines Gegners oder an deinem eigenen AUSDAUER-Wert ein (solltest du dein GLÜCK eingesetzt haben, passe auch diesen Wert an – Erklärung folgt).
7. Beginne die nächste Angriffsrunde, indem du mit deinem aktuellen GESCHICK-Wert arbeitest und die Schritte 1–6 wiederholst. Das geschieht so oft, bis entweder dein AUSDAUER-Wert oder aber der deines Gegners den Wert 0 (Tod) erreicht.

Mehrere Kreaturen gleichzeitig bekämpfen

Triffst du bei bestimmten Begegnungen auf mehrere Gegner, findest du immer Anweisungen dazu, wie du bei diesem Kampf vorgehen sollst. Manchmal wirst du sie wie ein einziges Monster bekämpfen müssen, andere Male abwechselnd.

Glück

Während deines Abenteuers wird es immer wieder vorkommen, dass du entweder Glück oder Pech haben kannst – in Kämpfen oder in anderen Situationen (Einzelheiten dazu erfährst du in den jeweiligen Abschnitten selbst). Das heißt, du könntest *dein GLÜCK auf die Probe stellen*, um ein besseres Ergebnis zu erzielen. Aber Vorsicht! Dich auf dein GLÜCK zu verlassen, ist eine riskante Sache. Denn wenn du *Pech* hast, könnte das Ergebnis verheerend sein.

Willst du dein GLÜCK versuchen, geschieht das folgendermaßen: Wirf 2 Würfel. Ist das Ergebnis niedriger als dein aktueller GLÜCK-Wert oder gleich, hast du Glück und es geht zu deinen Gunsten aus. Übertrifft das Würfelergebnis deinen aktuellen GLÜCK-Wert, hast du Pech und wirst bestraft.

Dieser Vorgang wird bezeichnet mit: *Stelle dein Glück auf die Probe.* Immer wenn du *dein Glück auf die Probe stellst*, musst du von deinem aktuellen GLÜCK-Wert 1 Punkt abziehen. Daher wird es von Mal zu Mal riskanter, dich auf dein GLÜCK zu verlassen.

Wie man Glück in Kämpfen einsetzt

Manchmal gibt dir das Buch die Aufgabe, dass du *dein Glück auf die Probe stellen* musst. Danach wird es dir auch verraten, welche Folgen es hatte, Glück oder Pech zu haben. In Kämpfen jedoch hast du immer die Wahl, GLÜCK einzusetzen. Du kannst damit entweder einem Gegner, den du gerade verwundet hast, größeren Schaden zufügen – oder aber deinen eigenen Schaden verringern, wenn du selbst verwundet wurdest.

Sobald du einen Treffer gelandet und deinen Gegner verwundet hast, kannst du (auf dieselbe Art wie oben beschrieben) *dein Glück auf die Probe stellen.* Hast du Glück, fügst du deinem Gegner eine besonders schwere Wunde zu und darfst 2 zusätzliche Punkte von seinem AUSDAUER-Wert abziehen. Hast du aber Pech, wird die Wunde zu einem Kratzer und du musst 1 AUSDAUER-Punkt deines Gegners wiederherstellen (z. B. hast du statt der gewöhnlichen 2 Schadenspunkte nur 1 zugefügt).

Hat dein Gegner dich verwundet, kannst du *dein Glück auf die Probe stellen*, um den Schaden möglichst gering zu halten. Hast du Glück, konntest du der schlimmsten Wucht des Angriffs entgehen: Stelle 1 AUSDAUER-Punkt wieder her (z.B. erfährst du statt 2 Schadenspunkten nur 1). Hast du jedoch Pech, hat dich die Attacke schlimmer getroffen als erwartet und du musst 1 zusätzlichen Punkt von deiner AUSDAUER abziehen.

Vergiss nicht, jedes Mal 1 Punkt von deinem GLÜCK-Wert abzuziehen, wenn du *dein Glück auf die Probe stellst.*

Weitere Hinweise zu deinen Eigenschaften

Geschick

Dein GESCHICK-Wert wird sich im Lauf deines Abenteuers wenig verändern. Gelegentlich weist ein Abschnitt dich vielleicht an, deinen GESCHICK-Wert zu erhöhen oder zu reduzieren. Zum Beispiel kann eine magische Waffe deinen GESCHICK-Wert erhöhen – aber denk daran, dass du immer nur eine Waffe gleichzeitig verwenden kannst! Du kannst nicht etwa 2 zusätzliche GESCHICK-Punkte für 2 magische Schwerter kassieren. Außerdem kann dein GESCHICK-Wert niemals den *Anfangswert* überschreiten, es sei denn, es wird ausdrücklich erwähnt.

Ausdauer

Dein AUSDAUER-Wert wird sich während deines Abenteuers ständig verändern, während du Monstern die Stirn bietest oder anstrengende Aufgaben erledigst. Je näher du deinem Ziel kommst, desto wahrscheinlicher ist es, dass dein AUSDAUER-Wert gefährlich tief sinkt und Kämpfe besonders riskant ausfallen könnten – also pass auf!

Anders als in anderen Fighting-Fantasy-Spielebüchern beginnst du dieses Abenteuer ohne jeden Proviant. Aber natürlich wirst du im Verlauf deiner Reise Gelegenheit bekommen, deine AUSDAUER auf verschiedene Arten wieder aufzufüllen.

Vergiss nicht, dass auch dein AUSDAUER-Wert niemals den *Anfangswert* übersteigen kann, es sei denn, die Geschichte weist dich ausdrücklich darauf hin.

Wie du dein Geschick und deine Ausdauer auf die Probe stellst

Hin und wieder sollst du *dein Geschick auf die Probe stellen*. Dafür gehst du folgendermaßen vor: Wirf 2 Würfel. Wenn das Ergebnis deinen aktuellen GESCHICK-Wert unterschreitet oder ihm gleicht, hast du die Prüfung bestanden und sie geht zu deinen Gunsten aus. Ist das Würfelergebnis höher als dein aktueller GESCHICK-Wert, hast du bei der Prüfung versagt und musst die Folgen auf dich nehmen. Anders als dein GLÜCK nimmt dein GESCHICK **nicht** automatisch ab, nachdem du es auf die Probe gestellt hast.

Manchmal wirst du auch aufgefordert, *deine Ausdauer auf die Probe zu stellen*. Dafür lässt du 3 Würfel rollen. Entspricht das Gesamtergebnis deinem aktuellen AUSDAUER-Wert oder ist es niedriger, hast du Erfolg. Doch übertrifft das Gesamtergebnis des Würfelwurfs deinen aktuellen AUSDAUER-Wert, hast du versagt. Wenn du *deine Ausdauer auf die Probe stellst*, ziehe **keine** AUSDAUER-Punkte ab, es sei denn, du wirst ausdrücklich dazu aufgefordert.

Glück

Während des Abenteuers wirst du in Situationen geraten, in denen du besonders viel Glück hast – dann erhältst du zusätzliche GLÜCK-Punkte. Im entsprechenden Abschnitt der Geschichte erhältst du dazu konkrete Anweisungen. Vergiss nicht, dass dein GLÜCK-Wert, genau wie dein GESCHICK und deine AUSDAUER, den *Anfangswert* nie überschreiten kann, es sei denn, es wird ausdrücklich erwähnt.

Ausrüstung

Du beginnst dein Abenteuer ausgestattet mit der Grundausrüstung deiner Zunft: einem Kurzschwert, Reisekleidung und einem Beutel, in dem du alles verstauen kannst, was du während deiner Reisen anhäufen magst.

ABENTEUER-BLATT

GESCHICK	AUSDAUER	GLÜCK
ANFANGSWERT:	ANFANGSWERT:	ANFANGSWERT:

GEGENSTÄNDE

PROVIANT

GOLD

WAFFEN

SCHLÜSSEL-WÖRTER

DUELLE

GESCHICK	GESCHICK	GESCHICK
AUSDAUER	AUSDAUER	AUSDAUER
GESCHICK	GESCHICK	GESCHICK
AUSDAUER	AUSDAUER	AUSDAUER
GESCHICK	GESCHICK	GESCHICK
AUSDAUER	AUSDAUER	AUSDAUER
GESCHICK	GESCHICK	GESCHICK
AUSDAUER	AUSDAUER	AUSDAUER

ABENTEUER-BLATT

GESCHICK

ANFANGSWERT:

AUSDAUER

ANFANGSWERT:

GLÜCK

ANFANGSWERT:

GEGENSTÄNDE

PROVIANT

GOLD

WAFFEN

SCHLÜSSEL-WÖRTER

DUELLE

GESCHICK	GESCHICK	GESCHICK
AUSDAUER	AUSDAUER	AUSDAUER
GESCHICK	GESCHICK	GESCHICK
AUSDAUER	AUSDAUER	AUSDAUER
GESCHICK	GESCHICK	GESCHICK
AUSDAUER	AUSDAUER	AUSDAUER
GESCHICK	GESCHICK	GESCHICK
AUSDAUER	AUSDAUER	AUSDAUER

Rhianna Pratchett ist die Autorin dieses Abenteuerspielbuchs. Außerdem arbeitet sie als Journalistin und Videospiel-Autorin und hat unter anderem an dem Spiele-Blockbuster »Tomb Raider« mitgearbeitet. Sie ist die Tochter des großen Fantasy-Autors Terry Pratchett.

Nadine Mannchen hat *Wächter der Lüfte* aus dem Englischen übersetzt. Sie stammt aus einem kleinen Ort im oberfränkischen Nirgendwo. Nach ihrem Magister in Englischer und Neuerer Deutscher Literatur hat sie einen Aufbaustudiengang für Literarische Übersetzung aus dem Englischen absolviert. Seit 2009 arbeitet sie als Übersetzerin und kann sich nichts Schöneres vorstellen.

Ian Livinstone hat mit Steve Jackson die Fighting-Fantasy-Welt erfunden, in der diese Geschichte spielt. Er ist einer der Gründerväter der UK Spieleindustrie. Gemeinsam mit Steve Jackson gründete er in 1975 das Kult-Spieleunternehmen »Games Workshop«, indem sie »Dungeons & Dragons« und »Warhammer« in Europa herausbrachten.

Steve Jackson ist neben Ian Livinstone der Erfinder der Fighting-Fantasy-Welt und Co-Gründer der »Games Workshop«-Kette, die u. a. das Spiel »Warhammer« veröffentlichte. Er erfand zahlreiche bahnbrechende Spielekonzepte, wurde 1993 als »European Board Games Champion« ausgezeichnet und war zuletzt Professor für Game Design an der Brunel University.